# 就活生のための

# 労働法入門

青野　覚〔編著〕

中央経済社

# はじめに

　この本は，就職活動に直面している大学生と高校の生徒の皆さんに，就活前にぜひ知っておいてもらいたい労働法の入門的な基礎知識を提供しています。また，「二度と教え子をブラック企業に送りたくない」と思っておられる先生方にも是非お読みいただきたいと思います。

　「労働法」とは，18世紀の法を修正して20世紀に確立した「労働関係を規律する法」の総称です。

　「働く人々」にとって「働くこと」は，様々な意味を持ちます。第一に，ほとんどの人は働かなければ生きていけないのですから，健康で働き続けて自分と家族の生活を支える「生計の維持」という意味（経済的意味）があります。第二に，働くことは人間の自然への働きかけですから，その成果を達成したことへの誇りや満足，さらに，自分の可能性を発揮して能力を向上させたという自己実現の実感をえるという「喜びを享受する」という意味（人格的意味）があります。さらに，第三に，人間は他者と協力して生きる社会性の動物ですから，働く過程で他の人々とのつながりを維持し，この社会の一人前の構成員（仲間）として「認められる」こと（社会的承認の意味）が重要です。

　労働法における「労働」は，歴史的にはもっぱらその言葉の語源どおりに「多くの労苦」を伴う第一の意味で理解されていましたが，今日の労働法はこれら三つの意味を「守るべき法的利益」として捉えて，その実現をめざしています。

　この本の構成は，第1章から第3章までは，労働法がいかなる制度とどのような登場人物で構成されているかを大まかに解説する総論部分です。第4章から第12章までは，各テーマごとにちょっと詳しく解説した各論部分です。第13章では労働法と不可分な社会保障法を概説して，20世紀に成立した「社会法」全体を網羅できたらと考えました。

　「入門書」は，読者をその学問の門のうちに導き入れて，その上で，読者自身が自らの力で学びを深め続けられるようにその背中を押す役割をもちます。

入門書に求められる「分かりやすさ」とは，やさしい話し言葉で語ることではなく，「真に分かるべきことを，分かるように語ること」です。「分かるように語る」ためには，「分けるべきこと（理念，原理，原則や構成要素など）」を「分けて」示し，対象を構成する諸要素の関係を「構造化して」語ることが必要です。そして，学問の伝授は，クイズなどで問われるランダムな知識の提供ではなく，肉眼では見えないものを「観る装置」としての「体系的な知識」の伝達でなければなりません。そうでないと，これから皆さんが将来遭遇する想定を超えた新たな事態に適切に対応できないからです。また，法学の世界では，この世界で共に生きる多くの人々に納得してもらうために，それぞれの見解・主張の論理性が重視されます。大変難しい注文ですが，「分かりやすさ」，「体系性」，「論理性」の要請を踏まえて執筆することを，各執筆者にお願いしました。

この本は，大学院時代の恩師と私のエピソードをきっかけに生まれました。「君の最近の論稿は，もっぱら裁判所や学会にむけて書かれているように見えます。」「労働法の著作は，働く若者が読んで分かるように，書かれるべきものです。なぜなら，それを一番必要としているのが，（経験も知識も乏しい）彼らだからです。」30年以前の暑い夏の日の電話口から聞こえた磯田進先生（東大名誉教授）の言葉です。先生は，「百円で分かる労働法を」との思いで，敗戦直後の数年間に30万部という驚異的なベストセラーとなった『岩波新書　労働法』を執筆されました。私の研究活動の指針となっているこんな挿話を記憶してくれていた同僚から，労働法の基礎知識をいま最も必要としている"就活に直面している若い学生・生徒のための"「労働法入門」を執筆しようとの声があがり，中央経済社の露本敦様のご理解を得て，この本を刊行することになりました。

本書の執筆者は，明治大学比較社会法研究センターに所属する労働法及び社会保障法の研究者です。川でおぼれた人（苦境に陥ったり，紛争に巻き込まれて）を救うのは弁護士や裁判官などの実務家です。法学研究者は，ときに人命救助の手伝い（個別の紛争解決のために解釈論を提供したり，判例研究をとおして）をすることがありますが，それ以上に大事な使命は，その川全体を長く（歴史的に）広い（国際的に）眼で見守って，上流で人が川に落ちないような

社会を構想し，その研究成果を社会や学生・生徒諸君に提示することにあります。

　皆さんには，この本をお読みいただき，労働法に関する正確な知識と労働法に特有な「ものの考え方」を獲得していただきたいと思います。

　皆さんが幸せな職業生活を送られることを，祈念しています。

執筆者を代表して　青野　覚

# 目　　次

## 第5章　労働契約の成立と展開

## 第6章　賃金についての法規制

## 第7章　労働時間の規制と休息権制度

# 第8章　労働契約関係の終了

# 第9章　労働災害の予防と補償

*8*

〔凡例〕

| | |
|---|---|
| 安衛法 | 労働安全衛生法 |
| 安衛則 | 労働安全衛生規則 |
| 育介法 | 育児休業，介護休業等育児又は家族介護を行う労働者の福祉に関する法律（育児介護休業法） |
| 高年法 | 高年齢者等の雇用の安定等に関する法律（高年齢者雇用安定法） |
| 高年齢者雇用確保指針 | 高年齢者雇用確保措置の実施及び運用に関する指針 |
| 雇均法 | 雇用の分野における男女の均等な機会及び待遇の確保等に関する法律（男女雇用機会均等法） |
| 国公法 | 国家公務員法 |
| 雇保法 | 雇用保険法 |
| 次世代法 | 次世代育成支援対策推進法 |
| 障害者雇用法 | 障害者の雇用の促進等に関する法律 |
| 女活法 | 女性の職業生活における活躍の推進に関する法律 |
| 職安法 | 職業安定法 |
| 総合支援法 | 障害者の日常生活及び社会生活を総合的に支援するための法律 |
| 短有労法 | 短時間労働者及び有期雇用労働者の雇用管理の改善等に関する法律（パート・有期法） |
| 地公法 | 地方公務員法 |
| 派遣法 | 労働者派遣事業の適正な運営の確保及び派遣労働者の保護等に関する法律（労働者派遣法） |
| 労基法 | 労働基準法 |
| 労基則 | 労働基準法施行規則 |
| 労契法 | 労働契約法 |
| 労災法 | 労働者災害補償保険法（労災保険法） |
| 労組法 | 労働組合法 |
| 労調法 | 労働関係調整法 |

＊

| | |
|---|---|
| 厚労告 | 厚生労働大臣が発する告示 |
| 基発 | 厚生労働省労働基準局長通達 |
| 発基 | 厚生労働省労働基準局関係の事務次官通達 |

＊

| | |
|---|---|
| 刑集 | 最高裁判所刑事判例集 |
| 民集 | 最高裁判所民事判例集 |
| 集民 | 最高裁判所裁判集民事 |
| 労民集 | 労働関係民事裁判例集 |
| 判時 | 判例時報 |

労経速　　労働経済判例速報
労判　　労働判例

# 第1章
# 労働法とは

## I　市民法の出現

　18世紀，世界は二つの革命を経験しました。

　経済分野での革命がイギリスから始まった「産業革命」で，政治分野の革命がフランス革命を典型とする「市民革命」です。この二つの革命に促されて，中世ヨーロッパで部分的に成立していた「資本制経済システム」が世界の隅々に広く行き渡ります。

　資本制経済システムでの生産は協働と分業を特徴とします。そこでは，すべての物（財貨）を市場（マーケット）で交換されることを目的として生み出された「商品」と捉えます。そして，商品市場に登場するすべての人は，自由な意思によって商品を交換する「商品所有者（商人）」と捉えられ，商品所有者として同質の存在であると理解されます。ただ，その市場では，本来交換するために生み出されたわけではない「土地」や，生きている人間の持つ肉体的・精神的能力である「労働力」も商品（擬似商品）とされるのです。

　1760年代に発明された蒸気機関などの新技術を基盤とした「産業革命」によって，商品生産は機械制大工業に急激に移行します。その結果，生産の関係は「親方と職人の関係」から「使用者と労働者との関係」に変化し，労働者が自らの労働力を使用者に売渡し，使用者はその労働力を市場で購入して機械（生産手段）と結びつけて生産するというスタイル（資本制生産様式）が飛躍的に進展しました。

　「市民革命」は，広範な民衆の参加によって絶対王政を倒し，社会を構成するすべての人は自由が保障されるべき「市民」であるとして，人間と市民の権利，人民主権に基づく国民国家（近代市民国家）を打ち立てました。この近代

市民国家は，それ以前の身分・土地・宗教という軛（くびき）から解放された「自由な個人」を前提とし，新しい国家の構成員として同等な市民の合意によってのみ公権力が正統化されるという秩序システムを提示し（社会契約論），人類の普遍的な理念（価値）として「自由・平等・友愛」を提唱しました。そこでは，市民は国家に優先する「個人」と捉えられる一方，個人と国家の中間に存在する社会「集団（労働組合など）」は，ギルド（同業者組合）などの旧体制を支えた職能集団に通ずるとして，厳しく排除されました。

　この二つの革命を経て，近代市民国家によって創られたのが「（近代）市民法」です。市民法は，資本制経済システムを効果的に維持・管理し，市民国家の政治的理想と法的理念を実現するための法です。そこで構想された市民と市民の結びつき（社会的紐帯）のモデルは，個人の合意よる「契約」と人々を経済的に結びつける機能をもつ「市場」でした。

　市民法の人間像は，国家に対しては独立した「個人」であり，市民国家のメンバー（公民）としての同等性をもつ「法的人格者」と捉えられます。この「法的人格者」は，自由人である理性人で，物を完全に支配できる意思の主体であって，自らの意思による結果については一切の責任を負うものの，それ以外の責任は負わない存在とされました。

　市民法は，人間をその精神（人格）が自らの身体を所有するものと理解したうえで，生きた人間の身体的・精神的能力である「労働力」はその所有者である労働者の人格から切り離すことができる「商品」と捉えます。そして，労働者を「労働力商品の所有者」であるとし，労働関係を，「契約の枠組み」で捉えて，労働者と使用者の「自由な意思」による「契約」関係と理解しました。

　さらに，市民国家は，個人が同質の他者と自分らしく生きていく社会の秩序は「公」と「私」の領域を切り分けて設定すべきであるとします。そこで，市民法は，「市民」と「市民」の関係を規律する法（私法）と「国家」と「国民」の関係を規律する法（公法）という二元的な構造をもつことになりました。

　市民法の内容は，資本制経済システムにとって不可欠な市場のルールと近代市民国家の政治的理念を反映したものからなります。「私法」の三つの原理は，市場のルールを前提に，商品交換の主体を確立するために「個人の独立」，交換過程の契機としての「契約の自由」，商品に対する排他的支配の相互承認を

意味する「所有権の絶対」です。「公法」の領域では、「国家」は例外的な秩序破壊者から市民相互間の私法的秩序を防衛・是正する役割を担う第二次的な存在（夜警国家）と位置づけられ、国家の市場への介入は法律によって認められた例外的な場合にのみ許されるものとされました（私的自治の尊重・法治主義）。

## Ⅱ　市民法の動揺と労働法の誕生

市民法の下で自由な人格者であるとされた労働者の「自由」は、実際には二重の意味をもちます。

まず、商品所有者としての労働者は、労働力を自身の商品として処分できる「自由 freedom」が保障されます。自由な人格でなければ商品を売り出すことはできず、さらに、自由な人格であり続けるためには、その労働力を一定の期間で、かつ時間極め（「何時から何時まで」とあらかじめ契約で特定して）で売ることしか認められません。労働力を一度限りで売り切ってしまうと、売主は自由人から奴隷に、商品所有者から商品（物）になってしまうからです。この認識は、現在も労基法上の労働時間規制（第7章）の論理を基底で支えています。

同時に、労働者は生産手段や自分や家族の生活を維持するために必要な財産とは「無縁な状態 freedom」にあり、生きるためには誰かに雇われる必要があります。そのため、他人のもとで働かざるをえず、さらに、仲間である多くの労働者と競争関係にあることから失業の危険に常に曝されています。

そこで商品とされる「労働力」は生きている労働者の活動能力の一部であり、実際には労働者の人格と分離することは不可能です。そのため、労働力をどのように利用するかが使用者に委ねられて、使用者の指揮の下で実際の労働が行われると、実は労働力商品への使用者の支配は労働者への人的な支配にならざるをえず、その結果、労働者の自由は大きく損なわれることになります（人的従属性）。

また、機械制大工業の工場では多数の労働者がその経営組織に組み込まれて働きますので、その労働条件は使用者によって「集合的・画一的」に、かつ

「一方的」に決定されることになります（組織的従属性）。この実態を前に，労働者は，「自分の意思」は自分の労働条件の決定に意味をもたず，「自分たちの意思」の実現を図る以外に方法はないことを認識し，「労働者の団結（労働組合）」の必要性を意識するようになります。

　さらに，労働力商品の交換当事者の交渉力には大きな格差が存在します。労働力商品は生身の人間の能力の一部ですから貯蔵できないのみならず，労働者は他に生活手段を持たないのですから，労働者の交渉力は使用者に比べて著しく劣勢に立たされます（経済的従属性）。これは，労働者は当初から常に労働力を売らなければならない「強制」のもとにあるのに対して，使用者は買い惜しみが「可能」であるという，「強制と可能」という非対称性がそこに潜んでいることが原因です。

　以上の労働者の「従属的な実態」は，自由な個人の「合意（契約）」に基づくものですから，身分などの「経済外的な拘束」だけを排除しようとする市民法の目には映りません。さらに，市民法は，実際には法的人格とは分離が不可能な基盤であるはずの「身体」には目を向けず，労働力商品には絶対的な生物的・身体的な土台が付着していることを無視しました。

　大規模工場における機械化が急速に進展するに伴って，大量に動員された女性や年少労働者の悲惨な就労実態や労働時間の劇的な長時間化などの急速な労働条件の低下が顕著となり，個人の怠惰・悪徳に起因する従来の個人的貧困とは区別される「大衆的貧困」が出現しました。この現象は，社会の構造によって引き起こされた「社会問題」と認識されるようになります。市民法の基本理念である「契約の自由」がもたらした秩序は，労働関係では悲惨な無秩序をもたらしたのです。そもそも契約の内容の設定は当事者のもつ「交渉力」が決め手となるものですから，「契約の自由」だけに委ねることは，労働関係における「弱肉強食の状態」を追認することになってしまいます。そこで，このような社会問題の解決のために，労使の対立を超えた第三者としての国家に積極的な役割が期待されるようになります。ここに，あらたな立法としての労働法が生まれた理由があるのです。

　労働運動は，産業化の弊害と市民法のもとで労働者の「自由と平等」の夢は悪夢に化してしまったという現実を直視して，市民法の修正を求めます。この

労働運動の高まりを背景に，心身ともに健全な労働力の確保は長期的には使用者にとっても重要であるとの認識を踏まえて，労働関係への国家の積極的な介入を内容とする新たな立法が誕生しました。

最初の立法は，1802年のイギリスの「工場法」で，児童の使用禁止と最長労働時間の制限などを内容としていました。その後，各国で，法令の効果的な実施を監視・是正する工場監督官などの「行政監督制度」を伴って，労働者の労働条件の最低基準を定める「労働保護法」が制定されました。これらの法律が，労働法の第一の領域である「個別的労働法」です。日清・日露の両戦争を経て産業革命が完了したわが国では，1911年に労働保護法としての「工場法」が制定されました。

一方，労働者の団結は，仲間内での競争を控えて連帯して使用者に対抗し，労働者の生活の維持向上をめざして結成されます。この団結の動きに対して，市民国家は，市民革命の初期以降，前近代のギルドのようなすべての職業上の団体は市民の「自由と平等」を侵害するとして，刑罰を伴う法律によって団結の結成自体を禁止しました。

その後，産業資本段階になると労働組合は無視できない存在に成長し，団結禁止法は廃止されます。そして，19世紀末に，普通選挙の普及による労働者政党の登場を背景に，「個人に許されることは集団によって行われても違法ではない」との論理で，ストライキなどの労働組合の活動が市民法の違法評価から解放されます。さらに，第一次大戦以後になると，労働組合は「社会的パートナー」と位置付けられ，労働者の団結の自由が憲法上の基本的人権として保障されました。この段階で，労働法の第二領域である「集団的労働法」が確立したのです。

## Ⅲ　労働法の特質と意義

このようにして歴史に登場した労働法は，資本制経済システムの政治的秩序や市民法の建前と大衆の窮乏化や労働条件の劣悪化という社会の実態との全面的な分裂を，市場のルールを反映した市民法とは異なる規制の仕方（「国家の介入」）で克服しようとする政策的判断から生まれたものです。この国家の介

入は，近代市民国家の基本原理である法治主義の要請に基づいて「法律による介入」となり，労働法は18世紀的な市民法とは異なる新たな理念にもとづく20世紀の「福祉国家の法」として確立しました。この労働法の誕生は，資本制社会の法の変容・進化と捉えられます。

　つまり，労働法は，立法政策の基本を「契約自治」から「法律による法的介入」に転換することによって，労働者に人間としての最低限の自由を実質的に保障することをめざすものなのです。そして，労働法は，労働者の権利を保障する目的から，国家と個人の間に存在する労働組合を法の視野に取り込み，その社会的実態の故に従属的な地位に立ち，集団的な行動をとらざるを得ない「社会的存在」である労働者をそのものとして捉えて，具体的な人間像を採用しました。市民法の抽象的な「人格者」から具体的な「社会的人間」への人間像の変更です。さらに，現在の各国の労働法でも，前に述べた「従属性」概念が法的な論理構成のキーワードとなっています。

　このように，労働法は，市民法を前提とするものの，規制理念や人間像を異にして，労働関係についての独自の法的世界を構築しました。法的アプローチにおいては，私法領域への国家の公法的介入を当然の前提とすること，また，内容においては，財産的な契約概念を基盤とする市民法の枠組みのなかに非財産的な価値（健康・命・身体など）を組み込む構成になっている点など，異質なもののハイブリッドという本質をもちます。

　そして，労働法は，労働者の人格と自由を保障することによって，労働関係に「公正な秩序」をもたらす役割を担うものであり，今日の労働関係を支える最も重要な制度的基盤と理解されています。

## Ⅳ　日本国憲法における労働基本権の保障

　わが国の労働法は，日本国憲法の労働基本権条項を根拠（授権規範）として制定された実定法（律）ですから，現行法の体系的な理解のためには憲法条項との関係の理解が不可欠です。

　「労働基本権」とは，労働者という社会・経済的地位にある者がその地位と不可分な具体的社会関係において保障される基本的人権のことです。日本国憲

法は，27条で「労働権」を，28条で「広義の団結権」を保障しています。

### 1 生存権の保障（憲法25条）

労働基本権の理念的基礎は「生存権」（憲法25条）にあります。生存権とは，市民法が幸福の追求を個人の責任とするのに対して，貧困や失業は排除すべき社会的不正に他ならないとの認識から，その是正の責任は国家にあるとする見方です。この生存権は，市民法の世界で失われている自由の実質化とその前提となる人間らしい生存の実質的な保障を内容とし，18世紀の憲法が保障する基本的人権の中心であった「自由権」，特に使用者の所有権や契約の自由に優越する規制原理としての性格を持ちます。ここでは，国家は，社会の弊害（社会問題）を社会政策によって緩和していく政策の主体として捉えられます。

歴史的には，フランス革命の後期に提唱され，20世紀になってドイツのワイマール憲法をはじめとして各国の憲法で宣言されました。その後，1960年代の高度経済成長期を経るなかで，「健康で文化的な最低限度の生活を営むことが市民の基本権である」との社会的コンセンサスが確立します。これを背景に，20世紀型の福祉国家は，それまで生存と結びついていた労働に消費という新たな次元を付け加えてその内部に取り込み，「生存」を超えて「生活」を編成原理とする「生活保障」を統治理念として採用しました。

「生活保障」理念は，労働関係での「雇用保障」を中心として，その周囲に「社会保障」に基づく安定したシステムを形成することで，資本制経済システムからのリスクを払拭しようとするものです。そこでは，他者に雇われるという「雇用」は，失業と不幸に対する中心的な「保護の台座」と捉えられています。

さらに，労働基本権は，労働関係にある労働者の生存権の保障をめざすものであり，「労働によって自ら生活すること」自体が，労働者にとっての生存権実現の中心であると理解されます。

### 2 「労働権」の保障（憲法27条）

「労働権」概念は，資本制社会の避けることのできない現象である失業とそれによる労働者の生活不安への抗議から生じたものです。失業は体制的な現象

であって個人の責任に帰すべきでないとの認識を前提に，失業を発生させる市民法秩序に対する批判の法理として誕生しました。

歴史的には，まず，フランス革命において「労働の保証」が宣言されました。労働権概念を定式化した A. メンガーは，「就労が原則で，生活保障請求権は補充という」構想として理解しました。1919年のドイツのワイマール憲法が労働権を基本的人権として宣言し（163条 2 項），わが国憲法（27条）はそれを継承しました。1976年の国際人権規約 A 規約（ 6 条）でも規定されます。

その後，1960年代後半以降の雇用政策の展開を背景に，わが国でも，憲法27条の労働権は，「失業状態」にある労働者が国家に対して就労とその代わりの生活保障を請求する権利にとどまらず，「就労状態において人たるに値する労働条件の下で労働する権利」および失業に至らずに就労を維持し続ける「雇用の維持」の保障を目ざすものと解されるようになります。さらに，21世紀になると，国際的にも，国際人権規約 A 規約が定めた労働権は「不当に解雇されない権利」の根拠となると解されるようになりました。

このように，憲法27条が保障する労働権は，「失業状態」に対する権利のみならず，「就労状態」からも生ずるものと捉えられ，「人間らしい生活を，人間らしい労働の継続によって確保する」ものと解され，27条全体が労働権保障を規定するものと理解されています。つまり，同条 1 項が失業状態からの救済及び就業状態の継続に関する労働権の保障を宣言したものであり，同条 2 項と 3 項が人間らしい労働条件の確保を規定したものと解されるのです。

本条を踏まえて，現行法体系では，「最低労働条件保障」は労基法などによって，「狭義の雇用保障」は労基法・労契法などによって，「失業保障」は雇用保険法によって，「労災補償」は労基法・労災保険法によって具体化されています。さらに，「広義の雇用保障」の趣旨を踏まえて労働市場の需給調整を担う，職業安定法などの「労働市場法」が整備されています。

## 3 「団結権」の保障（憲法28条）

広義の「団結権」保障は，労働者の社会的地位を「直視」し，その社会的地位ゆえにその「失業と欠乏からの自由」及び労働条件の決定過程・労働過程で失われている労働者の「自己決定の自由」と「社会的自由」を回復するために，

労働者が自主的に団結し，行動する主体的「自由」を保障することを内容とします。

　団結権の保障は，労働者を，「社会的弱者」として国家的保護の対象として配慮される「客体」ではなく，自身の人生の主人公たりうる意思と能力を有する「主体」として捉えて，その自主的な活動をそれ自体として法的に承認し，その活動を助成する法的諸制度を創設することを宣言するものです。つまり，労働者自身が「自主的に決定する」ことの実質的保障を目ざすことが団結権保障の本質です。

　広義の団結権は，まず，誰とどんな労働組合を作っても自由であり，どんな労働組合に加入する自由も，国家にも使用者にも侵害されないことを内容とする「団結権」を前提とします。次いで，労働組合が要求した時には使用者は団体交渉に誠実に応じなければならないとする「団体交渉権（交渉の合意結果を労働協約という形で終結される労働協約締結権を含む）」，さらに，団体交渉が行き詰まった時にそれを打開するためのストライキを典型とする各種の争議行為及び様々な組合活動の自由を内容とする「団体行動権」からなります。

　憲法28条は「団結権」を「勤労者（労働者）」の権利として保障しています。とはいえ，その権利の行使は集団的になされることを前提とした「個人の権利」ですから，統一的意思をもち且つ統一的な行動を実施しうる程度の結束状態にある「労働者の団結（労働組合）」が，第二次的な団結権の主体として想定されているのです。

　この「団結権保障」は，労働組合法などによって具体化されています。

## **Topix**　　判例の重要性と判例研究のポイント

　法規の条文は，「このような場合（要件）には，この法的結果（効果）が生ずる」と抽象的・一般的に定めています。したがって，実務では，具体的にどのような場合にその要件に該当して定められた法的効果が発生するかを知ることが最も重要となります。裁判所は，法的安定性の観点から同種の事件には同一の結論を下すことが要請されていますので，具体的な事件についての判決のうちで，後の同種の事件

の先例たりうる判決（判例）の研究が不可欠となります。

　そして，判決文にある判決理由は，裁判官がその結論を正当化する理屈ですから，市民の立場から将来の裁判の予測を担う判例研究において重要なのは，その事件がどのような要素からなるのかという「事案類型の特定」と，この要素があったからこそ，この結論となるという決め手となった「命題」を発見することなのです。

〔青野　覚〕

# 第2章
# 労働法の登場人物

　労働法には，様々な人や機関が登場します。ここでは，そのうち，「労働者」，「使用者」，「労働組合」，「労働基準監督署」について，解説していきます。

## I　労働者

### 1　労働者概念の法的意義
　まず，労働法における「労働者」とは何か，について検討します。働く人を表現する言葉は，労働者以外にも，数多くあります。例えば，就労者，就業者，サラリーマン，職工，職員，事務員，正社員，非正規社員，アルバイト，パートタイマーなどです。それぞれの言葉は独自のニュアンスを持っており，言葉に包摂されるものや使われる場面が異なりますし，時代によって意味が異なることもあります。例えば，就業者という言葉は，労働力調査という国の統計調査では，「『従業者』と『休業者』を合わせたもの」を意味します。「従業者」は基本的には収入を伴う仕事を1時間以上した者です。つまり，雇われの人だけでなく自営業者も含むのが従業者であり，それに休業者も含めたものが就業者なのです。また，サラリーマンという言葉は，『サラリーマン論』や『サラリマン物語』という1926年と1928年の書籍でも使われています。当時，この言葉はブルーカラー労働者よりもホワイトカラー労働者に使われた言葉だったようです。反対に，単に労働者という場合には，頭を使って働く人というよりは，体を使って働く人というニュアンスがあったようです。

　現在では，「労働者」という言葉は，一般的には，働いて賃金を得ている人という意味で使われています。もしかすると，個人事業主のような人を「労働者」と呼ぶことも日常ではあるかもしれません。しかし，法的には，労働者概念は，各労働法規の適用対象を画定する概念としての意義をもっています。つ

まり，労働法規の中には，「求職者」に適用される規定もありますが，労働法規の主たる保護対象は「労働者」ですので，ある人が「労働者」であるかどうかで，労働法規によって保護される対象かどうかが変わってしまうのです。

自分が就職するときに，会社の人から「キミは労働者じゃないからね」なんて言われるかもしれません。その意味は，あなたは労働法等で保護される人じゃないからね，ということです。もしかすると，労働者ではない場合，相手の会社は保護に伴うコストを支払わずに済みますから目先の報酬は高くなるかもしれません。しかし，その場合，労働者に与えられている保護が自分には与えられないかもしれない，ということには注意をしてください。

それでは，働く者が法的な「労働者」としての性質（労働者性）を有しているかどうかは，どのように判断されるのでしょうか。

## 2 就労実態に基づいた判断

ある者が労働者かどうかは，両当事者間の合意である契約における取り扱いではなく，実態に基づいて判断されます。したがって，たとえ就職をする際に，「キミは労働者ではないからね」と言われて，そのような内容の契約を相手方と締結したとしても，実は労働者として労働法の保護を受けられるべきだ，と主張することができます。

たしかに，労働者性判断の際には，当事者間でどのような内容の合意（契約）がなされていたかも考慮されますが，働いている人が実際にどのように働いているのかという就労実態が重視されます。働いて賃金を得て生活しようとする者は，提供される労働を利用しようとする者との間で，この合意のために交渉をする際，通常，現実には弱い立場に置かれます。労働の対価である賃金によって生活しようとする者は，就職するまで刻一刻と自らの労働で賃金を稼ぐ機会を逸しながら，自らあるいは家族の生活のために誰かには労働を提供しなければならない状況に置かれるからです。加えて，使用者になる側は，労働者に賃金を支払える見込みがあるだけに，何かしらの儲けの手段をもっていますし，労働者になる側と比べて情報も多く有しており，複数の候補者の中から雇う人を選びうる立場にあります。このような交渉力の格差を直視すると，使用者になろうとする側の意見が強く反映されやすい両当事者間の合意のみに依

拠して労働者性を判断することは望ましくありません。

　さらに，近代以降，使用者も労働者も法的（形式的）には「自由で平等な個人」であることから両当事者の合意を過度に尊重した結果，労働者に苛酷な労働を強いた歴史的な反省を踏まえて登場したものが労働法なのです。「自由で平等な個人」という近代以降の法的な理想を労働者にとって現実のものにするためにも，就労実態を踏まえて，保護すべき者を画定することが求められます。

　それでは，「労働者」の判断基準はどのようなものなのでしょうか。この判断基準を導く第一の鍵は条文にあります。

### 3　労働基準法上の労働者

　労働者の最低労働条件等について規制をしている労働基準法（以下，「労基法」といいます。）は，「この法律で『労働者』とは，職業の種類を問わず，事業又は事務所（以下「事業」という。）に使用される者で，賃金を支払われる者をいう。」（9条）と定義しています。この条文を見ると，労基法上の労働者性の判断におけるポイントは，①職業の種類を問わないこと，②賃金を支払われること，③事業に使用されること，という三つであると分かります。それでは，各ポイントをもう少し詳しく見てみましょう。

#### ①　職業の種類を問わないこと

　労基法上の労働者性判断に際して，原則として職業の種類は問題となりません。したがって，工場労働者も，事務職員も，正社員も，非正規社員も，労基法で保護される労働者となりえます。かつて労基法は，一定の事業に限定して適用されていました（労基法旧8条）。現在は，労基法は一部の例外を除き，あらゆる事業に適用されますので，「職業の種類を問わない」のです。労基法が例外的に適用されない人たちについても見ていきましょう。

　この例外の一つ目は，船員です。労基法は，総則規定（1～11条）とこれに違反した場合の罰則を除くと，船員には適用されません。その代わりに，船員には船員法が適用されます。ただし，総トン数5トン未満の船舶など船員労働の特殊性が認められない船舶として国土交通省令で定めるものに乗り込む者には，労基法が適用されます（船員法1条3項）。

　例外の二つ目は，同居の親族のみを使用する事業に使用される者及び家事使

用人です。労基法は，これらの者には適用されません（労基法116条2項）。こ
れらの者は，家庭とのつながりが強いことから労基法が介入するべきではない
と考えられています。

　まず，親族について，労基法が適用除外されるためには，「同居」している
親族である必要があります。「同居」していると評価されるためには，単に同
一家屋に住んでいるというだけでは足りず，世帯を同じくして常時生活を共に
する必要があると解されています。そして，このような親族が労基法の適用除
外の対象になるのは「同居の親族のみを使用する事業に使用される」場合であ
ることも注意すべき点です。同居の親族以外の労働者がいる事業で働いている
同居の親族は，労基法の適用除外にはなりません。

　次に，家事使用人とは，家事一般に使用される労働者のことです。お手伝い
さんのような人がこのカテゴリーに入ります。ただし，その人の業務の種類・
性質が家事一般に属する場合であっても，個人家庭における家事を専業として
請け負う者に雇われて，その指揮命令の下に家事を行う者は家事使用人には該
当しません（昭和63年3月14日基発150号，平成11年3月31日基発168号，国・
渋谷労基署長事件：東京地判令4・9・29）。つまり，色々な家庭にお手伝い
さんを派遣するサービスを提供している者に雇われているお手伝いさんは，労
働者と扱われます。

　例外の三つ目は公務員です。労基法は，一般職の国家公務員には適用されま
せん（国公法附則6条）。また，一般職の地方公務員については，労基法が適
用されますが，部分的にその適用が除外されています（地公法58条3項）。た
だし，国立公文書館や造幣局のような行政執行法人で働く一般職の国家公務員
や，地方公営事業（電気事業，水道事業など）や特定地方行政法人に属する一
般職の地方公務員，単純な労務に雇用される一般職の地方公務員（単純労務職
員）には，基本的には労基法が適用されます。

　② **賃金を支払われること**

　労基法が適用されるためには，賃金が支払われている必要があります。労基
法における「賃金」とは，「賃金，給料，手当，賞与その他名称の如何を問わ
ず，労働の対償として使用者が労働者に支払うすべてのもの」を指します（労
基法11条）。したがって，労働の対償として支払われるあらゆるものが賃金と

評価されますので，少なくとも無償ボランティアは労働者から除かれますが，何かしらの労働の対価が使用者から支払われることとされている場合には，この要件を満たします。

### ③　事業に使用されること

　上記①と②の要件は，労働者性判断にあまり縛りをかけるものではないので，実際には「事業に使用されている」かどうかの判断が重要です。まず，この「事業」とは，「工場，鉱山，事務所，店舗等のごとく，一定の場所において相互関連する組織のもとに業として継続的に行われる作業の一体」をいうと解されています（昭和22年9月13日発基17号）。つまり，一時的に使用される者の場合は「事業」性がないため，労基法が適用されないことになります。

　次に，「使用される」とは，どのような基準でしょうか。この部分が労基法上の労働者性判断において特に重要な判断基準です。この判断基準の考え方について，日本の裁判実務に大きな影響を与えているものは，当時の労働大臣の私的諮問機関である労働基準法研究会の1985年の報告書「労働基準法の『労働者』の判断基準について」です。この報告書は，「指揮監督下の労働」と「報酬の労務対償性」を総称して「使用従属性」と呼称しています。そして，使用従属性に関する判断要素と，使用従属性の判断が困難な場合に「労働者」性を補強する要素を列挙し，これらの判断要素を総合考慮して，当該就労者が「労働者」にあたるか否かを判断すべきとしています。

　この判断基準の詳細は下の表をご覧ください。指揮監督下の労働であるかが重視された判断基準であることが分かると思います（1（1））。

---

1　「使用従属性」の判断基準
（1）指揮監督下の労働に関する要素
　①　仕事の依頼，業務従事の指示等に対する認否の自由
　②　業務の内容及び遂行方法に対する指揮監督
　③　通常予定されている業務以外の業務に従事するか
　④　勤務場所及び勤務時間に関する拘束性
　⑤　労務提供の代替性
（2）報酬の労務対償性に関する要素
　報酬の性格が使用者の指揮監督の下に一定時間労務を提供していること

に対する対価と判断されるか

**2 「使用従属性」の判断が困難な場合の労働者性の補強要素**

① 事業者性の有無（機械・器具の負担関係，報酬の額，業務遂行上の損害に対する責任負担，独自の商号使用等）

② 専属性の程度

③ 採用・委託の選考過程，報酬における源泉徴収の有無，労働保険の適用，服務規律・退職金制度・福利厚生などの「その他」

⇒「労働者」性は，上記の諸要素を**総合考慮**して判断する

　なお，「報酬の労務対償性に関する要素」（1（2））を見ると報酬の性格が一定時間労務を提供していることの対価と判断できるかを判断要素の一つとしています。報酬の時間管理をしているならば，使用者が労働者の労務提供をコントロールしていることが見込まれます。ただし，労基法には出来高給を支払われる者を対象にする規定（労基法27条）もあるように，報酬が時間給ではなくとも労働者となりえます。この要素はあくまで「使用従属性」の一判断要素である点には注意が必要です。

　また，この報告書は，指揮監督という労務遂行過程における特定の他人労働力の利用方式に関する要素だけではなく，労務提供者の事業者性の有無や専属性の程度といった使用者との交渉上の力関係に影響しそうな経済的な属性も補強要素とした労働者性判断基準を示しています（2①②）。

　「その他」の要素では，両当事者間の取扱いが問題となっています（2③）。使用者が労働者との交渉上の力関係で優位に立つことを考慮すると，「その他」で挙げられている諸々の取扱いは，使用者が容易に操作できてしまう事項ですから，使用者が労働者として扱っていないことは，労働者性の判断にあたってマイナスには働かないと解されます。

　労基法以外の労働法規には，各法規の適用対象となる労働者の定義について，労基法上の労働者に関する規定によると定めるものがあります（最低賃金法（2条1号），労働安全衛生法（2条2号），賃金支払確保法（2条2項），公益通報者保護法（2条1項））。また，判例（横浜南労基署長（旭紙業）事件：東京高判平6・11・24，同事件・最一小判平8・11・28）は，労災保険法が労

基法所定の使用者の労働者に対する災害補償責任を塡補する責任保険として制定されたことを考慮し，労災保険法上の労働者の判断基準を労基法上の労働者のものと同一に解しています。なお，現在の労災保険法には，労働者以外の一定の独立事業者等に労災保険への任意的な加入を認める特別加入という制度がありますが，この場合の保険料は使用者負担ではなく自己負担となります。

　また，労働契約法（以下，「労契法」といいます）では，労働者は，「使用者に使用されて労働し，賃金を支払われる者」と定義されています（労契法 2 条 1 項）。この規定から分かるように，労契法上の労働者の場合，事業性は問題となりません。施行通達（平成24年 8 月10日基発0810第 2 号）は，事業性が問題とならない点を除くと，労契法上の労働者は労基法上の労働者と同様に使用従属性によって判断されるとしています。ただし，労契法は，労基法とは異なって刑事罰がなく行政監督も予定されていないので，労契法上の労働者概念は労基法上の労働者概念よりも柔軟に解してよいとする学説もあります。

　ICT 技術が発展し，パソコンやスマートフォンといった情報端末も普及するなかで，労務管理の方法も変化してきています。「指揮監督下の労働」が労基法や労契法等の「労働者」の主要な判断基準のままでいられるどうかは，検討の余地があるでしょう。

## 4　労働組合法上の「労働者」

　労働組合法（以下，「労組法」といいます）は，「労働者」を「職業の種類を問わず，賃金，給料その他これに準ずる収入によつて生活する者」と定義しています。労基法や労契法と異なって「使用される」の文言がないため，現に使用されていない失業者も労組法上の労働者に含まれます。これに加えて，労基法と労組法の目的（労組法 1 条）の相違から，労使関係法研究会『労使関係法研究会報告書（労働組合法上の労働者性の判断基準について）』（平成23年 7 月）は，「同法上の労働者には，自らの労働力を提供して対価を得て生活するがゆえに，相手方との個別の交渉において交渉力に格差が生じ，契約自由の原則を貫徹しては不当な結果が生じるため，労働組合を組織し集団的な交渉による保護が図られるべき者が幅広く含まれると解される」と指摘しています。

　この報告書は，労組法上の労働者性が争われた中労委命令（ソクハイ事件

（中労委平22・7・7）や二つの最高裁判決（新国立劇場財団事件最高裁判決：最三小判平23・4・12，INAXメンテナンス事件最高裁判決：最三小判平23・4・12）の後に公表されたものです。後の最高裁判決（ビクターサービスエンジニアリング事件最高裁判決：最三小判平24・2・21）も，事例判決ですがこの報告書で指摘された判断要素を用いています。

---

1　「基本的判断要素」
　　①　事業組織への組み入れ
　　②　契約内容の一方的・定型的決定
　　③　報酬の労務対価性
2　「補充的判断要素」
　　④　業務の依頼に応ずべき関係
　　⑤　広い意味での指揮監督下の労務提供，一定の時間的場所的拘束
3　「消極的判断要素」
　　⑥　顕著な事業者性

---

　この報告書では，上記二つの最高裁判決の判示を踏まえて，上の表のように労組法上の労働者性判断の要素を「基本的判断要素」，「補充的判断要素」及び「消極的判断要素」の三つに整理しています。指揮監督下での労働という要素は，「広い意味で」と付け加えられたうえで，補充的な判断要素に位置づけられています。そして，基本的判断要素に，事業組織への組み入れ，契約内容の一方的・定型的決定，報酬の労務対価性の三つが位置づけられています。この判断基準は，ある事業組織のなかで労働条件が集合的に決定されている点に労組法の適用の契機を見出すものと評価することができます。ただし，労働組合が労働市場レベルにおける労働条件の構造的拘束に対して一定の役割を果たすべきだとするならば，この判断基準はあくまでも労組法上の労働者性判断における十分条件として理解すべきでしょう。

　フランチャイズのコンビニ・オーナーのように実際にはマニュアル通りに自らも働くが，他人を雇って働かせることも可能な人の労組法上の労働者性が争われましたが，中央労働委員会や裁判所は，このオーナーは「事業者性」が強いという認識にたって労組法上の労働者性を否定しています（セブン－イレブ

ンジャパン事件：中労委命令平31・2・6など）。労基法・労契法上の労働者の場合と同様に，労組法上保護されるべき労働者をどのような判断をするべきかは，難しい問題ですが，是非，考えてみてください。

# Ⅱ　使用者

## 1　使用者概念とは

　通常，労働者として働く際には，誰かと労働契約を締結することになります。契約書を交わす場合に書面を見ると，労働者の名前だけではなく，企業の代表者の名前や会社名が記載されているはずです。これらが労働契約の当事者となります。ところで，法律上，権利を有し，義務を負うのは「人」だけですが，生きている人間（自然人）だけではなく，会社のような自然人以外の者でも権利を有し，義務を負う資格（この資格を「法人格」といいます。）を持つ場合があります。法人格を有する自然人以外のものを法人といいます。したがって，法人である会社は，自然人である労働者と契約を結ぶ相手方になりうるわけです。

　しかし，組織体である会社自体が労働者に対して現実に指揮命令をすることはできません。自然人を介して指揮命令が行われます。また，契約の相手方が会社のような法人ではなく，自然人である企業主自身の場合もあります。この場合でも，当該相手方が営む事業体に組み込まれて働くなかで，当該事業体内における企業主以外の上司から指示を受けることもあるでしょう。このような組織性を踏まえながら，実効的に規制が行われることが必要です。それでは，主要な労働法規がどのような者を名宛人として規制を行っているのか見てみましょう。

## 2　労働基準法上の「使用者」

　労基法は，「使用者」に様々な義務を負わせています。そして，同法は，労基法が定める最低労働条件を確保するため，同法上の法的責任を履行すべき職責にある人をすべて「使用者」としています。すなわち，同法10条は，「使用者」を「事業主，事業の経営担当者，その他その事業の労働者に関する事項に

ついて事業主のために行為をするすべての者」と定義しています。「事業主」とは，個人企業であれば企業主個人，法人企業であれば法人自身のことです。「事業の経営担当者」とは，事業全般についての権限・責任をもつ法人の理事や会社役員などのことです。「その他その事業の労働者に関する事項について事業主のために行為をするすべての者」とは，人事その他の労働条件決定や具体的な指揮監督についての権限を持つ人のことです。このように，労基法は，事業主や会社役員だけではなく，労基法の規制する労働条件についての実質的な責任者をターゲットにしています。したがって，みなさんが就職した後に，部下をもつことになり，具体的な指揮権限をもつようになると，「労働者」でありながら同時に「使用者」としてその指揮権限に対応した一定の法的責任を負うことになります。

　「使用者」が労基法の規定に違反するとどうなるでしょうか。もちろん会社内の労基法違反の状況を改善すべき第一義的な責任は事業主にありますが，実質的な責任者も「使用者」として労基法の規定を守らなければなりません。労基法の規定に違反すると，刑事制裁が科せられる場合があります。この刑事制裁は，実際に労基法の規定に違反する行為をした「使用者」に対して科せられます（労基法117条～120条）。他方で，事業主以外の者が労基法違反の行為をした場合，事業主が違反の防止に必要な措置を講じていないときには事業主に罰金刑が科されます。さらに，事業主が違反の計画を知りその防止に必要な措置を講じなかったとき又は違反行為を知り，その是正に必要な措置を講じなかったとき，違反の教唆をしたときには，事業主はその違反行為の行為者として罰せられます（労基法121条）。実際に労基法違反行為を行った者だけではなく，この行為を行っていない事業主も罰する労基法121条は，「両罰規定」と呼ばれます。

### 3　労働契約法上の「使用者」

　労契法も「使用者」をその適用対象としています。同法2条2項は，「使用者」を「その使用する労働者に対して賃金を支払う者」と定義しています。すなわち，ここでいう使用者とは，労働者と労働契約を締結して，当該労働者に賃金支払義務を負っている他方当事者を指します。したがって，労基法上の使

用者とは異なって，労働契約の相手方のみが労働契約法上の使用者となります。

　労契法の適用対象や，労働契約上の権利義務の主体となるこの「使用者」が実態からみても事業主体であるならば，問題はありません。しかし，法律の規定によって自然人以外に付与される法人格は技術的性格があることから，実態のない組織を法人とすることも可能です。例えば，実際には親会社が子会社の経営方針だけでなく財務管理，労務管理のすべてを担っており，子会社は名目的なものに過ぎないような場合でも，形式的には適法に会社が設立されているならば，このような会社も法人格を獲得することができます。このような実態の乏しい組織に，賃金の支払のような労働契約上の義務の履行を求めても労働者が十分な救済を受けられなくなってしまう可能性があります。

　そこで，労働契約上の使用者には直接はあたらない親会社や受入会社が労働契約上の義務履行すべき者，したがって労契法の規制対象ともなるべき者といえないかが問題となります。契約は両当事者の合意によって成立するのが原則ですが，このような合意をしていない者を労働契約関係に含めることができるのでしょうか。判例上，以下の二つの方法が認められています。

　一つ目は，黙示の労働契約の成立です。労働契約は，通常，労働者と使用者間の合意によって成立しますが，この合意は明示的なものだけでなく黙示的なものでも構いません。したがって，明示的な合意がなくとも，実態からみて黙示的に労働契約が成立していたと判断される場合には，労働契約が成立していると評価することが可能です。ただし，どのような実態がある場合に黙示的に労働契約が成立していると評価できるかは問題です。近時の裁判例は，受入企業による指揮命令があったというだけでなく，労働者が受入企業の指揮命令の下に労務を提供する意思を有し，これに対して，受入企業がその対価として労働者に賃金を支払う意思を有するものと推認され，社会通念上，両者間で労働契約を締結する旨の意思表示の合致があったと評価できるに足りる事情が必要とする傾向にあります（大映映像ほか事件：東京高判平10・12・22など）。

　二つ目は，法人格否認の法理です。最高裁は，「およそ法人格の付与は社会的に存在する団体についてその価値を評価してなされる立法政策によるものであつて，これを権利主体として表現せしめるに値すると認めるときに，法的技術に基づいて行なわれるものなのである」と述べたうえで，法人格の実体がな

く形骸化している場合（法人格の形骸化）と法の適用を回避するために法人格を濫用した場合（法人格の濫用）について，そのようなものに法人格を認めることは，法人格なるものの本来の目的に照らして許すべきではないとしています（建物明渡請求事件：最一小判昭44・2・27）。この法理は，労働契約関係にも用いられています（川岸工業事件：仙台地判昭45・3・26）。この法理が適用される場合，労働者と労働契約関係にある者の法人格を否認したうえで，その背後にいる実質的な「使用者」も労働者に対する義務を負うことになります。

### 4 労働組合法上の「使用者」

　労組法において不当労働行為（団結活動の妨害行為や正当な理由なく団体交渉を拒否することなど）が禁止されているのは「使用者」です（労組法7条）。労組法にはこの「使用者」の定義はありません。労働者と労働契約を締結している者が使用者にあたるのは当然です。この者以外にどのような者が労組法上の使用者にあたるのでしょうか。

　判例（朝日放送事件：最三小判平7・2・28）は，下請労働者で組織された労働組合が元請企業に団体交渉を申し入れ，元請企業がこれを拒否した事案において，労働契約の当事者でなくとも，「雇用主から労働者の派遣を受けて自己の業務に従事させ，その労働者の基本的な労働条件等について，雇用主と同視できる程度に現実的かつ具体的に労働条件を支配・決定することができる地位にある場合には，その限りにおいて，右事業主は同条の『使用者』に当たる」と判示しています。

## Ⅲ　労働組合

### 1　法律における労働組合

　戦前，治安維持法等により弾圧されていた労働者の団結体（労働組合）は，戦後の連合国軍最高司令官総司令部（GHQ）の日本の民主化施策の一環として，その結成が奨励され，その存在が憲法上法認されるに至りました。日本国憲法28条は，「勤労者の団結する権利及び団体交渉その他の団体行動をする権利は，

これを保障する。」と規定しています。すなわち，個別的な労使関係では，私的自治が形骸化してしまう現実を直視し，一人では実現できない使用者との実質的対等性を集団において実現することが憲法で保障されています。

したがって，国家は，法律等によって労働者，労働組合の労働三権（団結権，団体交渉権，団体行動権）を制限することは原則としてできません。ただし，公務員については，一般職公務員の争議行為が禁止されるなど法律上，労働三権に制限がかけられています。この制限には国内外で根強い批判がありますが，最高裁は，時代によって理由付けを変えながらも，一貫して公務員に対する争議行為の禁止規定を合憲と判断しています（全農林警職法事件：最大判昭48・4・25など）。

また，本条は憲法の規定です。通常，憲法の規定は，国家と国民との関係を規律するものとされていますが，本条は，対国家との関係だけでなく，対使用者との関係でも効力をもつものと解されています。したがって，使用者は，本条に基づいても，労働者及び労働組合の労働三権を尊重しなければなりません。

労組法は，上記の憲法上の権利を具体化するとともに，独自の保護制度や手続（労働委員会制度，法人登記，労働協約の地域的拡張適用申立て，不当労働行為制度）を創設しています。労組法は，労働組合を，「労働者が主体となつて自主的に労働条件の維持改善その他経済的地位の向上を図ることを主たる目的として組織する団体又はその連合団体」と定義しています（同条2条本文）。不当労働行為の行政救済等を受けるためには労働組合は労働委員会に組合規約を提出し労組法5条規定の要件を満たしているかの審査（資格審査）をクリアする必要があります（第10章参照）。しかし，労働組合を結成し，団体交渉をするために，会社や政府に何らかの届出をしたり，これらから許可を受けたりする必要はありません。労働者が主体となって自主的に結成された組合は，資格審査を受けないと労組法上の独自の保護制度や手続を利用できませんが，この審査を受けなくても憲法や労組法に基づいて，その他の保護を受けることができます。例えば，この審査を受けなくても，団体行動等によって使用者に損害を与えた場合や団体行動等が一定の刑事上の罪にあたりうる場合，労働組合としての正当な行為と評価できるのであれば，使用者の損害を賠償する必要はありません（民事免責）し，刑事制裁を受けることもありません（刑事免責）。

## 2　労働組合の現況

　厚生労働省の令和4年労働組合基礎調査によると，日本における労働組合の推定組織率は，2022年6月30日時点で16.5％です。労働組合員数を見ると同時点で999万2,000人ですから，依然として多数の人が労働組合に組織されているものの，1949年には推定組織率55.8％を誇ったことと比較すると推定組織率の低下には著しいものがあります。このように，推定組織率が大きく減少している要因は，パートタイム労働者も含め大きく増加した雇用者（雇用者数は1947年には1,256万人でしたが，2022年には6,048万人となっています。）を十分に組織することができず，組合員数がやや減少してきていることにあります。労働組合の推定組織率は産業ごとに大きく差があり，従業員規模の大きい企業ほど推定組織率が高くなっています（1,000人以上の企業規模ですと，2022年の推定組織率は39.6％です）。

　日本では，労働者が直接加入する組合は，個別の企業ごとにつくられる組合（企業別労働組合）が中心です。この企業別労働組合の支部が会社内の事業所等に置かれている場合があります。また，この企業別組合が加盟する産業別の上部団体として産業別組織があります。また，産業別組織等が加盟する上部団体として全国中央組織（ナショナルセンター）があります。日本の代表的なナショナルセンターは，日本労働組合総連合会（連合），全国労働組合総連合（全労連），全国労働組合連絡協議会（全労協）です。産業別組織や全国中央組織に加盟している企業別組合もあれば，これらに加盟していないものもあります。

　日本において労働者が直接加盟する組織は企業別労働組合が中心ですが，日本でも職業や産業別に組織されている企業横断的な労働組合に労働者が直接加入している場合があります。また，一定の地域単位で特定の企業や産業への所属に関係なく組織されている組合に労働者が直接加盟している場合もあります（後者のような組合は，合同労組，地域労組などと呼ばれます）。

　労働組合は，上記のように，法律上，強力な権限を持っていますが，その実態は様々です。皆さんも就職したときに，まずは，その会社に労働組合があるのか，その組合がどのような活動をしているのか確認してみましょう。働いていて何か問題が生じたときに，自分が信頼できる「労働組合に頼ってみる」と

いうことも問題解決のための選択肢に含めてみてください。

# Ⅳ　労働基準監督署

　おそらく，何か紛争が起きたときには裁判所に訴えて救済を得なければならないと考えている人もいるのではないでしょうか。上記のように労働組合に頼るというものも一つの選択肢ですが，労働法の特徴の一つは，裁判所のような司法機関だけでなく，行政機関も労働法の履行確保に関わっていることにあります（労使紛争解決制度については，第11章参照）。

　労働基準法の履行確保に関して重要な行政機関が，労働基準監督署です。労働基準監督署は，厚生労働省の内部部局である労働基準主管局の，そのまた下部組織である都道府県労働局（都道府県の名前がついていますが，国の機関です）の，そのまた下部組織です。要するに，労働基準監督署は，国の機関ということです。このように聞くと，労働基準監督署は国の末端組織のように思えますが，労働基準監督署に配置される労働基準監督官には強力な権限が与えられています。労働基準監督官は，労働基準法なども問われる一定の専門の試験に合格した人が任用される国家公務員です。

　労働基準監督官は，定期的に事業所を訪問し，あるいは労働者からの申告に基づいて，事業所の監督を行います。労働基準監督官は，予告なく事業所を訪問して，事業所等へ立ち入って調査をしたり，使用者に帳簿・書類の提出を命令したり，使用者・労働者の尋問を行ったりなどの行政上の権限を行使することができます（労基法101条など）。したがって，会社にいきなり労働基準監督官が来て労基法等の法律違反がないかを調査等していくことがあるのです。なお，労働基準監督官は，上記の権限を行使する際に，身分を証明する証票を携帯する義務があります。

　労働基準監督官の上記調査の拒否又は妨害をした者や，陳述や帳簿等の提出をしなかったり，虚偽の陳述や帳簿等の提出をしたりした者は，30万円以下の罰金に処されることがあります（労基法120条4号）。また，労働基準監督官は，労基法違反の罪について，逮捕，差押え，捜査，送検など，刑事訴訟法上の司法警察官としての職務を行うことができます（労基法102条）。

労働基準監督官は，上記の労基法のほかにも，最低賃金法，労働安全衛生法，じん肺法，家内労働法，賃金の支払の確保等に関する法律などの労働基準関連法令による規制がある分野も管轄しています。例えば，労働基準監督官は，労働安全衛生法に基づき，事業者等が一定の危険を防止する措置を講じていない場合に，事業者等に対して作業の停止など労働災害を防止するために必要な措置を講ずるように命令することができます（98条）。ただし，労働基準関連法令以外の法令が規制している分野は，労働基準監督官の管轄ではありません。例えば，解雇，懲戒，配転のように労働契約法の規制対象となっている分野や，賃金以外の性別差別のように男女雇用機会均等法の規制対象となっている分野は労働基準監督官の管轄外です。

## Topix　労働憲章と前近代的封建的遺制の一掃に関する規定

　労基法が制定されたのは，昭和22年の第93回帝国議会です。このときの労基法の提案理由のなかで，当時の河合良成国務大臣は，労働条件が労働者の最低生活を保障するに足るものであることが労働不安の原因を解消するに資するという認識のうえで，労働条件について契約自由の原則を修正して国家が基準を決定する（憲法27条2項参照）からには，労働条件決定の基本原則を明らかにすることが当然であると述べています。そして，このような趣旨に基づいて労基法1条以下に労働憲章的な規定が設けてあるとも発言しています。

　労基法1条以下の「総則」部分を見てみると，労働条件の根本原則（労基法1条）の後に，労働条件対等決定の原則，均等待遇の原則（労基法3条），男女同一労働同一賃金原則（労基法4条），強制労働の禁止（労基法5条），中間搾取の排除（労基法6条），公民権行使の保障（労基法7条）といった規定が続いています。これらの規定が「労働憲章」と呼ばれる規定です。

　労基法1条は，労働条件について，「労働者が人たるに値する生活を営むための必要を充たすべきものでなければならない。」と，労働条件の根本原則としての生存権思想を明らかにする（1項）とともに，「この法律で定める労働条件の基準は最低のもの」であり，労働関係の当事者は，「その向上を図るように努めなければならない」

と規定しています（2項）。

　労基法2条は，労働条件について，「労働者と使用者が，対等の立場において決定すべきもの」とした（1項）うえで，「労働者及び使用者は，労働協約，就業規則及び労働契約を遵守し，誠実に各々その義務を履行しなければならない」と規定しています（2項）。この規定における労使の「対等」とは，個別労使の対等性だけではなく，集団的なレベルでの労使の対等性も意味している点は重要です。

　労基法3条から6条までは，当時の労働関係に残存した封建的遺制の一掃に関わる規定でもあります。これは，政府が，労基法制定当時，労働条件の決定に関する基本原則を明らかにすることと同じく重視したことです。封建的遺制の一掃についての規定は，近代的労働関係において尊重されるべき価値としての平等原則についての規定（労基法3条・4条），と前近代的な封建的労働慣行の排除についての規定（労基法5条・6条）に区分できます。このうち，平等原則についての規定は，第4章で解説されますので，ここでは，前近代的な封建的労働慣行の排除についての規定を確認していきましょう。

　労基法5条は，使用者が「精神又は身体の自由を不当に拘束する手段」で，「労働者の意思に反して労働を強制」してはならないと規定しています。この「不当に拘束する手段」として，暴行，脅迫及び監禁が例示されていますが，これらに限られず，「客観的に見て通常人がその自由を失う程度の拘束」があれば，この要件を満たすと解されています。この規定に違反した場合，使用者は，1年以上10年以下の懲役又は20万円以上300万円以下の罰金に処される可能性があります（労基法117条）。これは，労基法で最も重い罰則です。労基法5条は，戦前の日本において労働者を長期間拘束して，劣悪な環境下で過酷な肉体労働を強制する悪習が広く行われていたことを踏まえ，憲法18条の趣旨を労働関係において具体化しており，このような悪習を排除することを目的としています。

　労基法6条は，「何人も，法律に基いて許される場合の外，業として他人の就業に介入して利益を得てはならない。」と規定しています。この規定は，口入れ屋，桂庵（けいあん），労働ブローカなどの第三者を通じて労働者と使用者間の労働契約が締結され，そこに不当な賃金搾取やその他の非人道的な悪習が伴っていたことを踏まえたものです。この条文は，「何人も」と規定していますので，義務の名宛人は使用者ではありません。労働契約の当事者ではない第三者がこの義務の名宛人になります。

　そして，禁止されている行為は，業として他人の就業に介入して利益を得ることです。行政解釈は，「業として」とは，同種の行為が反復継続すること解釈しており，一回の行為であっても，反復継続する意思があれば，十分であるとしています（昭和23年3月2日基発381号）。このとき得てはいけない利益とは，行政解釈によれば，手数料，報償金，金銭以外の財物等如何なる名称を問わず，又有形無形たるとを問いません（昭和23年3月2日基発第381号）。また，この利益には，使用者から得たものだけでなく，労働者，第三者から得たものも含まれます（同通達）。

　ただし，上記の行為に該当しても，それを厚生労働大臣の許可を受けて有料の職業紹介事業を行う者（職業安定法30条）や厚生労働大臣の許可を受けて募集を委託される被用者以外の者（同36条）がした場合のように，法律に基づいて許される場合には同条違反にはなりません。なお，行政通達は，労働者派遣の場合について，「派遣元と労働者との間の労働契約関係及び派遣先と労働者間の指揮命令関係を合わせたものが，全体として当該労働者の労働関係となるもの」であることから，「派遣元による労働者の派遣は，労働関係の外にある第三者が他人の労働関係に介入するものではない」と解釈し。同条違反になるものではないと解しています。（昭和61年6月6日基発第333号，昭和63年3月14日基発第150号，平成2年3月31日基発168号）。

　また，労働憲章ではありませんが，労基法16条以下では，封建的諸制度を禁止又は制限しています。

　第一に，労基法16条は，「使用者は，労働契約の不履行について違約金を定め，又は損害賠償額を予定する契約をしてはならない」と規定しています。ただし，同条が禁止しているのは，違約金の定めや損害賠償額の予定ですから，実際に損害が生じた後で，使用者が労働者にその賠償を請求することが禁止されているわけではありません。なお，同条とは関係がありませんが，判例によれば，この損害賠償の請求は，「諸般の事情に照らし，損害の公平な分担という見地から信義則上相当と認められる限度」に制限されます（茨城石炭商事事件：最一小判昭51・7・8）。この判例の基礎（「損害の公平な分担」）には，労働過程における労働者のミスによる損害の発生について，その労働から利益を得ている使用者がその責任も負うべきであること（報償責任），そもそも使用者の業務がこの損害の危険を創出していること（危険責任）といった考え方や，労働過程における損害の発生を使用者は指揮命令により回避したり，保険により発生した責任を予め分散したりすることが可能であると

いった事情等があると考えられます。

　第二に，労基法17条は，前借金（労働契約を締結する際やその締結後に，労働を
して将来の賃金により弁済することを条件に使用者から借り受けることを約した金
銭）といった労働することを条件にした前貸の債権（前借金の返還請求権など）を
賃金債権と相殺することを禁止しています。つまり，使用者がこのような借金の返
済をさせるために労働者の賃金につき借金の返済分を差し引いて支払うことは認め
られません。労基法制定当時，庶民金融の発達していなかった日本で，前借金自体
を禁止すると労働者が予想外の出費をする際にお金を借りることが難しくなってし
まうことから，前借金自体は禁止されておらず，あくまでも賃金を相殺することが
禁止の対象となっています。

　第三に，労基法18条は，強制貯金を禁止するとともに，任意的貯蓄金管理を規制
しています。強制貯金は，労働者の足止め策として利用されたり，企業経営が悪化
した場合に事業資金として転用されたり，企業が倒産した場合に払戻しが受けられ
なくなったりするなどの問題が伴うため禁止されていますが，貯蓄自体は労働者の
将来の生活保障という意味では有益であるので，任意的なものは禁止されずに，規
制されるにとどまります。この規制内容は，任意的に労働者の貯蓄金を管理するた
めには労働者の過半数代表との労使協定の締結及び届出が必要であること（労基法
18条2項），貯蓄金管理規程を制定し周知すること（同3項），厚生労働省令で定め
る利子を付与すること（同4項），労働者の返還請求に遅滞なく応ずること（同5項），
貯蓄金管理が労働者の利益を著しく害する場合，行政官庁による中止命令がなされ，
労働者へ貯蓄金を遅滞なく返還すること（同6項・7項），預金管理状況について行
政官庁に報告すること（労基則57条3項）です。

　第四に，労基法94条以下は，戦前において使用者が労働者の寄宿舎生活をも支配
下において労働者の自由を不当に拘束したり，その安全や衛生をないがしろにしが
ちであったりことを踏まえ，事業の附属寄宿舎（事業経営の必要上その一部として
設けられているような，事業と関連をもつもの）について，①寄宿舎における労働
者の私生活の自由と自治の尊重（94条），②寄宿舎規則の作成と遵守（95条），③寄
宿舎における安全衛生の確保（96条）と行政官庁の使用停止命令等（96条の3第1
項），④寄宿舎の設置・移転・変更時の危害防止等計画の届出と行政官庁の差止・計
画変更命令（96条の2）といった規制を設けています。

　労働憲章に戻って，最後に，労基法7条1項は，労働者が，労働時間中に，選挙権，被選挙権，最高裁裁判官の国民審査（憲法79条），特別法の住民投票（憲法95条），憲法改正の国民投票（憲法96条），地方自治法に基づく住民の直接請求権，住民監査請求権のような「公民としての権利」を行使したり，議員，労働委員会の委員，検察審査員，裁判員などの「公の職務の執行」をしたりするために必要な時間を使用者に請求した場合，原則として使用者はこれを拒んではならない旨規定しています。ただし，公民としての権利の行使又は公の職務の執行に妨げがない限り，請求された時刻を使用者が変更することは可能です（労基法7条2項）。

〔小林　大祐〕

# 第3章
# 労働条件決定のシステム

　本章では，現行の労働法が採用している労働条件を決定する諸制度を，具体的な労働条件がどの制度によって決定されているかという機能の観点から，各制度の役割とそれらの関係を解説します。直面している法的紛争がどの次元のものかを特定し，どの制度の枠組みで考察すべきかを知るためです。

## I　現行法における労働条件決定システムと諸制度

### 1　労働条件決定システムの特徴

　資本制社会における労働関係は「労働力と賃金」の交換関係にほかならず，その関係は交換当事者の合意によって成立し，交換条件は個別的な合意によって決定されるものです。

　この労働関係を，労働法は「労働契約」という概念で捉えます。今日，この労働契約は，第1章で述べたように，憲法の労働基本権保障を基盤として，労働者という社会的存在にある具体的な人間の生存の確保をめざす契約形態として位置づけられます。

　ただ，「労働契約」の特徴の一つは「契約の画一性・観念性」にあります。つまり，分業と協働を本質とする近代的「企業」では，効率的な経営の観点から，事業所内のすべての従業員（労働者）の労働条件は「集合的で画一的に決定・運用」される必要があります。さらに，労働組合の側は，「われわれの労働条件」という観点から，組合員の労働条件は「集団的で統一的」に決定されることを求めます。その結果，労働契約の内容は「就業規則」や「労働協約」によってあらかじめ定型化され，集合的・集団的に決定されることになります。さらに，労働基準法などの「労働保護法」による契約関係の外部からの規制がそこに加わりますので，事実上労働者の「自由な契約意思」は極めて形骸化し

ています。

　さらに，雇用契約・労働契約における労働者の「債務」は，使用者のために，使用者の指揮の下で労務を提供する（民法623条「労働に従事する」，旧623条「労務に服する」）ことにありますので，そこでは労働者が自分の債務（義務）の内容をあらかじめ具体的に詳細に特定して合意することは事実上困難だという特徴（不完全性）があります。そのため，実務上は，後述するように，労働者の個別的な労働契約の締結はもっぱら「従業員としての地位」を設定するという意味をもつだけとなり，近年話題となっている勤務地や職務内容をあらかじめ限定する労働契約における個別的合意などは，ごくまれな事例なのです。

## 2　「労働基準法・労働契約法・労働協約・就業規則・労働契約」の構造
### ⑴　「労働条件決定システム」を構成する諸制度

　現行法では，労働条件決定に関して，強行的効力をもつ「労働基準法」と「労働契約法」という「実定法」のほかに，市場の当事者によって創られる「自主的規範」に関する三つの制度があります。

　「自主的規範」のうち，法的制度としての労働法の世界に最初に登場したのが「労働契約」で，わが国の現行法では，個別労働者と使用者との労働の提供と賃金の支払いの合意によって成立する個別的契約と定義されます（労契法6条）。第二が，19世紀末に創設された「就業規則」で，現行法では，使用者が事業場の従業員の労働条件などを一方的・画一的に決定する制度とされます（労基法89条から92条，労契法9条から13条）。第三が，20世紀初頭に法的に承認された「労働協約」で，現行法では，労働組合と使用者との労働者の待遇等に関する集団的合意によるものとされます（労組法14条から18条）。

　現行法における自主的規範に関する制度の規範的拘束力の序列では，労働組合と使用者の「集団的合意」を法的根拠としているのですから，「労働協約」が第一順位とされます。ついで，労働保護法の立法趣旨を根拠に使用者に作成することを義務付けた「就業規則」が第二順位とされます。ただ，後述するように，労契法は一定の要件を充たす場合には使用者に就業規則によって労働条件を一方的に決定又は変更する権限を認めています。第三順位が，論理的には「合意原則」に最も忠実である「労働契約」です。

(2) 諸制度の規範的効力の関係

　現行法上の労働条件決定システムを構成する諸制度を，各制度がもつ強制力を基準に，条文の文言に着目して，大まかにまとめましたので，ご覧ください（図表3－1）。

〔図表3－1　諸法令の関係〕

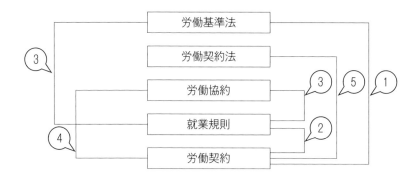

① 労基法　vs　労働契約：
　　労基法13条＝「基準に達しない…無効とする」「…この法律で定める基準による」
② 就業規則　vs　労働契約：
　(a) 労契法12条＝「基準に達しない…無効とする」「就業規則で定める基準による」
　(b) 労契法7条（法的拘束力）＝「よるものとする」
　(c) 労契法10条（不利益変更の法的拘束力）＝「よるものとする」
③ 法令・労働協約　vs　就業規則　：
　(a) 労基法92条第1項＝「法令又は…労働協約に反してはならない」
　(b) 労契法13条＝「法令又は労働協約に…反する部分…は，労働契約については適用しない」
④ 労働協約　vs　労働契約　：
　　労組法16条＝「…基準に違反する…部分は無効とする」「この場合…基準の定めるところによる」
⑤ 労働契約法　vs　労働契約　：
　(a) 労契法5条（安全配慮義務）＝「するものとする」
　(b) 労契法16条（解雇規制）＝「無効とする」
　(c) 労契法17条1項（有期契約期間中解雇）＝「することができない」

# Ⅱ　労働基準法

## 1　労働基準法の目標と構成

　現行の労基法の提案理由（昭和22年第93回帝国議会）のなかで，労基法の達成すべき３つの目標が宣言されました。

　第一の目標は，近代的な労働法における「労働条件決定の基本原理」を闡明<sup>せんめい</sup>（明らかにして，広く知らしめること）することです。この趣旨から，労基法１条は，憲法27条の労働権理念を具体化して，労働条件は「人たるに値する生活を営むための必要を充たすべきもの」でなければならない（１項）とし，労基法で定める労働条件はそのための「最低のもの」であるとして（２項），そこから労基法規定の労働契約に対する私法的な効力を宣言しました（13条）。さらに，同２条では，現行労働法が前提とする近代的労使関係の原則として，労働条件は労働者と使用者が対等な交渉によって決定されるという「労働条件の労使対等決定」原則が明記されました（１項）。

　第二の目標は，それまでのわが国で広く残っていた前近代的な「封建的遺制」を一掃することでした。この趣旨から，まず，同法３条及び４条で近代的労働関係の基本原理としての「平等原則」を規定します。さらに，最も悪質な「封建的労働慣行」の排除をめざして「強制労働の禁止」「中間搾取の排除」「公民権行使の保障」（５条から７条）を規定しました。また，賃金にかかわる典型的な封建的慣行としての「賠償予定の禁止」「前借金相殺の禁止」「強制貯金の禁止」（16条から18条）を刑事罰の対象とするだけでなく，私法上も無効とする規定を定めました。

　加えて，労働契約の締結及び終了に関して遵守すべき基本原則を規定します（第２章）。具体的には契約期間の制限（14条），労働契約締結・変更時の労働条件明示義務（15条），解雇の制限・手続き（19条・20条）などの重要なルールが定められています。さらに，労働条件のなかで最も重要な労働時間や賃金に関する原則を定め（第４章，第３章），これらにより「公正な労働条件の確保」を目ざしています。

　第三の目標は，わが国の悲惨な戦争の経済的背景に国際的な「ソーシャルダ

ンピング（労働力の不当な安売り競争）」があったとの認識から，著しく低い
労働条件水準の改善が戦争の遠因を断つことになるとして，労働条件の国際的
労働条件水準の達成が目ざされました。

　以上の3つの立法目標は，労基法制定者の「立法意思」を示したものですか
ら，労基法の各条項の解釈を拘束するものと解されます。

## 2　労働基準法の履行確保制度

　労基法は，「人たるに値する労働条件の最低基準」を定めた規定の実効性を
確保するために，多様な履行確保制度を用意しています。

　第一は，刑事罰です。履行確保制度として刑事罰を採用することは労働保護
法の伝統ですが，労基法は，人間を人間たるに値しない労働条件で働かせるこ
と自体が犯罪行為であるとして，旧工場法が定める罰金刑に加えて，身体刑で
ある懲役刑を加重してより重い刑事罰を創設しました（117条から120条）。

　さらに，「使用者」概念を拡大して，労基法違反を実行した管理職を処罰す
るだけ（「トカゲの尻尾切り」）では済ませず，それを黙認した社長にも罰則を
科すことにより，実効性のさらなる確保を図る「両罰規定」（121条）を採用し
ました。また，法律による刑事罰が法的義務の履行に必ずしも繋がらない事態
（「刑罰なんて怖くない，お金だけが命！」という悪質な使用者）が存在するこ
とを踏まえて，解雇予告（20条），休業手当（26条），割増賃金（37条），年次
有給休暇賃金（39条）の未払金に加えて，それと同額の民事制裁を科すことに
より履行の確保を目ざす「付加金制度（「倍返し！」）」を採用しました（114
条）。

　そして，それらの制度の前提として，強力な権限をもつ「労働基準監督官に
よる行政監督」（第11章）を定めます。これは，契約関係に強制的な介入権限
を持った行政官による監視・監督によって法令の履行を確保するものであり，
各国の歴史的にも実証された労働保護法の最も強力な履行確保制度です。

　第二は，労基法規定に私法的効力を創設したことです。行政監督と刑罰とい
う工場法の履行確保制度を一歩進めて，最低労働条件を定めた労基法の諸条項
はすべての人が守るべき「公序」を表明するものであり，労基法規定を労使の
私法的契約関係を規制する私法的規範として位置づけました。そこから，労基

法条項は，労働契約に対する「強行的効力」と「直律的効力」をもつことになります（13条）。具体的には，労基法の定める基準に違反する（達しない）労働契約内容は無効となり，無効となった部分は労基法の定める基準によって補充されることになります。また，使用者の一方的行為（違法解雇や賃金相殺など）も無効になります。さらに，使用者に一定額に金員の支払いを命ずる規定（時間外手当など）は，当該労働者にその法的請求権を付与することになりました。

### 3　労働基準法上の「労使協定」制度

　人間らしい労働条件の最低基準を定めた労基法は，適用対象であるすべての労働者に画一的に適用されることが原則です。しかし，実際には，各事業場の個別的事情に応じて柔軟に対応する必要性もでてきますので，その必要性との調整をはかるための制度として「労使協定」があります（36条4項など）。

　「労使協定」は，使用者がその事業場の過半数労働者で組織された労働組合（「過半数労働組合」）又は過半数労働組合がない場合には民主的に選出された従業員の過半数を代表する者（「過半数代表者」）（労基則6条の2）との書面による協定を結び，労働基準監督署に届け出るものです。この制度は，過半数組合などとの集団的合意という形での労働者側の一定の関与を条件に，その事業場のすべての労働者の労働条件が労基法の基準を下回ることを法的に承認するもので，基本的には労基法の例外的な適用除外という機能を担うものとして構想されています。

　したがって，労使協定の法的効力は，労基法違反に対する刑事罰を免れる効力（免罰的効力）をもつにとどまり，労使協定の内容が対象労働者との民事的関係において法的拘束力をもつためには他の法的根拠（労働契約上の個別的同意，就業規則など）が必要であると解されています。

　なお，1988年以降の労基法改正で労働時間規制の柔軟化のために導入された多くの労働時間関連条項に労使協定制度が付加されました。これを契機に，労使協定の労働者に対する法的拘束力があらためて議論されています。そこでは，単なる過半数代表にすぎない者や多数労働組合が締結した労使協定が，どのような根拠によって，個別労働者や少数組合の組合員に労基法が定める最低基準

を下回る労働条件を押し付けることが可能となるのかが問われています。

# Ⅲ　労働契約と労働契約法

「労働条件決定システム」の理論的基礎である「労働契約」と労働契約に関する基本法である「労働契約法」を概観します。

## 1　「労働契約」概念と権利義務
### ⑴　「労働契約」という概念
「労務の提供」対「報酬の支払」という賃労働をめぐる社会関係を，どのような「法形式」で捉えるかという問題が，どの時代の立法においても重要な課題でした。歴史的には，近代法のルーツの一つであるローマ法では，労務提供者は，労務の報酬を消費貸借契約として受領し，一定期間自分自身を貸し出すものとして，「賃貸借」という枠組みで捉えていました。

18世紀の市民法では，資本制社会の賃労働形態を「労務供給契約」の一類型としての「雇用契約」として捉えます。「雇用契約」概念は，使用者のため（他人目的）に，使用者の指揮の下（他人決定）において，労務を提供する「為す債務」と賃金支払という「与える債務」との対価的な交換関係とされます。ただ，雇用契約概念は，労働力の「交換過程」に着目するものであり，社会問題の焦点である「労働過程」を規制の対象とはしていません。

これに対して，労働法では賃労働関係を「労働契約」と捉えます（労基法第2章，労契法6条）。労働契約の交換対象である労働力は労働者個人の人格と不可分に結びついているために，多かれ少なかれ身分的な支配服従の関係が生じます。労働契約概念は，「使用者の指揮に服従する人的従属関係」に入る法的契機であり，債務的要素を本質としつつも，いわゆる「身分的要素」をもつと解されます。この概念の特質は，契約という枠組みに実際の労働関係に内在する人的で従属的な「身分的要素」を取り込んだ点にあります。そして，その契約の内容は，契約当事者の合意によることを前提としつつも，当事者の意思とは関係なく外部の法律・公序・労働協約・慣行などによっても決定されうることを承認します。

　ただ，わが国の民法の「雇用契約」概念（623条）は，労務供給契約におけ
る「為す債務」類型のなかでは労務提供過程での労働者の従属性（「服する，
従事する」という文言）に着目する点を特徴とします。つまり，わが国の民法
は，この従属性という要素を他の労務供給契約類型（「請負632条：仕事の完
成」「委任643条：事務処理」）から識別するための重要なメルクマール（指標）
としています。

　したがって，わが国においては，民法上の雇用契約概念と労働法上の労働契
約概念は，概念を構成する要素のレベルでは大きく異なるものではありません。
しかし，その相違は，労働関係における「従属性」を修正・緩和すべき要素と
して法的構成に組み込むか，事実の世界に追いやるかの相違であって，規制理
念のレベルでは大きな違いが存在すると解されます。

## (2) 「労働契約」の権利義務の構造と内容

　現行法の労働条件決定システムにおいて，「労働契約」における契約意思は
実際には形骸化しており，個別労働者にとって労働契約の締結それ自体は，実
務上従業員としての身分の創設という意味しかもたなくなっています。

　このことから，労働契約は，第一に，従業員たる法的地位を設定し，継続的
に職務に従事するという合意と，第二に，一定の条件で日々労働力をあらかじ
め定められた労働時間の限りで使用者の処分に委ねる合意から構成されると解
されます。

　第一の部分からは，「従業員としての地位」を設定する法的効果が発生しま
す。

　第二の部分からは，継続的労働関係のなかで流動的に労働契約の内容が特
定・決定されることによって，具体的な労働の権利義務が発生することになり
ます。そこから，使用者には労務提供過程における具体的な指揮監督権限（「労
務指揮権」）が，労働者には使用者の指揮監督に服従する義務（「服従義務」）
が発生します。ただ，使用者の権限は，あくまでも労働契約であらかじめ合意
した枠内（労基法15条）で発生した労務給付義務の具体化の限度で生ずるもの
です。

　さらに，労働契約関係に基づく付随義務として，契約当事者の合意にかかわ
らず，法令・公序などを根拠に「安全配慮義務（労契法5条）」，「秘密保持義

務」,「競業避止義務」,「均等処遇義務（労契法20条，短有労法9条など）」が生ずることになります。

## 2　労働契約法の法的本質と構造

### (1)　労働契約法の法的本質と諸規定の性格

労契法は，立法過程で，労働・雇用に関する個別的契約関係についての「民法の特別法」と位置づけられ，「労働条件決定の基本法」である労基法を前提として，労働契約に関する民事的ルールを明らかにしたものとされました。

　1条の「法の目的」において，「合意原則」と同時に「労働者保護の目的」が宣言されていることからも，労契法は「広義の労働保護法」に位置付けられるものであり，その根拠は「勤労条件の基準」の定立を宣する憲法27条2項に求められます。つまり，生存権・平等・人格権などの憲法上の価値と民法の基本原理の労働関係における具体化としての「労働契約に関する基本ルールの定立」が目指されたものと解されます。つまり，刑罰と行政監督を履行確保制度とする労働条件決定に関する“古い”基本法である労基法とは異なり，労働契約に関する純然たる民事法規としての性格を持った“新しい”基本法と理解されました。

　本法の条文規定には，労働契約の「内容の公正さ」を担保する強行規定と紛争防止のための任意規定・推定規定が存在し，手続規定も含まれています。このような規定の法的性格の多様性は，労働契約法が，単に民法の特別法であるという性格を超えて，労働保護法の観点からの裁判所の介入による労使利益の調整を前提とする民事的ルールを創設したものであることに由来するのです。

### (2)　労働契約法の構造

#### (a)　総　則

労契法の目的を定める第1条では，労働契約は「自主的な交渉の下での合意により成立」するという「合意」原則を原点とし，労働条件も合意によって決定されるものであり，一方的決定は許されないと宣言します。これは，労契法の目的が「労働者の保護を図る」ことにあり，労働者保護の理念のもとで労働契約関係の合理的な形成を目ざすことを宣言したものと解され，当事者自治原則による単なる契約法ではなく，労働法分野の立法であることを宣言したもの

と評価されます。「労使対等合意原則」（3条1項），労働契約の成立・変更は合意によるという「合意原則」（6条・8条）も同様の趣旨です。つまり，本法は，労使間の交渉力等の不均衡を前提的な認識として，その状況自体をも修正していくべきであると宣言したもので，理念的には古い基本法である労基法と労組法に接合するものと解されます。

　なお，総則の諸規定の法的性質は，原則を宣言した訓示規定であって，本条から直ちに法的効果は生じませんが，法解釈の指針となる意味をもつものといえます。

　また，本法の労働者・使用者の定義（2条）は，基本的には「労基法上の労働者」と同一であると解されています。ただ，労基法の「事業又は事業場に使用される者」の文言が削除されており，「事業に使用されていない者」も含み，民法623条の「労働に従事する者」も含むと解されます。「使用者」の概念は，以上の労働者の定義に応じて，労基法上より拡大されると解されます。

　(b)　労働契約に関する基本原則の確認

　「労使対等合意原則」を定める（3条1項）は，「労使対等決定原則」を定める労基法2条1項に対応し，労働契約の当事者である労使の間に実質的対等性を実現しようとする理念を宣言したものです。

　「労働条件の均衡考慮義務」規定（3条2項）は，国会の法案審議過程で加えられました。本条項の「均衡」努力義務は，「均等・平等」を意味するものではなく，「就業の実態に応じて」就労実態を総合的に勘案したうえで労働条件に「バランス」をとる義務を意味します。本規定は訓示規定であり，直ちに法的効果を生ずるものではありませんが，パートタイム労働契約や有期労働契約の労働者などの非正規（非典型）労働者の労働条件格差事件において，使用者による努力義務の履行状況が，公序良俗・権利濫用・信義則などの一般条項の解釈適用において考慮される可能性が拡大しています。

　「ワーク・ライフ・バランス配慮義務」規定（3条3項）も，国会審議の過程で加えられたもので，労働契約締結・実施過程での「生活と仕事の調和への配慮」を宣言したものです。本規定の法的性格も訓示規定であって，労働契約紛争における解釈指針となるものであり，実質的な努力義務と解されます。本規定は広く労働契約の締結・変更を対象とするものであり，各種の裁判事案に

おいて援用される可能性があります。

　「信義則と権利濫用原則」規定（3条4項・5項）は，民法一般原則（1条2項・3項）を確認したものです。ただ，労働契約法は，基本的には労働者保護原理に立つものであり，本規定における信義則遵守や権利濫用の禁止も，例外的な権利制限原則としてではなく，権利発生の存否のみならず，権利行使のレベルでの労使利益の柔軟な調整法理として機能することが積極的に期待されます。

　(c)　労働契約の成立・変更・終了に関する規定

　そのほか，労働契約の成立・変更に関する原則規定（7条，8条），労働条件の内容を決定・変更する就業規則制度に関する規定（9条から13条），労働契約の継続・終了に関しては「出向」「懲戒」「解雇」の規定（14条から16条），さらに有期労働契約に関する規定（17条から19条）と，労働契約関係に関する重要な強行的なルールを定めています。

# Ⅳ　労働基準法及び労働契約法上の「就業規則」

　わが国の「労働条件決定システム」のなかで実務上最も重要な機能を果たしているのが「就業規則」です。「就業規則」制度は，労基法（第9章：89条から93条）と労契法（7条から13条）の二つの法律で定められています。

## 1　労働基準法上の「就業規則」制度
### (1)　「就業規則」制度の沿革と制度趣旨

　「就業規則」は，近代企業おける労働条件の集合的決定と効率的な協働の必要から，使用者によって一方的に決定され，随時変更することができる社会的制度として登場しました。その対象は，工場・事業場の従業員全員とされています。

　この社会的制度の法制化（国家法体系への組入れと法的効力の付与）は，労働組合の力量が十分でなく，労働組合と集団的な労使関係が成熟していない後発の資本主義国家で出現しました。典型は1891年のドイツの「労働者保護法」による創設です。その趣旨は，労働者保護の観点から，第一に，労働条件の使

用者による一方的決定の修正を図り，使用者に法律の規定する労働条件内容を
設定させ，労働者に周知させて，「労働条件の明確化」を図ることにありまし
た。第二は，就業規則を行政監督機関に届出させることにより，行政監督の
「保護法履行確保の補助的手段」として機能することを期待することでした。
ドイツよりさらに資本主義の展開と労働組合の成長が遅れたわが国では，就業
規則の法制度は大正15年（1926年）の「工場法施行令」によって創設されまし
た。第二次大戦後，団結権保障に基づく労働法整備の一環として，昭和22年
（1947年）労基法によって導入され，労働者保護法の補助的手段と位置付けら
れました。

　なお，英米法の諸国や労働組合の組織率が高く労働運動が強い力を持ち，す
べての労働条件を「労働協約」によって決定する制度を採用している北欧諸国
などの大陸法系諸国では，就業規則は法制度としては歴史上一度も採用された
ことがなく，その意味で，法律によって就業規則に労働契約を拘束する法的効
力を付与するという就業規則制度は比較法的には極めて特異な制度です。

　つまり，近代法の基本原理である「契約の自由」の観点からすれば，平等な
個人の権利と義務は「個人の意思の合致」に基づいてのみ発生・変更・消滅す
るはずであり，実務的な必要性はあるとしても，労働契約の一方当事者にすぎ
ない使用者が，労働者の合意なしに，一方的に労働条件を決定することを法的
に認めることは論理的な矛盾を含むことになるからです。それゆえ，現在も就
業規則の法的性格に関するわが国の学説の対立は収束してはいないのです。現
行法上の就業規則制度は，労働者保護の観点からの政策的な制度として位置付
け，その任務の限りで機能するものと理解すべきでしょう。他方，現在の判例
は，最高裁大法廷判決（秋北バス事件：昭43・12・25）の法理を踏襲して，独
自の展開を続けています。

### (2)　労働基準法上の就業規則の要件と効力

　労基法第9章（「就業規則」）の趣旨は，労働者保護の観点から，使用者の恣
意的決定に委ねられがちな労働条件を「書面化」し「周知」させることによっ
て「客観化」し，さらに，その届出と変更命令制度によって「行政監督の補助
手段」として，労働保護法の履行確保に利用しようとする点にあります。

　労基法は，常時10人以上を使用する使用者に，同条で定める重要な労働条件

（1号から10号）について書面による就業規則を作成し，労働基準監督署に届け出ることを義務付けています（89条）。就業規則に必ず記載する必要がある事項（絶対的必要記載事項）としては「労働時間」「賃金」「解雇を含む退職」，定める場合には記載する必要がある事項（相対的必要記載事項）としては「退職金」「ボーナス，最低賃金」「安全衛生」「労災補償」「懲戒処分」などが挙げられています。さらに，その他使用者が任意に定めた事項（任意的記載事項）も記載しなければなりません。

その作成に際しては，過半数従業員を代表する組合がある場合は組合，ない場合はその事業場の全従業員の多数決により選任された代表者の意見を聴取することが義務づけられます（90条）。ただ，これは意見聴取ですから，労働協約のような「同意」は必要とされません。さらに，職場の最低労働条件基準として機能するのですから，従業員全員が知ることができるようにする義務（周知義務）が課されます（106条1項）。

そして，作成された就業規則は，法令又はその職場に有効に適用されている労働協約に「反してはならない」とされます（92条1項）。そして，就業規則は行政監督の補助手段との労基法上の位置づけから，届け出られた就業規則が法令又は労働協約に抵触する場合には，労働基準監督署長にその変更を命ずる権限が付与され，使用者には変更が義務づけられます（同条2項）。

なお，労働契約に対する就業規則の「強行的・直律的効力」（93条）は，労働契約法の制定に伴い，同法12条に規定されました。

## 2　労働契約法上の「就業規則」制度
### (1)　労働契約法の立法過程における就業規則制度をめぐる議論

労契法上の就業規則制度は，労働契約に関する基本法である労契法の中核制度として，特に就業規則による労働条件の不利益変更に関する最高裁判例法理に依拠して，創設されました。

これに対して，学説からは，労基法の行政監督と切り離された労契法において，就業規則に労働契約内容を拘束する強い法的効力を付与することには疑問が示されました。つまり，21世紀の労働法を構想すべき今日，そもそも19世紀当時の未成熟な労使関係を反映して創設され，近代法の基本理念と論理に矛盾

する制度である就業規則の法的効力をさらに拡大する法案に厳しい批判が加えられたのです。

⑵　**労働契約法上の就業規則の法的効力**

⒜　就業規則の「契約内容補充」効力（7条）

旧労基法93条は，労働者保護の観点から，就業規則の効力として，就業規則の定める「基準に達しない」労働契約の条項を無効にする「強行的効力」とその場合無効となった部分を就業規則の規定で置き換える「直律的効力」を付与するに留まっていました。その点が，「労働契約に定めがない部分について労働協約の定めるところによる」（労組法14条）として「補充的効力」を付与されている労働協約制度との違いでした。

これに対して，労契法7条は，就業規則で定める労働条件が合理的であって，従業員に周知していた場合には，労働契約に定めがない部分について就業規則で定める労働条件が労働契約内容となるという「補充的効力」を新たに創設しました。本条は，その労働条件に関する労働契約（特約）がない場合で，合理性と周知の要件を充足したときに，就業規則に労働契約内容の補充を認める「特則」を設定したのです。

ただ，同7条本文には，「労働契約を締結する場合において」という文言が挿入されていますので，同条は労働契約の成立時（通常は採用の時点）において存在していた就業規則に補充的効力を認めたものであって，本条の適用は限定されることになります。なお，労働契約が締結されていた事業場に就業規則を新設してその労働条件をする場合には，労契法10条の就業規則変更のルールが類推適用されると解されます。

本条の定める要件は，実体的要件は就業規則規定の内容の「合理性」で，手続的要件は「周知」です。第一要件の「合理性」の判断要素は法文上明記されていないため，解釈に委ねられることになります。第二要件の「周知」の趣旨は，労働条件は就業規則の定めるところによるという労使当事者間の合意を推定するための要件と理解されています。周知の「方法」は，労働者が就業規則内容を実際に知りうることが重要ですから，労基法106条の周知（掲示・備付け，交付，パソコン）に限定されず，労働者が知りうる状態にしておくことで足りるとして，「実質的周知」と広く解すれば良いと解されています。また，

周知の対象労働者は，労働契約締結時点の就業規則の効力の要件である以上，就業規則が適用される事業場の全労働者だけでなく，当該労働契約を締結する労働者への「個別的周知」が必要とされます。

　なお，本条の法的性格は強行規定であるので，この二要件は効力発生には絶対的要件であり，その要件の充足は，当該就業規則規定が労働契約内容となっていることを主張する当事者が主張立証責任を負うと解されます。

　(b)　就業規則の「契約内容変更」効力（9条から11条）

　(i)　規定の構成

　そもそも，就業規則は使用者が一方的に定めることができるものですから，それを契約当事者の労働者の承諾を得ずに，その使用者が一方的に変更することは法論理的には（「禁反言の原則」違反として）できないはずです。この問題に関して，最高裁は，前掲の秋北バス事件大法廷判決以降の多くの判決で，「新たな就業規則の作成又は変更によって，既得の権利を奪い，労働者に不利益な労働条件を一方的に課すことは，原則として，許されない」としながら，「労働条件の集合的処理，特にその統一的かつ画一的な決定を建前とする就業規則の性質からいって，当該規則条項が合理的なものであるかぎり，個々の労働者において，これに同意しないことを理由に，その適用を拒否することは許されない」としています。

　労契法は，「内容の合理性と周知」を要件として，使用者に労働契約内容の変更権限を法的承認する判例法理を実定法化しました。具体的には，9条で一方的変更は法的効力を生じないという「原則」を定めつつも，同条但書と10条で変更内容の合理性と周知の要件を充たせば，変更効力が発生するとの「例外」を定め，11条に変更の際の「手続」要件を規定しました。もちろん，実務上は，第二の「例外」命題が最も重要です。

　なお，10条但書は，個別労働者と使用者が就業規則変更以前に「就業規則の変更によっては変更されない労働条件として合意していた部分」にはその効力は及ばないと定め，「特約の優位」を宣言しています。

　(ii)　実体的要件としての「変更の合理性」と評価要素（10条）

　10条では，「変更の合理性」は，「労働者の受ける不利益の程度」「労働条件の変更の必要性」「変更後の就業規則の内容の相当性」「労働組合等との交渉の

状況」「その他の就業規則の変更に係る事情」という要素を総合して判定されるとします。ただ、「その他の就業規則の変更に係る事情」には従来の判例法理であげられている「代償措置その他関連する他の労働条件の改善状況，他の労働組合又は他の従業員の対応，同種事項に関する我が国社会における一般的状況など」の要素が含まれると解されます。

「合理性」判断の実体的要素は，使用者側の「変更の必要性」要素と労働者側の「労働者の被る不利益性」要素を比較衡量し，その上で「変更後の内容自体の相当性」と「その他の諸要素」が考慮されるという構造にあります。

「必要性」要素については，変更の必要性を不利益変更の「必要」を具体的に区分して，そこから，「例外的に高度な必要性」を求める最高裁判決（みちのく銀行事件：最一小判平12・9・7）があります。

「不利益性」要素については，判決の多くは不利益性を労働者の「実質的な労働条件の不利益に等しいもの」も含む極めて緩やかな概念と解しています。そして，特に賃金・退職金など労働者にとって重要な権利・労働条件に関し実質的に不利益を及ぼす場合には，当該労働者にそのような不利益を法的に受忍させる許容できるだけの「高度な必要性」が必要とし，その際には不利益性を緩和する「代償措置」が講じられるべきであるとする最高裁判決（大曲市農協事件：最三小判昭63・2・16）が注目されます。

「変更後の内容自体の相当性」では，従業員間の不利益負担の公平さという「比較・つりあいの視点」を重視する最高裁判決（上記・みちのく銀行事件：最一小判平12・9・7）もあります。「その他の諸要素」として，多くの判決で，「同業他社・わが国社会における一般的状況」と「変更内容自体の相当性」があげられています。これは，「世間相場・業界相場・同業他社の水準」に大きな配慮を払っているという労使関係の実態を反映したものです。

さらに，「労働組合との交渉の経緯や結果」という「手続的要素」が「合理性」判断の決め手になるか否か，つまり，その事業場の従業員の多数を組織する労働組合がその変更を認めている場合には「合理性あり」と判定できるかについては，現在も裁判例は一致していません。

(iii) 手続的要件としての周知（10条）及び届出・意見聴取（11条）

10条は，判例法理を踏襲して，「周知」を手続の要件し，その「周知方法」

は実質的周知で足りるとし,「周知対象」に個別労働者を加えています。

11条が,労働条件「変更」就業規則のみの手続的要件として届出・意見聴取を定めたことは,労基法89条（労基署への届出）と90条（過半数代表者の意見聴取）の手続の履践が合理性を担保するために重要と解したことによるものと思われます。

本規定が,労契法に基づく変更就業規則の法的拘束力の要件であることから,労基法上の義務のない使用者においても,就業規則変更の際には届出・意見聴取が必要になります。

(c) 就業規則の「最低基準」効力（12条）

本規定は,労基法93条を移項して,就業規則には適用事業場の労働契約内容の最低基準を定める法的効力（「強行的効力」と「直律的的効力」）があることを確認したものです。

# V 労働協約

現行の「労働条件決定システム」で唯一,集団的労働法の中核である労組法を法的根拠とする「労働協約」制度を解説します。「労働協約」は,労働法にとって最も重要な論点ですが,わが国の労働組合の組織率が低いことから,労働協約の実務的な重要性は大企業に限られている現状にあります。

## 1 自主的規範としての「労働協約」の意義と機能

「労働協約」は,労働運動の歴史とともに生まれ,労働組合が「これ以下の労働条件では働かない」として使用者に突き付けた「賃金協定」をルーツとします。

労働組合運動の本来の思想は,資本制社会公認の「競争せよ」との命題に対して,競争が唯一の選択肢ではないとの観点から仲間内での「競争を制限する」ことによって,普通の労働者が普通に生きていけるようにする「平等を通じての生活の保障」をめざすことにあります。

そこから,個別労働者と使用者の労働力商品の交換過程で失われている対等性を回復し,価格のダンピングを防ぎ,価格の標準化をめざして,労働組合は

労働協約の締結へと進んだのです。団結権の法的承認を経て，19世紀末から労働条件全般と集団的労使関係ルールを内容とするものとして普及します。さらに，20世紀初頭からは，「産業民主主義（民主主義を，政治の世界から経済の世界へ拡大すべき！）」の観点からの「経営参加（労働者代表を経営に参加させる）条項」を含むものへと進展しています。

　西欧諸国では，産業ごとに組織された「産業別組合」と使用者団体との間で締結された「産業別協約」は「産業の法」として機能し，「労働協約なければ労働なし」といわれ，適用範囲も広範に及んでいます。日本では，企業ごとに組織された企業別組合と使用者との「企業別協約」が一般的で，企業ごとの労働条件基準と企業内の労使関係を約定しています。この企業別協約は，横断的労働市場の労働条件の統一的支配という機能は著しく低い点が課題です。

　労働協約の第一の特徴は，労働条件の維持改善を目ざす「労働組合による労働条件規制」のための自主的な社会制度という点にあります。この規制によってこそ労働者の「契約の自由」の形骸化を乗り越えられる（「契約の自由の実質化」）との考えが前提です。そして，そのためには，労働組合の組合員に対する統制を認め，労働協約は個別組合員の「契約の自由」を当然に制限できると考えられています。第二の特徴は，労働協約は団体交渉の成果として締結され，労使関係の安定化をめざす「労使の休戦協定」としての意義をもつ点です。使用者側が労働協約の締結に期待するのはその労働協約によって「産業平和（協約期間中はストはしない）」が保障されることにあるのです。

## 2　法制度としての「労働協約」の特質

　20世紀初頭，労使の自主的規範として誕生した労働協約を国家法秩序に組み込むための法制化が議論されました。英米法諸国では「任意主義」政策が採用され，イギリスはその遵守が当事者の誠意に委ねられる「紳士協定」として労使の集団的自治に放任する方式を，アメリカは履行を任意仲裁制度を中心に確保するという方式を採用しました。これに対して，大陸法系諸国では，労働協約を国家法秩序に取り込み，一定の法的効力を付与することによって，裁判所が労働協約の履行に関与する法制度を採用しました。ドイツの1918年労働協約令をはじめに，フランスの1919年労働協約法，スウェーデンの1928年労働協約

法が典型です。日本の労働組合法もこの類型に属します。

　労働協約の法制度化に際して，そもそも労働協約は「労働組合が法的には他人である組合員の労働力をバーゲン（団体交渉）して，締結する」ものですから，従来の市民法の論理とは相いれないものであって，その法的性格と規範的効力をどのように解すべきかが問題となります。各国の労働法の学説は，「市民法の伝統的範疇とは完全に異なるまったく新しい法的範疇である」と認識して，「体は契約，魂は法律」，「私的自治と法規範創造を結合したハイブリッドな構造物」など多様な見解が示され，労働法学最大の難問とされてきました。

　今日，わが国では，「憲法28条の団結権保障の趣旨にもとづいて，労組法16条が，労働条件は協約によって規律されるべきであると意図して，労働協約の規範的部分の法規範性を法的に創設したもの」と解する見解（労組法16条授権説）がほぼ通説として定着しています。

　わが国の労働組合法は，労働協約の要件を定めたうえで（14条，15条），労働協約に対して労働契約に優越する法規範としての効力（規範的効力）を付与しています（16条）。

# 第4章
# 雇用平等と非典型雇用

## I　この章の学びと就活との関わり

　就活を始めるとき，必ず考えなければならないことの一つに働き方の種類があります。この働き方の種類とは，正社員やアルバイト，契約社員などのことです。みなさんの多くは，親や学校の説明を受けて，あるいはほとんど無意識に正社員という働き方を選ぼうとしていると思います。アルバイト探しを「就活しているんだ！」とはあまり言いません。

　ではこの正社員とはいったいどのような働き方なのでしょうか？　正社員には，アルバイトのような働き方よりも給料が良くて，いろいろな保険の適用もあって，安定しているというイメージがあります。でも実は正社員にもいろいろな種類があります。

　一応正社員の仕事を探しつつ，本当は正社員とは違う働き方をしたいな，と思っている人もいるでしょう。給料はそれほど多くなくていいから，自分の時間を大切にしたい。正社員は，残業も多そうで，責任も重そう。派遣や契約社員とか，別の働き方はダメなんだろうか？　など。それぞれの働き方がそれぞれどのような特徴を持っていて，法律などでどのような保護が行われているのかを知ることは，自分にぴったりの働き方を選ぶときの強い味方になります（→Ⅳ 非典型労働）。

　上の例からも分かるように，働き方を選ぶときは，自分の人生設計をふまえることも欠かせません。バリバリ働きたいなら総合職の正社員を選ぶ，専門性を高めつつ，いろいろな企業で働いてみたいなら希望する専門性に強い派遣会社を探してみる，といった感じです。このとき，働くことだけでなく，これ以外の自分の生活をどのように送りたいかも一緒に考えることになります。例え

ば，子育てに時間を割きたい，推し活に力を注ぎたい，転職を見据えて勉強をしたい，など。働くこととその他の生活を調和させることは，私たちにとっても国にとっても大事なことですから，これを実現するための法制度が用意されています。どの働き方を選ぶかで仕事とこれ以外の生活の調和のさせ方がある程度決まります。でもどの働き方を選んでも，一定のラインまでは働くこと以外の生活が保障される，というルールがあるわけです（→Ⅲ ワーク・ライフ・バランス）。

また，近年，政治や経済の分野での日本の男女格差が社会的に問題になっています。世界経済フォーラムが2023年に発表したジェンダー・ギャップ指数（各国の男女格差を指数化したもの）によれば，日本の男女平等度の順位は，146カ国中，総合で125位，雇用が含まれる経済分野に限定しても123位にとどまります。企業研究をしていると，従業員が男性ばかりの企業がときどき見つかります。これは，その企業や業界に対する男女の人気度の違いを反映しただけかもしれませんが，男性を優先して採用したのかもしれません。逆に女性の優先採用を掲げている会社もありますし，性別以外にも，年齢を応募の条件とする企業も見つかります。このような個人の特徴・属性によって採用の機会を分けたり，賃金や昇進などの基準を別にしたりすることは許されるのでしょうか？（→Ⅱ 雇用平等と保護）。

この章では，こうした私たちや働き方の特徴の違いに応じた取り扱いの区別や，仕事と生活の調和に関するルールについて学ぶことにしましょう。

# Ⅱ　雇用平等と保護

## 1　雇用平等に関する法制度

みなさんは，小さい頃から人々はみんな平等と教えられてきたと思います。同じクラスの誰かが先生にひいきされるのは腹が立つし，兄弟姉妹で扱いが違うのは嫌なので，平等が大切なことは気持ちとしては分かるでしょう。でも平等って何？　と尋ねられて，すぐに正しく答えられる人は少ないはずです。学校の筆記試験の採点基準や受験方法を受験生全員で同じにするように，一人一人を同じに扱うことが平等といえそうなこともあります。でも視覚に障害があ

る人に試験の問題文を読み上げる機械を利用することを認めたり，この試験を
インフルエンザで受験できなかった人に別日の受験を認めたりするように，違
いに合わせて違う扱いをすることがむしろ平等といえそうな場合もあります。
雇用平等を目指す法（以下，「雇用平等法」といいます）は，このような微妙
な問題を扱っています。

　雇用平等法は，法的には，憲法に定められた法の下の平等（14条）を雇用と
の関係で実現しようとする法ということができます。この法は，大きく二種類
に分かれます。

　一つは，性差別など，本人の努力によって変更することができない属性に基
づく差別や，思想信条差別など，その属性を得ることが基本的人権の行使にあ
たる属性を理由とする差別に関する法です。採用試験の点数が低くて，「君の
努力が足りなかったから採用候補から外れた」と言われるなら仕方が無いと思
えます。ところが「女性だから落とした」とか，「○○教信者はお断り！」と
言われたら，女性であることは自分ではどうしようもないし，自由に宗教を選
べないことになるし，とても嫌な気持ちになると思います。

　もう一つは，フルタイマーとパートタイマー，無期雇用労働者と有期雇用労
働者のように，働き方で区別される当事者間の平等を扱う法です。こちらは，
例えばパートタイマーで働くことを本人が選んでいるし，この働き方を選ぶの
が基本的人権とはいいにくいなど，一つ目の雇用平等法とは違いがあります。
でも，正社員とパートタイマーで似たような仕事をしているのに，給料には4,
5倍の差があって，さらに手当や福利厚生にも差があるとなると，それは違う
のではないか，という感じもします。一つ目の法と二つ目の法の違いは，関連
する法制度の作り方の違いに反映されることになります。

　以下では，前者に関する雇用平等に関する法のうち，代表的なもの——一般
的な均等待遇原則，性差別・障害者差別・年齢差別のそれぞれの禁止に関する
法——の概要を説明します。後者のタイプの雇用平等法については，もう少し
後にある「Ⅳ　非典型労働」の項目を読んでください。

## 2　一般的な均等待遇原則

　労基法3条は，使用者は労働者の国籍，信条または社会的身分を理由として，

賃金，労働時間その他の労働条件について，差別的取扱いをしてはならないと定めます。国籍には，アメリカ国籍や中国籍など，信条には，仏教徒，クリスチャンなどの宗教的な信条や，自民党支持，共産党支持などの政治的な信条などが含まれます。社会的身分は，生来的な地位を意味します。例えば，門地（家柄の意味。同和問題を思い浮かべてください）や人種などが含まれます。

　この条文は採用後の労働条件についての差別的取扱いを禁止していて，採用時の差別については規制対象としていないと判例（三菱樹脂事件：最大判昭48・12・12）は解しています。採用時の差別については，法の下の平等（憲法14条）を憲法で保障する日本社会では国籍差別の禁止などが守られなければならない社会の秩序（公序。民法90条）になっていて，これに反するものとして許されない，という論理とルールで禁止されます。

　外国人労働者が賃金について国籍差別を訴える場合を例に，差別の証明の流れを確認してみましょう。まず，差別を訴える外国人労働者が，問題としたい賃金格差が国籍を理由としたものであることを主張します。これは国籍以外の事情，例えば仕事の内容や勤続年数などの事情が自分と似ている他の国籍（例えば日本人）の労働者が，自分より高い賃金をもらっていることを示すなどして行われます。これによってその賃金格差が国籍差別らしいことが証明されたら，使用者が，その労働条件の格差が比較されている両者の間にある仕事の能力の違いや成果の違いなど合理的な理由に基づいて生じたことを主張します。この反証がうまくいかないと，その賃金格差は国籍差別と判断されて，労基法3条違反が成立します。他の差別の証明も同じような流れで行われます。

　労基法3条が禁止する差別の理由には，性別が含まれていません。これは，女性にだけ産前産後休業を認める条文など，労基法の中に男女を別に扱う条文があるため，もし労基法3条に性別を入れてしまうと，労基法の中で矛盾が生じると立法者が考えたためです。性差別は，次に紹介する条文や法律によって規制されています。

## 3　性差別の禁止
### (1)　性差別の禁止の仕組み
　差別禁止に関する法の中で，比較的早くから整備が進んだのが性差別の禁止

に関する法です。性差別は，賃金については労基法，賃金以外の昇進や解雇などの一定範囲の労働条件については雇用の分野における男女の均等な機会及び待遇の確保等に関する法律（一般的に男女雇用機会均等法と呼ばれます。以下，「均等法」といいます）に基づいて禁止されています。これらの法律は，憲法14条に定められている法の下の平等を雇用の場での男女平等について実現しようとするものです。国籍差別の禁止や人種差別の禁止と同じように，性差別の禁止についても，日本社会で守られなければならない秩序（公序。民法90条）になっていると考えられています（日産自動車事件：最三小判昭56・3・24）。この考え方に基づいて，労基法や均等法で禁止されていない性差別も，裁判所で公序に反するかどうか判断されることになります。

　こうした性差別禁止の仕組みを意識しながら，関連する法制度を順番に確認していきましょう。

### (2)　賃金差別

　労基法4条は，使用者は，労働者が女性であることを理由として，賃金について，男性と差別的取扱いをしてはならないと定めています。「女性であること」と定められているので，男性であることを理由に賃金を差別することは許されているように読めます。しかしここでいう「差別的取扱い」には有利な扱いを含むこととされているため（昭22・9・13発基第17号），労基法4条は賃金について男性を女性よりも不利に扱うことも禁止していると解されています。

　同じ仕事をしている男性と女性の賃金額が違う場合，性を理由とする賃金差別があるようにも見えます。しかし賃金は，仕事の内容だけでなく，勤続年数やその労働者の仕事の能力によって決まることも多くあります。このため，男女で同じ仕事をしているのに賃金が違うことを証明しただけでは，性差別を証明したことにはなりません。同じ仕事をしている男性と女性の賃金額が違うことは，性差別の存在を示す有力な判断材料とされつつ，ほかにも性差別を裏付ける事実はないか，逆に賃金格差を合理化する事由はないか裁判所で審理されることになります。

### (3)　その他の労働条件に関する差別…均等法

### (a)　直接差別の禁止

　賃金以外の労働条件に関する性差別は，均等法に基づいて禁止されています。

具体的には，募集・採用（5条），労働者の配置（業務の配分及び権限の付与を含む），昇進・降格，教育訓練（6条1号），住宅資金の貸付けなどの福利厚生措置（同2号），職種や雇用形態の変更（同3号），退職の勧奨や定年，解雇や労働契約の更新（同4号）に関する性差別の禁止です。ここに含まれていない労働条件に関する性差別は，前に出てきた性差別の禁止が公序（民法90条）を形成している，という論理に基づいて禁止されます。

　均等法には，二種類の差別の禁止が定められています。一つは，直接差別の禁止です。これは，例えば，女性であることを理由に建設作業員のとしての採用を拒否したり（雇均法5条），男性であることを理由に会社の窓口業務に配置しなかったりする（雇均法6条1号）など，事業主が性別を理由に差別的な取扱いをする場合を意味します。

　均等法の直接差別の禁止について理解するときは，この法律により禁止される性差別が，均等法の指針（均等法の適用に関する行政の考えを示したもの）により，一つの雇用管理区分の範囲内のものに限定されていることに注意する必要があります。この「雇用管理区分」とは，職種，資格，雇用形態，就業形態等の区分その他の労働者についての区分で，その区分に属している労働者について他の区分に属している労働者と異なる雇用管理を行うことを予定して設定しているものを意味します。例えば，正社員とアルバイトの区別や，正社員の中でも，転勤があって管理職への道も開かれている総合職と，転勤がなく昇進に上限がある一般職との区別は，雇用管理区分の代表例です。そのため雇用管理区分が同じ場合に限って性差別を禁止するということは，均等法は，正社員の女性と正社員の男性の間の直接性差別は禁止しますが，一般職の女性と正社員の男性との間の直接性差別は禁止しないことを意味することになります。

　この禁止される性差別の範囲の限定は，1985年に均等法が制定された時に「男女コース別雇用管理制度」を生み出す原因の一つになりました。当時の社会では，男女別の雇用管理が普通に行われていました。この雇用管理から均等法制定時にすぐに抜け出せなかった企業が，男性を総合職，女性を一般職に移し替えることで，均等法違反の責任を免れながら，男女別の雇用管理を実質的に維持しようとしたのです。均等法は，自身だけではこの問題を十分に解決することができませんでした。しかし性差別の禁止は，均等法だけが行っている

ものではなく，おおもとをたどれば憲法の法の下の平等（憲法14条）に行き着く日本社会で守られなければならない秩序です。結局，男女コース別雇用管理制度の適法性は均等法以外の方法を用いて何度も裁判例で争われることになり，この制度を部分的に性差別として違法とする裁判例も現れるようになりました（例えば，兼松（男女差別）事件：東京高判平20・1・31）。募集・採用時の性差別が禁止されている現在では，男女コース別雇用管理制度はほぼ姿を消し，男女双方に総合職や一般職などの門戸を開く「コース別雇用管理制度」が一般的になっています。

(b)　間接差別の禁止

　では，このコース別雇用管理制度には何も問題がないのでしょうか。性別に関係なく総合職にも一般職にもなれるので，一見問題はなさそうです。ただ実態を見てみると，例えば転勤がある総合職と転勤のない一般職でコースを分けている場合，一般職に女性が多いことがよくあります。そのためその会社全体の平均で見ると，女性が男性と比べてあまり昇進しておらず，賃金も低く，あたかも性差別があったかのような結果が生まれているのです。

　このような実態に問題がないか探るための差別の禁止として，間接差別の禁止（雇均法7条）が均等法に定められています。この差別の禁止は，①性別以外の事由を要件とする措置であって，②他の性の構成員と比較して一方の性の構成員に相当程度の不利益を与えるものを，③合理的な理由がないときに講ずる場合に差別と認めるものです。この差別禁止によると，転勤の有無は男性も女性も満たすことができる性中立的な基準ではありますが，育児などの家庭責任によって女性の方が転勤に応じにくい実態があるため，転勤の有無について合理的な理由があることを使用者が説明することができないと，この基準を用いることができないことになります。使用者が性別を理由に取扱いを区別することを意図していなくても，間接差別は成立します。この点は，直接差別の禁止と異なるところです。

　間接差別の禁止は，社会の実態を考慮すると差別的な効果を持つ性中立的な基準の必要性を問い直す力を持っています。もっとも均等法が禁止する間接差別は，①募集採用で用いられる身長体重要件，②募集採用，昇進，職種変更で用いられる転勤要件，③昇進で用いられる転勤経験要件の3つの場面に限定さ

れていて，この問い直しの力をほとんど持ちません。このような間接差別の禁止の定義の仕方は，世界的に見ても珍しいものです。

(c) ポジティブ・アクション

これらの差別禁止を丁寧に行っていけば，いつか性差別は社会からなくなるかもしれません。でも男性より重い家庭責任や，ロールモデルになってくれる女性が少ない実態に足を引っ張られて，男性と同じスタートラインに立つことが難しい女性がまだ多いことを考えると，ここにたどり着くには相当な時間がかかりそうです。この問題に対応するために，均等法は女性を一定範囲で優遇することを使用者に認めています。これがポジティブ・アクション（積極的差別是正措置）です（雇均法8条）。例えば，女性が管理職にほとんどいないときに，管理職候補者の中から女性を優先的に昇進させたり，女性がほとんどいない職種の採用で，採用試験をパスした応募者の中から優先的に女性を採用したりすることなどがこれに当てはまります。これは，いわば「差別をもって差別を制する」方法です。この方法によれば，女性の社会進出を早めることができます。反面，男性にとっては不利益を被る差別になるため，どの程度の女性優遇なら許されるかが争点になります。

(d) セクハラ・マタハラ防止措置義務

さらに均等法は，セクハラ（セクシュアル・ハラスメント。相手方の意に反する性的な言動）やマタハラ（マタニティー・ハラスメント。妊娠・出産等に関するハラスメント）が起きないような措置を講じる義務を事業主に課しています（雇均法11条1項，11条の3第1項）。これにより事業主は，セクハラやマタハラへの対応方針を労働者に周知し，相談体制を整備し，問題が発生した場合には迅速に対処することを求められています。セクハラやマタハラが，労働者が人間らしく扱われる権利（人格権）や良好な就業環境で働く利益を違法に侵害する程度に及んだ場合には，その行為者はその行為に関する不法行為責任，使用者は行為者が業務の過程でその行為を発生させたことの責任（使用者責任）や，その行為が発生しないような職場環境を整える義務に反した債務不履行責任などの法的責任を問われることになります。

(4) 性差別禁止の実効性確保

賃金差別については，他の労基法の規定と同じように，労働基準監督署など

〔図表 4 - 1　えるぼし〕

　によって実現が図られています。均等法に関する紛争については，これを自主
的に解決するよう努力する義務が事業主に課されていて（雇均法15条），行政
も労使からの紛争解決援助の求めに対し，助言，指導，調停等の支援を行って
います（雇均法16条〜23条）。
　さらに積極的に性差別禁止を推進するために女性活躍推進法が制定されてい
ます。この法律は，常時101人以上の労働者を雇用する事業主に，職場の女性
の活躍状況をチェックさせてその状況を改善，発展させる行動計画の作成と実
施を義務付けます。そしてこの計画を達成した事業主に，このことを示すマー
クを企業の広告や名刺につけることを認めます。このマークは「えるぼし」と
呼ばれていて，図表 4 - 1 のように達成度が高まるほど星の数が増え，さらに
高い基準を満たすと最高の「プラチナえるぼし」をもらえます。こうすること
で各企業は，自社が女性活躍に積極的であることを，国のお墨付きを得て社会
や求職者にアピールすることができるようになるわけです。刑事罰などの罰で
はない，メリットを与えることで男女平等の実現を促進する仕組みです。
　(5)　差別禁止の例外と母性保護
　性差別の禁止は職場の基本的なルールになっていますが，例外的に性を理由
とする差別が認められることがあります。先ほどのポジティブ・アクションは
その一つですが，ほかにも，差別をすることに仕事に関わる正当な理由がある
場合には，その差別は認められます。例えば，演劇の男性役を募集するときに
採用を男性に限定するような芸術上の要請がある場合や，女性更衣室の警備担
当者に女性を配置するようなプライバシー上の要請がある場合です。
　ほかに母性，つまり妊娠や出産に関わる事柄について，女性を特別に保護す

る規定（母性保護規定）があります。例えば，妊娠による休みを男性が病気により休んだときのように単なる欠勤として扱った場合，女性にとって酷な結果になりますし，これでは安心して妊娠，出産を選ぶことができなくなるからです。母性保護規定は男女の身体的機能の違いをふまえて女性を保護するとともに，私たちの次の世代を生み出し，社会を維持するために不可欠なものです。

　母性保護を目的とする制度としては，産前産後休業制度があります（労基法65条）。この制度は，出産予定日から数えて6週間前から産前休業を取得することができ，出産後8週間については強制的に産後休業を取得する（ただし，最後の2週間については，医師が従事可能と判断した業務に従事することは認められています）ものとする，という制度です。産前産後休業期間中は，使用者は賃金を支払う義務を負いません。その代わり健康保険制度から，出産にかかる費用負担を軽くするための出産育児一時金（通常50万円）と，産前産後休業期間中の所得保障として出産手当金（出産前の賃金の約3分の2）が支払われます。このほか，妊娠中の女性が軽易な業務への転換を求めることができる制度（労基法65条3項）や，妊娠中または産後1年未満の女性（妊産婦）が重量物の取扱いなど危険有害業務に従事することの禁止（労基法64条の3），生理日の就業が非常に難しい女性に生理休暇の取得を認める制度（労基法68条）などがあります。婚姻，妊娠，出産等を理由とする不利益取扱いは禁止されます（雇均法9条）。

　ここで間違えてはならないのは，これらは「母性」保護規定であって「女性」保護規定ではないことです。女性を男性よりも保護することは，女性にとってメリットがあるかもしれません。しかし性を理由として取扱いを区別することに変わりはなく，女性の働く場を奪う可能性があります。例えば過去に女性の体力や家庭責任を考慮して，女性の深夜労働が禁止されていた時期がありました。これは大変な深夜労働には就かなくてよい，という意味で女性にとってメリットがありました。でも男性が就ける仕事に女性が就けず，働き方に制限があることを法律が認めていることになり，これが女性を採用しない，昇進させない理由になるおそれがあります。これによりかえって女性の社会進出を妨げかねないとの問題点が指摘されて，現在のような男女同一の規制に改正された経緯があります。現在，満1歳に達しない子どもを育てる女性に，通

常の休憩時間（労基法34条）に加えて，1日2回，それぞれ30分以上の育児時間の取得を認める制度（労基法67条）があります。この制度は主に子どもへの授乳を目的として制定されたものです。しかしミルク等を用いることで男性でも授乳を担当できることを考えると，この制度は女性保護規定に該当するもので，男性も対象とするように改正されるべきではないでしょうか。

### ⑹　性的マイノリティ差別

　ここまで性別が男性と女性に二分されることを前提に話を進めてきましたが，ほかにも性のあり方があることを忘れてはいけません。性別は，生まれたときの身体的な特徴を見て判断されますが，体は男性でも，自分の意識（「性自認」といいます）では女性である人のように，体の性と心の性が一致しない人（性別不合，あるいはトランスジェンダーと呼ばれます）もいます。また，異性を恋愛の対象とする人が多数派ですが，同性を対象とする人（同性愛。男性の場合はゲイ，女性の場合はレズビアンと呼ばれます）もいます。これらのように，多数派の性のあり方と違う性のあり方をしている人たちは，全体として性的マイノリティ（少数者）と呼ばれます。レズビアン（Lesbian），ゲイ（Gay），バイセクシャル（Bisexual，両性愛），トランスジェンダー（Transgender）の頭文字に，これらに含まれない様々な人たちを意味する複数形の「s」を加えて「LGBTs」と呼ばれることもあります。あるいは，「s」の代わりに，性のあり方が定まらないクエスチョニング（Questioning）や，多数派の性のあり方に当てはまらないという意味合いのクィア（Queer）の頭文字「Q」を加えて「LGBTQ」といわれることもあります。

　性的マイノリティは，これに関する理解の不十分や宗教的理由などから，国や時代により治療すべき病気・障害と考えられたり，刑罰の対象とされたりすることがありました。しかし現在では，性のあり方に関する理解が進んで病気や障害でない性のあり方の一つとして尊重されるようになり，性的マイノリティであることを理由とする差別を禁止する国が増えています。

　日本には性的マイノリティであることを理由とする差別を禁止する法律はなく，多様な性のあり方に関する理解を深めていこうという法律（性的指向及びジェンダーアイデンティティの多様性に関する国民の理解の増進に関する法律）があるにとどまります。しかし個人の性自認を尊重すべきことを認め，私

生活上女性としてトラブルなく過ごしてきた女性のトランスジェンダー（体は男性，性自認は女性）に職場の女性用トイレの利用を制限することを違法とした裁判例（経産省事件：最三小判令5・7・11）が現れるなど，性的マイノリティを社会のメンバーとして認識して，多数派の性のあり方を前提とした社会の仕組みを変えていこうとする動きが見られます。就活をしていると履歴書の性別欄がなかったり，男と女以外の選択肢を用意したりする企業に出会うことがありますが，それはこの動きの一例です。

### 4　障害者差別の禁止

#### (1)　障害者の雇用保障の考え方

　障害者の雇用保障の中心的な役割を担っているのが，障害者雇用促進法です。この法律は，障害者を，身体障害，知的障害，精神障害（発達障害を含む）その他の心身の機能の障害があるため，長期にわたり，職業生活に相当の制限を受け，又は職業生活を営むことが著しく困難な者と定義しています（2条1号）。障害によって仕事に従事することが難しいこともありますし，従事することができるのに，障害者であるために仕事を辞めさせられてしまうこともあります。こうした実態をなくして，障害者にも障害者ではない人と同様の雇用の機会を保障するため，多くの国々で障害者の雇用を支援する仕組みが設けられています。

　みなさんの中には，障害があることは障害者個人の問題で，国や使用者がこの個人的な問題の解決を肩代わりする必要はない，と考える人もいるかもしれません。しかしその人の体や心の障害が，現実の働きづらさや生きづらさに結びつくか否かには，社会のあり方が強く関わっています。例えば，眼鏡やコンタクトレンズがないと物がよく見えない人は，これらが普及していない社会では「障害者」でしょうが，これらが普及している現在では，そのように呼ばれません。階段しかない歩道橋は車椅子の人を「障害者」にしますが，エレベーターや段差のない横断歩道が普通に整備された社会なら，同じ人でもこれらの点で「障害者」になりにくくなるのです。障害者が実際に障害を被ることには社会のあり方が関わっていて，加齢や病気，事故などで誰でも配慮が必要な状態になることがあるのだから，社会のほうがいろいろな人のありように合わせ

ていくべきだ，と考えられているのです。公共施設に点字ブロックや音声案内
を設置することについてお金の無駄遣いと感じる人は，ほとんどいないでしょ
う。

　障害者雇用促進法は，障害者の雇用保障を，①障害者の雇用の機会を広げる
サービスを実施し（職業リハビリテーション），②事業主に一定割合での障害
者の雇用を義務付け（法定雇用率制度，または障害者雇用率制度），③採用と
その後の差別を禁止するという方法で実現しようとしています。ここでは最後
の③について触れます。①と②については，第12章を読んでください。

## (2) 障害者差別の禁止・合理的配慮

　募集・採用，その後の労働条件について，障害者であることを理由とする差
別をすることは禁止されています（障害者雇用法34条，35条）。これは均等法
の性差別の禁止と似ていますが，均等法が女性に対する優遇も原則として禁止
するのに対し，こちらは障害者を優遇することは禁止しない点で違います。障
害者専用の採用枠を設置したり，障害者を優先的に昇進させたりすることもで
きます。これは，障害者が障害者ではない人よりも働くことについて不利な立
場に置かれていることを考慮して，障害者ではない人への「逆差別」となるお
それよりも，障害者が充実して働けるようになることを優先したことによるも
のです。

　この差別の禁止は，障害者と障害者でない人に同じ筆記の採用試験を課した
結果，点数が低かった障害者を採用対象から外した，というケースは問題視し
ません。両者に同じ基準の試験と評価をしているからです。しかしこの障害者
が視覚障害者で筆記試験の問題を読むことが難しかった場合，この障害者は採
用競争のスタートラインにすら立てなかったことになります。これを放置する
ことは，障害者が社会の中で障害者ではない人よりも不利な立場に置かれてい
る実態を温存することにつながります。そこで障害者雇用促進法は，事業主に
対し，募集採用時には障害者からの申出に応じ，これ以降はこうした申出を必
要とすることなく，障害者が障害者ではない人との均等な機会や能力発揮の妨
げになっている事情（社会的障壁）を改善するために，事業主にとって過重な
負担にならない限りで，障害者の障害の特性に配慮した措置を講じることを義
務付けています（合理的配慮義務。障害者雇用法36条の2，36条の3）。先ほ

どのケースでは，事業主は，その障害者が被る不利益の内容をふまえながら，事業主にとって過重な負担にならない限りで，拡大鏡やパソコンの利用を認めたり，代わりの面接試験を用意したりする必要があります。企業の側が社会の一員として，多様な人々を社会に受け入れる負担を一定範囲で負うのです。

## 5 年齢差別の禁止

### (1) 採用時とその後の年齢差別の禁止

このほか，年齢を理由とする差別も禁止されています。労働施策総合推進法（労働施策の総合的な推進並びに労働者の雇用の安定及び職業生活の充実等に関する法律）は，募集・採用時の年齢差別を禁止します（9条）。「25歳未満採用」とか，「50歳以上対象」といった募集基準を設けることはできません。もっともこの年齢差別の禁止には，定年年齢を上限に募集する場合や，期間の定めのない労働契約に基づく長期の勤続によってキャリア形成させるために年齢上限を設ける場合などの例外が設定されています。

労働施策総合推進法が禁止しているのは募集採用時の年齢差別だけですが，他の場面での年齢差別も，法の下の平等の趣旨を反映して年齢差別の禁止が社会が守るべき秩序（公序）になっていると解釈することなどによって，違法と評価される可能性があります（アール・エフ・ラジオ日本事件：東京地判平6・9・29）。労働力不足や年金では足りない生活費を稼ぐ必要がある人，働くことに生きがいを見つける人の存在などをふまえると，対象者の仕事の能力などを見ずにある年齢に到達したことによって一律に職場から労働者を排除する定年制度の合理性も，今後問い直されることがあるかもしれません。

### (2) 年少者の保護

年齢差別の禁止とは逆に年齢を理由とする取扱いの区別が必要とされるケースとして，労働者が年少者である場合があります。年少者は，心身が未成熟なため，大人と同じ労働基準の下で働かせることを認めると，将来の心身の発達に悪影響を及ぼしかねないからです。

使用者は，満15歳に達した日以後の最初の3月31日が過ぎるまで，つまり中学校を卒業するまでの児童を，原則として使用してはいけません（労基法56条1項）。高校生になって初めてアルバイトができるようになる，という取扱い

は，この法律に基づくものです。ただし例外的にですが，児童の健康福祉に有害でない一定の軽易業務については，行政官庁（労働基準監督署長）の許可を得て修学時間外に13歳以上から働かせることができます。映画制作や演劇の事業については，13歳未満でも働かせることができます。ほかにも，子どもを食い物にする親から子どもを守るため，親権者や後見人は未成年者に代わって労働契約を結んだり（労基法58条１項），賃金を受け取ったりしてはならないものとされています（同59条）。

## Ⅲ　ワーク・ライフ・バランス

### 1　ワーク・ライフ・バランスの位置付け

　私たちの多くは，仕事をすることで生活を成り立たせています。しかし労働時間が長すぎたり，収入が少なすぎたりした場合には，仕事が生活時間を侵食したり，生活自体が破綻してしまうことがあります。このようなことがないように，仕事に関わる生活と仕事以外の生活の適切な調和，つまりワーク・ライフ・バランスを実現する法制度が設けられています。

　ワーク・ライフ・バランスの実現は，生活に関わる時間，特に育児や介護に関わる時間をどのように保障するか，という課題として近年積極的に取り組まれています。この動きは，一つには，働きながら育児や介護を行える環境を整えることが，少子高齢化や労働力不足を解消するために必要と考えられたことで生まれています。また，がむしゃらに働いて出世と高収入を目指すより，ほどほどの労働条件でいいから家族のための時間を大切にしたい人が増えつつあるという社会の動きも影響しています。以下では，この環境整備に強く関連する育児休業，介護休業等育児又は家族介護を行う労働者の福祉に関する法律（以下，「育児介護休業法」といいます）と，次世代育成支援対策推進法（以下，「次世代法」といいます）の二つの法律の内容を確認することにしましょう。

### 2　育児介護休業法
### ⑴　育児休業の仕組み
　育児介護休業法は，育児に関する法制度と介護に関する法制度からできてい

ます。

　子どもを養育する親は，その子が１歳になるまで育児休業を取ることができます。この期間は，子どもが保育園に入れないなど，さらに長い休業が必要な事情があれば，最長２年まで延ばすことができます。有期労働契約で働いている人でも，雇用継続の見込みがあるときは，育児休業を取ることができます。取ることができる育児休業の回数は子ども１人あたり２回まで，つまり育児休業を２回に分けて取ることができます。父親が母親の産後休業期間中に育休を取った場合は，その後の期間でさらに２回まで育児休業を取ることができます。

　育児休業は父親も母親も，さらには二人同時でも取れますが，実際には母親が取ることが多いです。女性の育児休業の取得率は，この10年間だいたい80％強なのに対し，男性の取得率は2022年度で約17％しかありません。これは女性に育児の負担が偏っていること，女性が思うように働けていない可能性があることを示しています。そこで男性が育児休業を積極的に取れるように，いろいろな法制度が整備されてきました。父親も育児休業を取得したときは，父母共に取得可能期間を１年２ヶ月に延ばす制度（パパママ育休プラス）や，父親が母親の産前産後休業期間中に育児休業を取るときは合計４週間の範囲で２回に分けて取ったり，計画的に細切れにしたりして取ることを認める制度（出生時育休制度）などです。

　使用者は，就業規則などに特に取り決めない限り，育児休業期間中の労働者に賃金を支払う義務を負いません。その代わり，雇用保険制度に基づいて，最初の180日については休業前の賃金の約３分の２，これ６ヶ月以降については約半分の所得が育児休業給付金として保障されます（雇保法64条の４以下）。この制度は，夫婦が合計で同じ育児休業期間を取るなら，一方がまとめて取るより，分担して取ったほうが有利になる仕組みになっています。

## ⑵　介護休業の仕組み

　次は介護休業です。常時介護が必要な配偶者や父母などがいる場合，その労働者はその要介護者のために介護休業を取ることができます。有期雇用労働者であっても，雇用継続の見込みがある場合にはこの休業を取ることができる点は育児休業と同じです。

　取ることができる介護休業の期間は，家族１人につき通算して93日まで，そ

して３回まで分割して取ることができます（育介法11条２項）。介護が長く続くこともあるのに取ることができる期間が短いようにも思えるのは，この休業が，労働者が要介護者の介護に長期的に従事するための期間というより，要介護者が入所できる施設を探すなど，介護の体制を整えるための準備期間として用意されているためです。

　介護休業についても，就業規則などに特に取り決めが無い限り，使用者は賃金を支払う必要はありません。雇用保険制度から，休業前の賃金の約３分の２の所得保障が行われます（介護休業給付金。雇保法61条の６以下）。

## ⑶　育児・介護の支援制度

　育児休業や介護休業のように，比較的長期で休むのではなく，仕事をしながら育児や介護を支援する制度も用意されています。休みが取れたほうが，育児や介護に関わりやすくなります。しかし休みが長くなればなるほど，その間に仕事の仕方が変わったり，新しい技術が生まれたりして，職場復帰するときのハードルが上がってしまい，最悪，職場復帰できなくなってしまいます。休みが長いだけでは，ワーク・ライフ・バランスの実現に十分ではないのです。

　１日や時間単位での臨時的な休みが必要なときに便利なのが，子の看護休暇や介護休暇です。看護休暇は小学校入学前の子どもの病気や健康診断などの対応のために１年あたり５日（育介法16条の２），介護休暇も対象家族１人ごとに１年あたり５日取ることができます（育介法16条の５）。努力義務ではありますが，運動会などの学校行事への参加等育児に関する目的のために利用できる休暇（育児目的休暇）を整備することも事業主に求められています（育介法24条１項）。

　働くことに関する日々の負担を軽減する仕組みもあります。３歳までの子を育てる労働者は，１日の労働時間を８時間から６時間に短縮するような所定労働時間の短縮措置を使用者に求めることができます（育介法23条１項）。介護負担を負う労働者に対しては，①所定労働時間の短縮，②フレックスタイム制度の導入，③始終業時刻の繰り上げや繰り下げ，④介護サービス費用の助成その他これに準ずる制度のうち，いずれかの措置を選択して用意しなければなりません（育介法23条３項）。また，介護の必要がなくなるまでの期間について，所定外労働の免除を求めることもできます（育介法16条の９）。

　ほかに3歳までの子を養育する労働者には所定外労働の拒否，小学校就学前の子を養育する労働者には一定時間（1か月24時間，1年150時間）を超える時間外労働の拒否や深夜業の拒否が認められています（育介法16条の8，17条，19条）。介護を行う労働者にも同様の拒否権が認められています（育介法16条の9，18条，20条）。

### (4)　実効性の確保

　育児休業制度や介護休業制度は知らなければ使うことができませんし，休んでいる間に同僚に仕事の負担がかかってしまうことなどを気兼ねして，思うようにこれらの制度を使えていない実態もあります。そこで労働者が事業主に妊娠や出産等の事実を伝えたときには，事業主は育児休業等取得の意向があるか否かをその労働者に確認しなければならないことになっています（育介法21条1項）。

　育児介護休業法上の諸権利を行使したことを理由とする不利益取扱いは，禁止されています（育介法10条，16条）。事業主は，このような取扱いに関する苦情を受けたときには，自主的に紛争解決をすることを求められています（育介法52条の2）。労使共に都道府県労働局長に紛争解決の援助を求め，助言や指導，調停などのサポートを受けることができます。このほか，厚生労働大臣から法違反について勧告を受けたにもかかわらず，これを是正しようとしない事業主に対し，その旨を公表することも認められています（育介法56条の2）。

### 3　次世代育成支援対策推進法

　このように育児介護休業法の諸制度は世界的に見ても充実しています。しかし男性の育児休業取得状況が低迷する実態はなお残り，出生率は日本の人口を維持するために必要と言われる率（2.1）には遠く及ばない現状（2022年は1.26）が続いています。この現状を打開するために2003年に制定されたのが次世代法です。10年という有効期限付きでこの法律は制定されましたが，その後更新されて現在に至っています。

　次世代法は，101人以上の労働者を雇用している事業主に，労働者が育児をしやすい環境を充実させる行動計画を作成させます。そして，この計画を適切に達成した事業主に対して，税制上の優遇や計画達成を示す認定マーク（トラ

〔図表4－2　くるみん〕

イくるみん，くるみん，プラチナくるみん）の使用を認めるというメリットを
与えます（図表4－2）。この認定マークを社員の名刺や企業の広告に表示す
ることで，自社が従業員の育児の支援に積極的な企業であることを示すことが
でき，よりよい労働者を集めることができることになるわけです。この仕組み
は女活法の「えるぼし」の仕組みと似ています。

## Ⅳ　非典型労働

### 1　規制の対象と背景

#### ⑴　非典型労働とは

　この章の冒頭で，日本には様々な働き方があることを示しました。もう一度
書き出してみると，正社員や，契約社員，派遣労働者といった働き方です。こ
の中で一番多い働き方は正社員です。正社員という言葉は法律で定義された言
葉ではなく，どのような働き方を正社員と呼ぶかは，企業によって微妙に違い
ます。しかし一般的に正社員といった場合，①労働契約に期間の定めがなく，
②法定労働時間（週40時間，労基法32条）程度働き，③実際に働く企業と労働
契約関係にある（直接雇用）という3つの要素を満たす働き方を意味します。
労働者の生活を継続的・安定的に成立させるための基本要素を備えた働き方で
あることをふまえて，この働き方は労働法学では典型労働と呼ばれます。実際，
雇用されて働く人たちの6割強を占める多数派の働き方です。
　逆にこれらの要素のいずれかを満たさない働き方は，非典型労働と呼ばれま

す。非正規労働（典型労働については正規労働）と呼ばれることも多いですが，同じ労働者の一部を部外者であるかのように区別して，雇用されて働く人の4割弱を占める働き方を非正規というのも奇妙ですから，この本では典型労働と対比して非典型労働という言葉を使っています。先ほどの①〜③に対応させてより細かく呼び方を確認してみると，①労働契約に期間の定めがある場合は有期雇用，②法定労働時間（あるいは，その企業の正社員の労働時間）より短く働いている場合はパートタイム労働，③実際に働く企業と労働契約を締結している企業とが異なる場合は間接雇用（派遣労働が代表例です），となります。期間の定めがある労働契約に基づいて，週20時間程度働く場合のように，複数の特徴をもつ働き方もあります。

　気をつけなければならないのは，私たちが普段使っている働き方に関する言葉は，法的に定義された特定の働き方と対応関係にあるわけではない，ということです。例えば，日常私たちが「アルバイト」と呼ぶ働き方は，有期雇用でパートタイム労働であることが多いです。しかし実際には，正社員のように長時間働くアルバイト，つまりパートタイム労働ではないアルバイトもあります。同じように，契約社員というと，有期雇用，特に1年の有期雇用で正社員とあまり変わらない時間働くことが多いです。でも，1日の労働時間や出勤日が正社員よりも短い／少ないなどしてパートタイム労働に該当することもあります。日常用語と法的な用語とは，区別して考えてください。

### (2) 非典型労働はなぜ問題なのか

　これから紹介するように，非典型労働には，その働き方の特徴に合わせた労働条件保護の法制度が設けられています。しかし非典型労働は，その労働者が自分で選んだ働き方です。労働条件が悪かったとしても，自分で選んだのだから仕方がない，ともいえそうです。思想や信条などとは違って，その働き方を選ぶことが基本的人権ということも難しそうです。

　にもかかわらず非典型労働の労働条件を保護する法制度があるのは，一つには，非典型労働者の労働条件が平均的に低く，これを放置することが社会のためにならないためです。非典型労働者の平均的な生涯年収は，正社員のそれのおよそ4分の1程度に過ぎません。締結している労働契約には期間の定めがあることが多く，景気が悪くなったときは真っ先に首切りの対象になりがちです

（「雇用の調整弁」といわれます）。しかも非典型労働者は，1980年代は雇用されて働く人たちのおよそ2割弱程度でしたが，現在では徐々に正社員と置き換わって4割弱を占めるまでに増えています。低収入で不安定な働き方をそのままにしておくと，社会が不安定になって，持続できなくなってしまいます。

　非典型雇用で働いている人の中には，正社員として働きたいのに正社員としての仕事に就けず，仕方なく非典型雇用で働いている人が一定数います。このような人たちは，最近統計的に減ってきているといわれています。しかし，子どもの世話をしなければならないからパートで働くことにした，という選択は一見自発的ですが，子育てをしながら働ける正社員の職があればそのほうがよかった，という本当の選択が裏に隠れている可能性もあります。その意味で非典型雇用を自由に選んだのかはっきりしない部分があり，非典型雇用で働いていることの責任を本人に全て負わせることはできないとも考えられているのです。

## Topix　正社員のいろいろ

　この章でいろいろな非典型雇用があると言いましたが，実は正社員もいろいろです。コンサルタントやエンジニアなど，仕事の内容を特定して雇われるジョブ型正社員や，勤務地が特定の地域や職場に限定される地域限定正社員（エリア正社員とも呼ばれます），勤務時間が通常の正社員よりも短い短時間正社員などです。これらは，年功というより仕事の内容や成果で賃金などを決めたい使用者側の都合や，賃金や昇進に制限があっても家庭や地域を大切にしたい労働者側の都合によって少しずつ広まっています。これらの正社員は，通常の正社員と比べるときに，職種や勤務地，労働時間に限定がある点をとらえて，限定正社員と呼ばれることがあります。これと対比して，通常の正社員が「無限定正社員」と呼ばれることがあります。しかし，通常の正社員が使用者に対して義務を負う範囲も労働契約などで取り決められた範囲に限定されていますから，この呼び方には誤解を招くところがありそうです。

〔長谷川　聡〕

## 2 パートタイム労働・有期雇用

### (1) 適用対象

　非典型労働に対する法規制は，パートタイム労働者と有期雇用労働者については パート・有期法（短時間労働者及び有期雇用労働者の雇用管理の改善等に 関する法律）によって，派遣労働者については派遣法（労働者派遣事業の適正 な運営の確保及び派遣労働者の保護等に関する法律）によって主に行われてい ます。パート・有期法違反は裁判所で争えるほか，同法に関する苦情が出た場 合，事業主はこれを自主的に解決するよう努力しなければなりません（短有労 法22条）。当事者は都道府県労働局長に対して，助言指導等の紛争解決の援助 を求めることもできます。

　パート・有期法が適用されるパートタイム労働者（法律上の用語としては， 短時間労働者）は，一週間の所定労働時間が同一の事業所に使用される通常の 労働者と比較して短い労働者です（短有労法2条1項）。「通常の労働者」は， 一般的には正社員を意味するので，この定義は実質的には正社員よりも労働時 間が短い労働者，と言い換えることができます。正社員が法定労働時間程度の， いわば制限時間いっぱい働くフルタイマー（full timer）なのに対し，このフ ルタイムの一部分（part）を働くのでパートタイマー（part timer）と呼ばれ る，ということです。逆に言えば，正社員と同じかそれ以上に働くパートタイ ム労働者は，「パート」という名前で呼ばれていても，パート・有期法のパー トタイム労働者にはあたりません。

　他方，パート・有期法が適用される有期雇用労働者は，事業主と期間の定め のある労働契約を締結している労働者と定義されます（短有労法2条2項）。

### (2) パートタイム労働者と有期雇用労働者を対象とする規制

　パート・有期法のルールは，パート・有期雇用労働者の両方を対象とする ルールと，有期雇用労働者だけを対象とするルールに分かれています。まずは， 両方を対象とするルールを見ていきます。

### (a) 労働条件の明示

　パート・有期法は，パートタイム労働者や有期雇用労働者を採用するときに， 労働条件を文書の交付などによって明示することを事業主に義務付けています （短有労法6条1項）。労働条件の明示は，もともと，労基法15条に基づいてあ

らゆる労働者に対して行うことが事業主に義務付けられています。パート・有期法は，これに加えて昇給や退職手当，賞与の有無といった，非典型雇用で争点となりやすい労働条件の明示を事業主に追加的に義務付けたものです。

　事業主はほかに，正社員との平等な労働条件を実現するための措置や正社員への転換制度の内容について，採用後速やかに説明しなければなりません（短有労法14条1項）。また，事業主は，採用から時間が経った後でも，労働者から労働条件について質問があればこれに答えることが求められますが（労契法4条1項），正社員との平等に関わる内容やその理由については，パート・有期法により説明することが義務とされています（短有労法14条2項）。

　(b)　均等・均衡待遇

　正社員との労働条件格差が問題となっていることは先ほど述べましたが，この格差を直接規制するルールがパート・有期法の中に定められています。一つが差別的取扱いの禁止（9条），もう一つが不合理な待遇の禁止（短有労法8条）です。

　差別的取扱いの禁止は，あるパートタイム・有期雇用労働者が，次の条件を満たした場合は，比較対象としている正社員と労働条件を同じ（均等）にしなければならない，というものです。その条件とは，①業務の内容及び当該業務に伴う責任の程度がその正社員と同じであること，②業務の内容及び当該業務に伴う責任の程度と配置の変更の範囲が，雇用関係が終了するまでの全期間でその正社員と同じであること，です。①の条件を満たすパートタイム・有期雇用労働者は比較的存在しますが，②の条件を満たせる，正社員と同様に配転され，昇進するようなパートタイム・有期雇用労働者はあまりいないことから，この条文違反が認められるケースはそれほど多くありません。

　これに対し，不合理な待遇の禁止は，パートタイム・有期雇用労働者と正社員との労働条件の差を場合により一定範囲で認めつつ，その差がバランス，つまり均衡を欠くことを禁止していこうとするものです。この不合理な待遇に該当するか否かは，①基本給や賞与，各種手当などの待遇ごとに，②業務の内容やその業務に伴う責任の程度，そしてこれらや配置の変更の範囲やその他の事情のうち，③その待遇を行う目的に照らして適切と認められるものを考慮して判断されます。

　試しに，正社員には住宅手当が支給される一方，契約社員にはこの手当が支給されず，基本給も正社員より安いことが不合理な待遇に該当するか否かを争うことを例に考えてみましょう。この場合，住宅手当と基本給を切り離して不合理性を審理します。住宅手当の差について検討するときには，住宅手当を支払う目的がどこにあるか審理されます。住宅手当を支払う目的は企業によって様々で，単に従業員の住宅に要する費用を補助する目的だったり，転勤がある企業で家を買えず，賃貸で暮らさざるを得ないことを補償する目的だったりするでしょう。そしてその目的との関連性を意識しながら，契約社員と正社員との間の職務内容などの違いを考慮し，契約社員に住宅手当を支払わないことが合理的か否かが審理されます。基本給の差の不合理さも同じ流れで審理されますが，基本給は住宅手当などの諸手当よりも通常より複雑な目的で設定される——賃金は，労働者の能力，業績，年齢，勤続年数等様々な要素で決まります——ので，考慮される要素とその判断がより複雑になります（名古屋自動車学校事件：最一小判令5・7・20）。

　これらの条文の適用がない場合も，事業主は，正社員との均衡を考慮しながらパートタイム・有期雇用労働者の賃金を決定するように努力しなければなりません（短有労法10条）。さらには，職務の内容や責任が正社員と同一のパート・有期雇用労働者については，事業主は，正社員が従事する職務の遂行に必要な教育訓練と同様の教育訓練を実施しなければなりませんし，同一でない場合も実施するよう努力しなければなりません（短有労法11条）。福利厚生施設の利用機会については，事業主は，すべてのパートタイム・有期雇用労働者にこれを与えなければなりません（短有労法12条）。そもそも労働契約は就業の実態に応じて均衡を考慮しつつ締結し，変更すべきものとされています（労契法3条2項）。働き方の違いをふまえつつ，バランスの取れた労働条件の設定が求められているのです。

　(c)　通常の労働者への転換

　ここまでに紹介したルールは，正社員とパート・有期雇用労働者の労働条件の差を適切なものにすることでパート・有期雇用労働者の労働条件を適切なものにしていこうとするルールですが，パート・有期雇用労働者を正社員に転換していくことで労働条件を良くしていくルールもあります。それは，事業主は，

①正社員を募集するときに，その内容をその事業所のパート・有期雇用労働者に周知すること，②正社員の配置換えのときに職場のパート・有期雇用労働者にその配置の希望を申し出る機会を用意すること，③正社員への転換制度を設けること，のいずれかの対応を行わなければならない，というものです（短有労法3条）。正社員とパート・有期雇用労働者の転換制度を設けていることは，両者の間の労働条件の差がバランスの取れたものであることを根拠付ける事実の一つとして扱われています。

### (3)　有期雇用労働者を対象とするルール

#### (a)　契約期間の制限

さて，ここからは有期雇用労働者を対象とするルールを確認していきましょう。

まずは，パート・有期法のルールではありませんが，労働契約に期間を設けるときの上限に関するルールです。これは，労働契約に期間を定めるときは，通常は3年を上限とするというものです。例外的に，公認会計士や弁護士など専門的な知識や技術などをもつ労働者や60歳以上の労働者については5年が上限になり，鉄道用トンネル開通までの6年間を契約期間とするというように，一定の事業の完了に必要な期間を定めるときは3年を超えてその期間を契約期間とすることができます（労基法14条）。

契約期間を長くしたほうが，長く雇用が保障されて労働者にメリットがあるように見えるのに，なぜ上限を設けたのか不思議に思うかもしれません。確かに有期労働契約は，その期間中，労働契約関係が維持されるという意味があります。使用者は，やむを得ない事由がなければ，契約期間中その労働者を解雇することができません（労契法17条1項）。その反面，その期間の間，労働者もその仕事を辞めることができないという意味もあります。職場にどうしても気が合わない上司がいたり，今よりも良い条件の仕事が見つかったりして転職したいと思っても，「この期間は働く」と約束した以上，やむを得ない事由がなければ，退職することができないのです（民法628条）。労基法はこのような拘束関係を嫌って，労働契約の期間の定めに上限を設けたのです。さらに労基法は，このような上限規制に加えて，労働者側から申出により退職する場合には，当事者が1年よりも長い期間の定めを定めたとしても，1年経過後は退職

することを認めています（労基法137条）。1年より長い契約期間を定めたとしても，それは労働者の雇用を保障する，逆に言えば使用者による解雇を制限する意味しか持たないことになります。

(b)　契約期間の満了に関わる規制

(i)　期間の定めの使われ方の実態

労働契約に期間を定めることは，このように労働者の雇用を守りつつ，労働者をその雇用に縛り付ける意味を持ちます。これに加えて，6ヶ月なら6ヶ月，1年なら1年の期間が満了したときに，その労働契約が自動的に終了する意味があります。

ただ，実際には有期労働契約が期間の定め通りに終わらず，更新を繰り返して長く続いていることがよくあります。もしみなさんがアルバイトをしていれば，その労働契約には3ヶ月とか6ヶ月とかの期間の定めがあることが多いでしょう。この期間の満了日が近くなったときに，次もこの契約が更新されるかドキドキしてアルバイト先に向かう人は，どのくらいいるでしょうか？　むしろ，みなさんから辞めると言い出さなければ，その契約はいつまでも更新されていくことのほうが多いはずです。つまり，契約期間を定めたのに，その期間の定めどおりに労働契約関係が終了しない実態がかなりあるのです。

このような実態はなぜ生じるのでしょうか？　その理由の一つは，仕事自体は期間を定めることなく続いていく予定なのに，労働契約にはあえて期間の定めを設けて，会社の経営状態が悪くなったときに，労働者のクビを切りやすくすることにあります。もし期間の定めのない労働契約を使用者が終わらせようとすると，その労働者を「解雇」することになります。解雇には，本書第8章で書かれているような制限があって，期間の定めのない労働契約を締結している人はどこか正社員っぽいイメージもあって，これを行いにくいところがあります。対して，期間を定めておいて，その契約期間の満了によって使用者が解雇をしなくても勝手に労働契約関係が終了するという形（これを「雇止め」といいます）にしておけば，これは解雇ではないので，解雇の規制がかからなくなるのです。更新しないのはおかしい，と攻め方を変えてみても，使用者には採用の自由（第5章参照）があると考えられているので，使用者に採用を義務付けたり，不採用の責任を負わせたりするのは難しいのです。

　この取扱いは，理屈としては一応成り立っています。でも，クビを切りやすくするために期間の定めを使うのは，期間の定めの本来の目的ではありません。実際，アルバイトで生活を成り立たせている人もいて，その人には，解雇だろうが，雇止めであろうが，生活を脅かされることは変わりがありません。そこで労契法は，使用者に，有期労働契約により労働者を使用する目的に照らして，必要以上に短い期間を定めることで，その有期労働契約を反復して更新することのないよう配慮する義務を課しました（労契法17条2項）。この義務をしっかり果たしていないことは，後から出てくる労働者の雇用継続への期待を高めることになりますが，でも依然として有期労働契約が更新されて利用される実態があることは，みなさんも実感しているとおりです。労契法はこのような事態も想定して，さらに二つの対処方法を用意しています。

(ii)　無期労働契約への転換

　一つは，期間の定めがある労働契約が更新されてきた実態がある場合，ある条件を満たしたときに，これを期間の定めのない労働契約に転換してしまおうという方法です。その条件とは，①同じ使用者との間で取り交わされた有期労働契約が1回以上更新され，②これらの有期労働契約（ただし，契約期間が始まっていないものを除きます）の契約期間が通算して5年を超える場合，③現在締結している有期労働契約の期間が満了する日までの間に，この満了日の次の日から無期労働契約に転換することを使用者に申し込んだ場合には，④これまでと同一の労働条件の無期労働契約に転換してその雇用関係を続けるものとする，というものです（労契法18条1項）。

　これだけだと分かりにくいので，具体例に当てはめて考えてみましょう（図表4-3）。

　図の1つ目の例では，左から6つ目の矢印について「無期転換申込権発生」と書かれています。これは，①ここに至るまでに1回以上の契約更新が行われ，②5つ目の1年の有期労働契約が終了し，その直後に6つ目の有期労働契約が始まった時点で，契約期間が通算5年を超えるため（5年ちょうどでは超えたことになりません），この有期労働契約の期間内にいつでも無期転換を申し込む権利が労働者に生じます。5年目の労働契約に従事している期間に6年目の契約を締結したとしても，6年目の有期労働契約は契約がまだ開始していない

〔図表 4 − 3　無期労働契約への転換の例〕

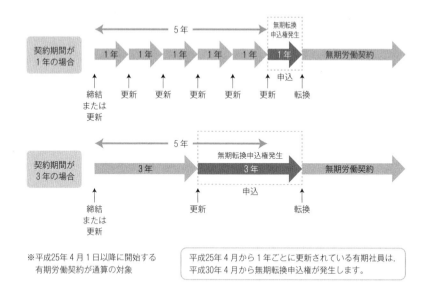

※平成25年4月1日以降に開始する
　有期労働契約が通算の対象

平成25年4月から1年ごとに更新されている有期社員は，
平成30年4月から無期転換申込権が発生します。

（出典）無期転換ルールハンドブック（厚労省）

ので算定基礎に入りません。そしてこの③6年目の有期契約の期間内に使用者に無期転換を申し込むと，④6年目の有期労働契約の期間満了時に労働契約が終了せず，期間の定めのない労働契約として存続していくことになります。2つ目の例では，3年の有期労働契約の終了後，1回しか契約を更新していませんが，開始済の有期労働契約の期間の合計が6年になっていますから，無期転換を申し込むことができます。

　期間の定めがなくなるというと，正社員に転換される？　と思う人もいるでしょう。でもこの制度が使用者に義務付けているのは，期間の定めをなくすことだけで，正社員にすることではありません。そのためこの制度を利用しても，賃金や労働時間が今までと変わらなかったり，この制度を利用した人専用の，一般的な正社員よりもやや労働条件のよくない「正社員」に転換されたりすることもあります。

　また，有期労働契約と次の有期労働契約との間に6ヶ月以上の契約のない期間がある場合には，有期労働契約の通算期間のカウントがゼロに戻ります。この期間はクーリング期間と呼ばれます。通算された期間が1年に満たない場合は，その二分の一以上の期間で，通算期間のカウントがゼロになります。

(ⅲ)　雇止め

　もう一つの方法は，ある条件を満たした雇止めについて解雇と似た制限をかけ，適法な雇止めと認められない場合は，この雇止めを認めずに1回契約更新が行われたものと扱う方法です。

　この解雇類似の制限がかかるための「ある条件」は二つあります。一つは，一応契約書などには期間の定めがあるものの，実質的には期間の定めのない労働契約と同視できるような実態がある場合です（労契法19条1号）。例えば，契約の更新手続が行われずに雇用が継続してきたようなケースや，正社員とほとんど変わらない雇用管理を受けてきたようなケースです。

　もう一つは，その有期労働契約の契約期間の満了時に，その有期労働契約が更新されると労働者が期待することについて，合理的な理由がある場合です（労契法19条2号）。この合理的な理由があるか否かは，その有期労働契約がかかわる様々な事情を総合的に考慮して判断されます。例えば，その仕事が長期的に続くことや労働契約の更新回数が多いこと，契約期間満了で辞めさせられる人がほとんどいないこと，「末永く働いてください」など雇用継続を期待させる発言を使用者がしたことは，雇用契約の期待を高める事実になります。逆に，無期労働契約への転換を求める権利を発生させないことを意図するなどして，契約書に「5年を超えて更新しない」と定めておくことは，雇用継続への期待を低くする事実になります。しかしこの定めは，総合的に考慮される事実の一つに過ぎませんから，この定めがあるだけで雇止めに対する規制がかからなくなるとはいえません。

　これらのどちらかの条件を満たした場合，更新拒否の前か直後に契約更新の申込みを労働者から使用者にして，その雇止めについて客観的に合理的な理由がなく，社会通念上相当と認められない場合には，使用者はこの労働者の申込みを受け入れて，その契約を更新しなければなりません。ここでの合理的な理由の有無や，社会通念上の相当性の判断で考慮される事実や判断の方法は，基

本的には解雇に関する法規制（労契16条）と同じです（第8章参照）。ただし，解雇に対する制限の厳しさとここで紹介した雇止めに対する制限の厳しさを比較した場合，両者の間にはおのずから合理的な差があるといわれています（日立メディコ事件：最一小判昭61・12・4）。

### 3　派遣労働

#### (1)　派遣労働の特徴

##### (a)　派遣労働の当事者関係

　労働契約関係は，労働者が働く義務を負い，使用者が賃金支払い義務を負う，という関係です。労働者は使用者の指示に従って働くのであって，労働契約関係があるところに指揮命令関係があるのが普通です。しかし派遣労働は，この二つが別になり，関係当事者が①派遣労働者，②派遣元，③派遣先の三つになる点に特徴があります。

　この三者関係を順番に整理してみます。まず①派遣労働者と，②派遣元との間では労働契約が結ばれます。この労働契約は，次に紹介する派遣契約が結ばれているときだけ結ばれることもありますが，派遣契約の有無にかかわらず結ばれ続けることもあります。

　次に，②派遣元と③派遣先との間では，派遣契約が結ばれます。③派遣先は自社で派遣労働者を利用したいと考えた場合，必要な人数や PC スキル・語学力などの職業能力などを考慮して，これを供給してくれそうな②派遣元と派遣契約を結びます。②派遣元から見れば，③派遣先は，自社の①派遣労働者を受け入れてくれる顧客になります。

　そして②派遣元は，派遣契約の内容に合った①派遣労働者にその③派遣先で働くよう命じます。この命令を受けた①派遣労働者は，③派遣先の指揮命令の下で仕事を行います。②派遣元は，③派遣労働者を送ってくれた②派遣元に対して，その対価として派遣契約に基づく派遣料金を支払います。この派遣料金が②派遣元の派遣事業の利益となり，その一部が①派遣労働者に賃金などの形で分配されるわけです。

　このように派遣労働は，派遣労働者を使用する派遣先から見て，派遣労働者を派遣元を介して間接的に使用するかたちになることから，間接雇用と呼ばれ

〔図表4－4　派遣労働の当事者関係〕

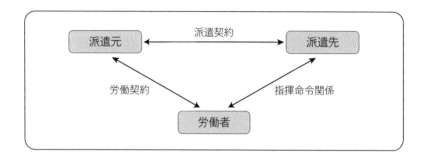

ます。

(b)　派遣労働の長所と短所

　派遣労働という仕組みは，派遣先にとって便利なものです。必要な労働力を比較的簡単に手に入れることができ，派遣労働者との間に労働契約関係がないことから，派遣労働者の受入れを中止したとしても，その派遣労働者に対して解雇に関する責任を負うことがないためです。

　このメリットは派遣労働者から見ればデメリットに映ります。派遣先でトラブルがあったとき，派遣元にそのことを相談しても，派遣先は派遣元にとって「お客様」なので派遣先に対して強く出にくい気持ちが働きます。派遣労働者から見ると，トラブルがあったときに責任を問おうとする相手が派遣元と派遣先の二つに分かれていて，責任の所在が不明確になりがちです。

　そのため派遣労働は，過去には禁止されていました。しかし派遣労働には前述したような企業にとっての利便性があったため，この禁止にもかかわらず社会に根強く広がってしまい，禁止することが現実的でなくなっていました。そのため禁止をするのではなく，この働き方を法的に認めて，その代わりに様々な規制をかけて規律していく方針に転換しました。これが現在の派遣法（労働者派遣事業の適正な運営の確保及び派遣労働者の保護等に関する法律）が制定された背景です。

　以下では派遣法が派遣労働についてどのような規制を課しているか，順番に

確認していきましょう。

(2) 派遣事業の適正化

派遣事業に対する規制方法の一つは，派遣事業を営むためには行政の許可が必要とされていることです（派遣法5条）。いったん営業を許可されたとしても，特定企業に派遣労働者を派遣することを目的とするようになっていたり，派遣労働者向けのキャリア形成支援制度を整備しなかったりなど，許可基準を満たさなくなった場合は，事業を停止させられたり，許可を取り消されたりします。

(3) 派遣対象業務と派遣期間

派遣労働者を働かせて良い業務については，一部の禁止業務（港湾運送，建設，警備，医療関係等。派遣法4条1項）を除けば，基本的に制限はありません。その代わり，派遣労働者を受け入れて良い期間については，2種類の制限が設けられています。

一つは，同じ事業所で派遣労働者を受け入れることができるのは，原則として3年までに制限される，というものです（派遣法40条の2第1項・2項）。ただし，この制限期間は，派遣先事業所の過半数組合，これがない場合には，過半数代表者の意見を聴くことによって延長することが認められています（同条3項・4項）。

もう一つは，総務課や営業グループなど，特定の組織単位に同じ派遣労働者を継続して受け入れることができるのは3年までというルールです（派遣法35条の3・40条の3）。

例えば，総務課で2年働いていた派遣労働者を人事課に異動させた場合，一つ目のルールに基づいて，その派遣労働者が人事課で働けるのは1年までになります。しかし職場の過半数代表者の意見を聴いて派遣労働者の制限期間を延長することにすれば，その派遣労働者は二つ目のルールに基づいて，人事課で3年まで働けるようになります。その後，総務課に戻したり，経理課に異動したりすれば，さらにそこで3年働けるようになります。

これらの派遣期間の制限は，派遣労働者の労働契約に期間の定めがない場合や，派遣労働者が60歳以上の場合など，いくつかの場合はかからないことになっています（派遣法40条の2第1項）。また，派遣が終了した後，3ヶ月を

超える期間が過ぎれば，以上の期間制限の適用を受けずに派遣労働者を受け入れることができます。

　以前は，正社員が派遣労働者に置き換えられてはならない（常用代替の防止といいます）として，派遣労働者の利用を制限する傾向にありました。しかし，現行法では，派遣元が派遣労働者を期間を定めずに雇ったり，そうでない場合も過半数代表者等の意見を聴いて，定期的に配転を行ったりすれば，派遣労働者を長く受け入れられるようになっています。なお，派遣労働者を受け入れる前に面接をしたり，履歴書を送付させたりするなどの派遣労働者を特定する行為はしないように努めなければなりませんが（派遣26条6項），派遣期間終了後に派遣先の正社員として雇用されることが予定されている場合には，例外的にこれを行うことが認められています（紹介予定派遣といいます）。

### ⑷　派遣労働者の雇用安定

#### ⒜　派遣契約解約に関する規制

　派遣労働者の雇用は不安定になりがちですから，この不安定さを軽減する仕組みが派遣法の中に定められています。

　その方法の一つが，派遣契約の取扱いに一定のルールを設ける方法です。例えば，派遣契約を締結するときには，派遣元・派遣先は，派遣労働者の就業機会の確保など，派遣契約の解除によって派遣労働者の雇用安定に支障が出ないようにするための措置を定めておかなければなりません（派遣法26条1項8号）。派遣先に関しては，派遣労働者の国籍や信条等を理由とする派遣契約の解約が禁止されており（派遣法27条），派遣元については，派遣先に派遣法等への違反が認められるときには，派遣契約を解除することが認められています（派遣法28条）。

#### ⒝　派遣元による雇用安定

　次に派遣元が雇用安定に関わる仕組みを見てみると，派遣元は，1年以上派遣される見込みがあるなど一定の期間の定めのある派遣労働者について，派遣先へ直接雇用を依頼したり，自社で期間の定めのない労働契約に転換するなど，雇用の安定を図るために必要な措置（雇用安定措置）を講じるよう努めなければなりません（3年以上については義務。派遣法30条2項）。ほかにも，教育訓練など派遣労働者のキャリアアップのための取組みをする義務（派遣法30条

の2）や，派遣先が派遣就業を適正に行うよう適切な配慮をする義務があります（派遣法31条）。また，派遣に関する料金額を明示したり（派遣法34条の2），派遣先から支払われた派遣料金のうち，派遣元の取り分になるマージン率を公表したりして（派遣法23条5項），派遣事業を透明化することが求められています。

(c) 派遣先の直接雇用義務

他方，派遣先については，1年以上継続して同一の派遣労働者が従事してきた業務に新たに労働者を雇い入れようとする場合，その派遣労働者が希望した場合には，この派遣労働者を雇い入れるよう努力するものとされています（派遣法40条の4）。派遣労働者の受入れが，派遣が禁止されている業務の受入れであったり，偽装請負による受入れであったりするなど違法なものであった場合には，原則として，この派遣労働者の受入れを始めた時点で，この派遣労働者に直接雇用の申込みをしたものとみなすこととされています（派遣法40条の6）。

(d) 派遣労働者・派遣先労働者の均等・均衡待遇

これらのほか，パート・有期法でも見られたように，派遣労働でも，派遣労働者と派遣先労働者との均等・均衡待遇の実現が派遣元に求められています。これは，均衡待遇については，雇用する派遣労働者の基本給，賞与その他の待遇のそれぞれについて，その待遇に対応する派遣先に雇用される通常の労働者の待遇との間で，その派遣労働者と通常の労働者の職務の内容，その職務の内容と配置の変更の範囲その他の事情のうち，当該待遇の性質や当該待遇を行う目的に照らして適切と認められるものを考慮して，不合理と認められる違いを設けてはならない，というものです（派遣法30条の3第1項）。均等待遇については，職務の内容が派遣先に雇用される通常の労働者同一の派遣労働者であって，その労働者派遣契約やその派遣先の慣行その他の事情からみて，その派遣先での派遣就業が終了するまでの全期間について，その職務の内容や配置が当該派遣先との雇用関係が終了するまでの全期間でその通常の労働者の職務の内容や配置の変更の範囲と同一の範囲で変更されることが見込まれるものについては，正当な理由がなく，基本給，賞与その他の待遇のそれぞれについて，当該待遇に対応する当該通常の労働者の待遇と比べて不利なものとしてはなら

ないとします（同条2項）。

　この仕組みは，パート・有期法の均等・均衡待遇の規定とほぼ同じですが，派遣元事業主が過半数代表者との間で労使協定を締結・周知して，これに沿った取扱いが行われているときには適用されないという例外がある点で異なります（派遣法30条の4第1項）。この労使協定には，適用対象となる派遣労働者の範囲（1号），派遣労働者が従事する業務と同種の業務に従事する一般の労働者の平均的な賃金の額として厚生労働省令で定めるものと同等以上の賃金の額（2号イ）と職務の内容，職務の成果，意欲，能力又は経験その他就業の実態に関する事項の向上があった場合に賃金が改善されること（同号ロ），こうした賃金の決定が公正な評価の下に行われること（3号），通常の労働者と比較して不合理でない賃金以外の派遣労働者の待遇（4号），教育訓練の実施（5号），その他厚生労働省令で定める事項（6号）を記載しなければなりません。

(e)　派遣労働契約の解消

　このように派遣労働者の雇用の安定に向けた様々な法制度が整備されていますが，それでも派遣労働者が解雇あるいは雇止めされてしまうことがあります。そのときは，これらの労働契約関係の終了が労契法などに定められた要件（労契法16条，19条）を満たすかどうかでこれらの適法性が判断されます。この判断の中で，派遣労働関係であるという特徴は，どのように考慮されるでしょうか。

　例えば，派遣契約が解約されたことは，労働契約関係を終了させる適切な理由といえるでしょうか。実態を見ると，期間を定めて雇用される派遣労働者は，派遣契約が存在することを前提として雇用されることが多く，このおおもとの派遣契約がなくなった以上，派遣労働者も雇用期間の途中でもクビになって当然とも思えます。しかし裁判例では，派遣契約がなくなった事情を考慮することは認めつつも，この事情だけでは労働契約関係を終了させるには不十分で，人員を削減する必要があったかどうかや，解約にあたり適正な手続を採用したかなど，他の事情も考慮して中途解約の有効性を判断すべきとしています（プレミアライン事件：宇都宮地栃木支決平21・4・28）。

　また，派遣労働関係は三者関係のため，派遣元だけでなく，派遣先にも派遣

労働者の雇用に関する責任を問う余地があることも特徴的です。派遣労働者と派遣先との間には労働契約関係はありませんが，派遣先が派遣労働者の採用や労働条件の決定に関与していたなどの事情が認められる場合には，派遣労働者と派遣先との間に黙示の労働契約関係が認められる可能性が出てきます（パナソニックプラズマディスプレイ（パスコ）事件：最二小判平21・12・18，マツダ防府工場事件：山口地判平25・3・13)。

# 第5章
## 労働契約の成立と展開

## I　就活のプロセスと労働法

### 1　就活のプロセス

　就活のプロセスはさまざまです。一般的には，仕事に就こうと思ったとき，バイト先の張り紙，就職情報サイト，職業紹介事業者，学校等にアクセスすることからはじまることが多いと思います。そして，希望する会社に応募して，求職（労働者が仕事を探す）活動が本格化し，企業による選考がはじまります。企業による選考がすすむなかで，採用内々定，採用内定をもらうこともあり，入社の日を迎えます。入社日以降に，試用期間が設けられることがあり，試用期間が終了すると本採用となります。

　本節では，働こうとする人と企業とが出会う最初の場面におけるルールをみていきます。

### 2　求職活動のルール──職業安定法

　求職者と求人（働き手を探す）企業との間のマッチングに関しては，主として職業安定法が，いくつかの規制を行っています。ここでは以下の3点を確認しておきます。

　第1に，職業紹介機関等に関するルールが定められています。歴史的にみると，職業紹介機関等が求職者等からピンハネを行うことがあったことから，職業安定法は，この点についてのルールを定めています。現在は，公共職業安定所（ハローワーク）による無料の職業紹介のほか，有料職業紹介事業も認められていますが，許可制となっています。

　このほか，意外かもしれませんが，皆さんと関係の深い学校についても職業

紹介法は規定を置いています。公共職業安定所長は，学生生徒等の職業紹介を
円滑に行うために必要があると認めるときは，学校長の同意や学校長の要請の
もとで，その学校長に，ハローワークの業務の一部（求人の申込みの受理とハ
ローワークへの連絡，求職の申込みの受理，職業指導，就職後の指導等）を分
担させることができます（職安法27条1項，2項）*。

*高校生の就活については，学校の推薦を受けて応募する際には一定期間までは「一人一社」
とする慣行がみられますが，生徒の就職活動の幅が狭まっているという側面もあるなどの
問題も指摘されています。

　第2に，求職者が適切な労働条件の仕事に就けるよう，そして，マッチング
が適切に行われるようルールが定められています。

　適切な労働条件の仕事に就くことができるためのルールとして，職業紹介事
業者は，すべての求人を受理することが原則ですが，労働条件が通常の労働条
件と比べて著しく不適当な求人，労働基準法や最低賃金法など一定の労働関係
法令違反の求人者による求人などは，受理しないことができる，というものが
あります（職安法5条の6）。

　また，マッチングが適切に行われるためのルールとして，たとえば，求人企
業，職業紹介事業者，募集情報等提供事業者（求人メディア，求人情報誌，イ
ンターネット上の公開情報から収集（クローリング）した求人情報等を提供す
る事業者など）には，求人等に関する情報を的確に表示することが義務付けら
れています（職安法5条の4）。

　第3に，求職者等の個人情報の取扱いに関するルールが定められています。
職業紹介事業者や求人企業などは，本人の同意がある場合その他正当な事由が
ある場合を除き，求職者等の個人情報を収集・保管・使用するに当たっては，
業務の目的の達成に必要な範囲内で，当該目的を明らかにしてそれらを行わな
ければなりません（職安法5条の5第1項）。また，厚生労働省の指針（平成
11年労働省告示第141号）では，労働者の募集を行う者等は，その業務の目的
の範囲内で求職者等の個人情報を収集することとし，①人種，民族，社会的身
分，門地，本籍，出生地その他社会的差別の原因となるおそれのある事項（家
族の職業，収入，本人の資産等の情報。容姿，スリーサイズ等差別的評価につ
ながる情報），②思想及び信条（人生観，生活信条，支持政党，購読新聞・雑

誌，愛読書），③労働組合への加入状況（労働運動，学生運動，消費者運動その他社会運動に関する情報）の個人情報を，特別な職業上の必要性が存在することその他業務の目的に必要不可欠であって，収集目的を示して本人から収集する場合を除き，収集してはならない，とされています。

## Ⅱ　労働契約の成立と労働条件の明示

### 1　労働契約の成立

たとえば，会社の人事担当者から「明日から働いてください」と言われたけれど，契約書は作成されず，賃金などの労働条件も明示されなかった場合，労働契約は成立したといえるでしょうか。この点については，労働契約法6条は，「労働契約は，労働者が使用者に使用されて労働し，使用者がこれに対して賃金を支払うことについて，労働者及び使用者が合意することによって成立する。」と規定しています。すなわち，労働契約は労働者と使用者との間の合意のみによって成立します。同条は，「使用者が……賃金を支払うことについて……合意することによって成立する」となっていますが，具体的な賃金額が明らかになっていなくても，労働契約は成立しうる場合はありうるでしょう。

### 2　労働条件の明示

先に述べたように，具体的な賃金額が明示されていなくても労働契約は成立しうるのですが，使用者は労働契約の成立に際して労働者に労働条件を示す必要はないのでしょうか。

この点につき労働基準法15条は，「使用者は，労働契約の締結に際し，労働者に対して賃金，労働時間その他の労働条件を明示しなければならない。」と定めています。そして，①労働契約の期間，②有期労働契約を更新する場合の基準，更新上限の有無と内容（2024年4月から），③仕事をする場所，仕事の内容，就業場所・業務の変更の範囲（2024年4月から），④労働時間（仕事の始めと終わりの時刻，残業の有無，休憩時間，休日・休暇，交替制勤務のローテーション等），⑤賃金の支払（賃金の決定，計算と支払いの方法，締切りと支払の時期），⑥退職に関する事項（解雇の事由を含む），⑦無期転換申込機会，

無期転換後の労働条件の明示（いずれも2024年4月から），については，使用者が書面（労働省が希望した場合には，電子メール等も可能です）により交付することが求められています（労基則5条，厚生労働省が作成した労働条件通知書のモデル規定を参照してください）。これら以外の労働契約の内容についても，労働者と使用者はできる限り書面で確認する必要があります（労契法4条2項）。

また，明示された労働条件が事実と異なる場合には，労働者は即時に労働契約を解除できます（労基法15条2項）。

## Ⅲ　採　用

### 1　憲法と採用の自由

憲法は，職業選択の自由・営業の自由（22条1項）および財産権（29条）を保障しています。そこから，企業は採用の自由を有する，との帰結が出されます（ただし憲法は，これらの経済的自由が，公共の福祉により制約されうることについても定めている（22条1項，29条2項）ことには注意すべきです）。

企業の「採用の自由」の内容としては，①募集方法の自由，②選択の自由，③調査の自由，④契約締結の自由，などがあげられます。

### 2　募集方法の自由

たとえば，自分の知り合いだけを雇うことも可能ですし，入社試験などを行う必要もありません。ただし職業安定法等により，一定の規制がなされています（被用者以外の者による委託募集についての厚生労働大臣の許可等）。

### 3　選択の自由

選択の自由とは，企業が，いかなる者をいかなる条件で雇うかを決定することができることをいいます（三菱樹脂事件最高裁判決：最大判昭48・12・12）。

ただし，企業には，この選択の自由が無制限に認められるわけではありません。この点につき上掲三菱樹脂事件最高裁判決も，「いかなる者を雇い入れるか，いかなる条件でこれを雇うかについて，法律その他による特別の制限がな

い限り，原則として自由にこれを決定することができる」と述べています（下
線は筆者）。

　「法律その他による特別の制限」としては，以下の法規制があげられます。

・性別：男女雇用機会均等法は，労働者の募集および採用について，性別にか
　かわりなく均等な機会を与えなければならない，と定めています（5条）。

・年齢：労働施策総合推進法は，事業主は，労働者がその有する能力を有効に
　発揮するために必要であると認められるときとして厚生労働省令で定めると
　きは，労働者の募集および採用について，厚生労働省令で定めるところによ
　り，その年齢にかかわりなく均等な機会を与えなければならない，と定めて
　います（9条）。ただし，同条は多くの例外を認めています。

・障害：障害者雇用促進法は，障害者差別禁止規制を置くほか（34条），雇用
　率を定め，それを下回る率でしか障害者を雇用していない事業主は障害者雇
　用納付金を支払う必要があります（第3章第1節以下）。

・労働組合活動等：労働組合に加入していることや組合活動を行ったことを理
　由として採用しないことは不当労働行為（労組法7条1号，3号）に該当す
　るかも問題となります（判例（JR北海道・JR貨物事件：最一小判平15・
　12・22）は，採用拒否は原則として労組法7条1号の不当労働行為には該当
　しないと判断していますが，学説の多くはこれを批判しています）。

　それでは，応募者の思想・信条を理由として採用を拒否することができるで
しょうか。

　この点につき，前掲三菱樹脂事件最高裁判決は，応募者の思想・信条を理由
として採用を拒否することはできると解しています。しかし，この最高裁の結
論に対しては，否定的な見解が多くみられます。


### 4　調査の自由

　また，企業は優秀な人材を獲得すべく様々な選考を行います。そのとき，企
業には，「調査」の自由は認められており，応募者に対して相当程度広く質問
等を行うことができますが，労働者のプライバシーに配慮することが望ましい
といえるでしょう（I 2も参照）。

## 5 採用内定

Ⅰ1でみたように，選考過程が進むなかで会社から内々定，内定が出され，入社に至ります。

それでは，どの時点で「採用」されたことになるのでしょうか。

ここでいう「採用」とは多くの場合，「労働契約の締結」のことをいうと考えられます。したがって，どの時点で「労働契約の締結」があったかがここでは問題になります（前記Ⅱ参照）。

この点，最高裁の判決（大日本印刷事件：最二小判昭54・7・20）は，ケースバイケースで判断することが必要であるとしつつも，そこで問題となった事案について，採用内定の時点で労働契約が成立すると判断しています。

それでは，この「採用内定」の後で，会社側が「採用内定を取り消す」旨の通知をしてきた場合，この会社に対してどのような請求ができるでしょうか。

まず，会社に対して損害賠償を請求することが考えられるそうです。しかし労働契約がすでに成立している場合には，労働契約の存続による救済を求めることができます。採用内定の取消し事由が，客観的に合理的と認められ社会通念上相当として認められるような場合（卒業できなかったとか，経歴詐称があったなどが考えられます）でなければ，労働契約の存続を主張できるでしょう。

このほか，採用内定後に，応募者から内定辞退することがあります。この点については，無期労働契約の場合，それが成立していたときも2週間の予告期間を置けば，応募者はそれを解約することができます（民法627条1項）。

## 6 採用内々定

それでは，「採用内定」の前に，会社との間で交わされる「採用内々定」が取り交わされた後，それが取り消される場合はどうなるのでしょうか。

これに関しては，裁判例（コーセーアールイー事件：福岡高判平23・3・10）には，企業が内々定を応募者に文書で通知し，応募者は承諾書を提出していたケースにつき，本件は大日本印刷事件のケースと事案が異なり，採用内々定の時点では，労働契約は成立したとはいえないとしたものがあります（ただし，損害賠償は認めました）。

## 7　採用内定期間中の法律関係

　採用内定期間中に，企業が採用内定者に研修への参加を求めることがあります。採用内定者が研修への参加義務を負うか否かは，当事者間の合意がどのようなものであったかによります。そして，ある裁判例（宣伝会議事件：東京地判平17・1・28）は，「使用者は，内定者の生活の本拠が，学生生活等労働関係以外の場所に存している以上，これを尊重し，本来入社以後に行われるべき研修等によって学業等を阻害してはならないというべきであり，入社日前の研修等について同意しなかった内定者に対して，内定取消しはもちろん，不利益な取扱いをすることは許されず，また，一旦参加に同意した内定者が，学業への支障などといった合理的な理由に基づき，入社日前の研修等への参加を取りやめる旨申し出たときは，これを免除すべき信義則上の義務を負っていると解するのが相当である」としています。

## 8　試用期間

　採用内定などのプロセスを経て実際に入社することになりますが，そのとき，会社によっては3ヶ月や6ヶ月間，「試用期間」を設けることがあります。この期間は文字通り，新入社員の当該企業における適格性を判断する期間で，この期間を満了すると，「本採用」ということになります。それでは，会社は，試用期間中または試用期間満了後，新入社員の営業成績が芳しくないことなどを理由として，当該社員の本採用拒否などの措置をとることは許されるでしょうか。

　この点についても最高裁の判断（前記三菱樹脂事件）が参考になります。そこでも，試用期間の法的性質についてはケースバイケースで判断すべきとしたうえで，本採用の拒否は通常の解雇よりも広い範囲で認められるとしつつ，客観的に合理的な理由が存し社会通念上相当として是認されうる場合にのみ許される，と判示しています。

　また本採用拒否のほかに，試用期間中の解雇の有効性が問題になることもあります。この場合についても，三菱樹脂事件最高裁判決をふまえたうえで，当該ケースにおいて試用期間の性格，趣旨，労働者の適格性・能力欠如の程度など個別具体的な事情をみて判断することになるでしょう。たとえば，新卒労働

者を特定の技能やスキルに着目せずに採用したような場合には，試用期間の途中段階では適格性・能力を十分に判断できないと評価されることもあると思われます。これに対して，当該労働者の技能やスキルを前提として中途採用され，職務内容が限定されているような場合で，試用期間中に適格性・能力の欠如が明白で改善可能性も見込まれないときには，試用期間中の解雇が有効と判断されることもありうるでしょう。

## Ⅳ　人事異動

### 1　人事異動とは

　皆さんは会社に採用された後，どのような人生計画を立てていますか。もしかすると転職を考えている方もいるかもしれませんし，採用された会社でずっと働こうと考えている方もいるかもしれません。いずれにしても，自分が，今後，どこで，何をしていくかは自分や家族の生活にも関係する重要な事柄です。

　他の会社に転職するならば，これまでとは違う場所で，違う働き方をすることになるでしょう。それでは，採用された会社でずっと働く場合はどうでしょうか。この場合でも，転勤があったり，職務内容が変わったり，役職や職位が変わったりなどと，使用者によって労働者の企業組織内での配置が変えられることがありますし，使用者の意向で別の企業で働くことになる場合もあります。

　この節では，このような人事異動にはどのようなものがあるのかを確認してから，人事異動をめぐってどのような法的問題があるのかを検討していきます。

### 2　人事異動の種類と機能

　人事異動には，いくつかの類型があります。第一に，同じ企業の中での配置の変更であって，職務内容や勤務場所を相当の長期間にわたって変更される処遇があります。これは「配置転換（配転）」と呼ばれます。例えば，製造に関する部署から営業に関する部署へと異動することや，東京の事業場から北海道の事業場へと転勤することが配転にあたります。なお，あくまでも一時的に同一企業内で異動することは「応援」等と呼ばれ，配転とは区別されています。

　第二に，労務の提供先を従来の使用者（出向元）とは異なる相手方（出向

先）とする処遇があります。これは「出向」と呼ばれます。出向には二つのパターンがあります。一つ目は，労働者が出向元との労働契約関係を存続させたまま，出向先の従業員にもなって，ある程度の期間，出向先の業務に従事するものです。このような出向は，「在籍出向」と呼ばれます。二つ目は，労働者が出向元との労働契約を終了し，出向先との間に労働契約関係を成立させて，出向先の業務に従事するものです。このような出向は「転籍（移籍出向）」と呼ばれます。出向は，配転とは異なり，これまでとは別の企業（出向先）への異動ですが，元の企業（出向元）との間の労働契約関係が存続するパターン（在籍出向）もあれば，この関係が切れるパターン（転籍）もあるわけです。

　第三に，ある企業内における役職，職位や職能資格の変動があります。役職や職位が上昇することは「昇進」と呼ばれます。例えば，職位が主任から係長になったり，課長から部長になったりすることが昇進にあたります。通常，役職・職位が上がると，会社組織における責任の度合いや権限も大きくなっていきます。このような昇進とは別に，職能資格制度における職能資格の上昇は「昇格」と呼ばれます。職能資格制度では，労働者の職務遂行能力を基準として等級等の序列が作られ，その位置づけに応じて賃金額やその幅（賃金テーブル）が決められます。職務遂行能力に応じて区分された等級等が職能資格です。会社の賃金制度によっては，役職・職位と職能資格は別の扱いになっている場合があります。例えば，職能資格が主事であったとしても，職位が課長の場合もあれば，係長の場合もあります。

　役職・職位又は職能資格を引き下げることは「降格」と呼ばれます。実は，懲戒処分として降格が行われることもあります。懲戒処分については，このあと検討しますので，ここでは人事措置としての降格のみを検討します。役職・職位の引き下げについて特に「降職」と呼び，職能資格の引き下げとしての降格と区別する場合もあります。

　上記のような人事異動は，労働者の企業内熟練やキャリア形成を支援する役割をもっています。新卒一括採用方式が主流である日本では，労働者が会社に就職した後で多くの部署で経験を積むことが，出世のプロセスと位置づけられる場合があります。そして，職能資格制度のもとでは，労働者が現に従事している職務ではなく，当該労働者の企業内熟練や経験に着目して賃金を上昇させ

ることができます。また，配転や出向は，他部門や子会社等への技能移転のために用いられることや，経営悪化の際に労働者を他の部門や関連会社に異動させることで雇用維持を図るといった役割をもつことがあります。

しかし，人事異動は，使用者にとって不都合なものを特定の役職や部署，会社から排除（左遷）する方法として用いられることもあります。人事異動の結果として，これまでやってきた業務とは全く違うものをしなければならなくなる可能性もありますし，賃金が変動する可能性もあります。また，転居を伴う配転や出向は，労働者の生活にも大きな影響を与えてしまいます。例えば，住む場所が変わってしまうと，配偶者の仕事や子供の学校等，親の介護という問題が発生するおそれがありますし，これまでその人が生活してきた地域との縁を切ってしまうことにもなります。

それでは，使用者は労働者に人事異動を命じる法的な権限を有しているのでしょうか，そして，その権限行使が認められない場合はあるのでしょうか。各人事異動の類型ごとに検討していきます。

### 3　配置転換

皆さんが労働契約を締結する際，契約書や労働条件通知書を確認してみてください。契約書等で勤務地や職種の限定が明確になされているならば，使用者はその契約の範囲内でしか配置転換を命ずる権利（配転命令権）を持ちえません。したがって，その契約の範囲を超えて配転を命ずることは労働契約内容の変更の申込みを意味することになりますから，これに対する労働者の承諾を得る必要があります。もちろん口頭での限定でも構いませんが，裁判で主張するためには証拠が必要になります。

勤務地や職種の限定は労働者と使用者間で書面や口頭で明示的にされる場合だけでなく，黙示的にされる場合もありえます。ただし，判例には，約17年から28年にわたって「機械工」として就労してきた労働者らについて，機械工以外の職種には一切就かせないという趣旨の職種限定の合意が明示又は黙示に成立したものとまでは認めることができないと判断したものがあります（日産自動車村山工場事件：最一小判平元・12・7）。したがって，具体的な状況によりますが，ある仕事に長期間従事していたという事情のみでは黙示の限定が

あったと認定されにくいと考えられます。

　労働契約上，勤務地や職種が限定されていない場合はどうでしょうか。日本では，職種や勤務地を限定せずに労働契約を締結することが多いと言われています。このように限定がない場合，使用者は配置転換を命ずる権利（配転命令権）を有しているのでしょうか。

　例えば労働契約を締結すれば，労働者は使用者に配転命令権を含んだ包括的な労働力の処分権限を委ねていると考えられ，他に就業規則等の規定や特約がなくとも，使用者は配転命令権をもつのでしょうか。それとも，就業規則や労働協約に配転を使用者が命ずる旨の規定があれば，それが配転命令権の根拠になるのでしょうか。就業規則等は労働者が個別的に合意をするものではないことから，使用者は各労働者と個別に配転命令権を認める特約を予め結んでおくことではじめて配転命令権をもつと考えるべきでしょうか。あるいは，そもそも使用者は労働者の重要な労働条件を一方的に変更してしまうような配転命令権をもつことはできず，使用者が労働者の配転を実現するためには配転ごとに対象となる労働者の同意をとる必要があるとすべきでしょうか。

　判例は，使用者が労働者に転勤を命じた事案について，労働協約や就業規則に従業員が転勤を命ずることができる旨の定めがあり，現に頻繁に転勤が行われていること，労働契約上勤務地を限定する合意がなされていなかったことを指摘したうえで，使用者は個別的同意なしに労働者の勤務場所を決定し，これに転勤を命じて労務の提供を求める権限を有するとしています（東亜ペイント事件：最二小判昭61・7・14）。したがって，勤務地や職種に限定がされていない場合，労働協約や就業規則に配転を命じる旨の規定があるならば，通常，使用者は配転命令権を有するということになるでしょう。

　使用者が配転命令権を有している場合でも，法令に違反するような配転命令権の行使や，労働協約や就業規則による制限に反した配転命令権の行使は違法・無効となります。

　また，判例は，使用者の配転命令権の行使が権利の濫用にあたり無効となる場合があるとします。民法1条3項は「権利の濫用は，これを許さない」と規定していますし，労契法3条5項は，「労働者及び使用者は，労働契約に基づく権利の行使に当たっては，それを濫用することがあってはならない。」と規

定しています。それでは，そのような判断基準に基づいて，権利の濫用かどうかが判断されるのでしょうか。判例は，上述した東亜ペイント事件最高裁判決において，転勤命令権の行使について，特段の事情がない限り，企業の合理的運営に寄与するといった業務上の必要性があれば，その効力があると判断しています。この判例は，この特段の事情にあたる事情として，当該転勤命令が他の不当な動機・目的をもってなされたものであるかと労働者に対し通常甘受すべき程度を著しく超える不利益を負わせるものであるかという二つを例示しています。この判決は，当該事案において転勤が労働者に与える家庭生活上の不利益は，転勤に伴い通常甘受すべき程度のものというべきであり，今回の転勤命令は権利濫用にあたらないと判断しています。ただし，平成13年に育児介護休業法26条が創設されました。この規定は，労働者の配置の変更で就業の場所の変更を伴うものをしようとする場合について，当該労働者の子の養育又は家族の介護の状況に配慮することを事業主に義務づけています。これを受けて，労働者が育児等の家庭的責任を負う場合に配転命令権の行使の濫用を認める裁判例が出てきています（明治図書出版事件：東京地決平14・12・27）。

### 4 在籍出向

在籍出向の場合，出向元との労働契約関係が維持されていますから，出向労働者は出向元及び出向先と二重の労働契約関係にあることになります。出向労働者が，出向元，出向先とそれどれどのような権利義務関係を形成するかは，出向元と出向先間の出向労働者の送り出し・受け入れに関する取り決めの内容に応じて変化します。労基法や労安衛法などの各種労働保護法令は，規制対象とする労働条件に関する権限を客観的に有している者に対して適用されます。

在籍出向の場合，配転と異なり，出向元が出向労働者に対する指揮命令権の一部を出向先という第三者に譲り渡すことで，労働者の労務提供の相手先を変更するという特徴があります。民法625条1項は，「使用者は，労働者の承諾を得なければ，その権利を第三者に譲り渡すことができない。」と規定しています。したがって，この規定からすると，出向元が出向先への出向を労働者に命ずるためには，「労働者の承諾」が不可欠ということになりそうです。しかし，判例は，出向元との労働契約関係が維持される在籍出向の場合，出向元が出向

〔図表5-1　在籍出向〕

先への出向を労働者に命ずるためには,「当該労働者の承諾その他これを法律上正当づける特段の根拠」が必要であるとします（日立電子事件：東京地判昭41・3・31）。したがって，労働者の承諾がない場合でも，使用者に出向命令権を認める余地がありますが，その判断は配転よりも厳格になされます。

　それでは，使用者の出向命令権の法的根拠は何でしょうか。裁判例には，「入社時の包括的合意」で使用者に出向命令権を認めたものがあります（興和事件：名古屋地判昭55・3・26）。ただし，この判決は，出向先と出向元はグループ企業で実質的に一体のものであったこと，入社時と出向先の範囲や出向先の労働条件に変化がないことも考慮している点は注意が必要です。

　最高裁は，使用者がある事業場の構内輸送業務のうち鉄道輸送部門の一定の業務を協力会社に業務委託することに伴い，委託される業務に従事していた労働者らに当該協力会社への在籍出向を命じた事案について，①労働者らが入社した時の就業規則に業務上の必要により社外勤務を命じる旨の規定があること，②労働者らに適用される労働協約にも同旨の社外勤務条項があり，③労働協約に社外勤務の定義，出向期間，出向中の社員の地位，賃金，退職金，各種の出向手当，昇格・昇給等の査定その他処遇等に関して出向労働者の利益に配慮した詳細な規定が設けられていたことを指摘したうえで，このような事情の下においては，使用者は労働者らに対し，その個別的同意なしに，使用者の従業員としての地位を維持しながら出向先においてその指揮監督の下に労務を提供することを命ずる出向命令を発令することができるとしています（新日鐵（日鐵運輸第2）事件：最二小判平15・4・18）。就業規則や労働協約に根拠となる

規定があったことだけでなく，出向に関する詳細な規定がなされていたことも重視していることは注意すべきです。

　使用者が出向命令権を有する場合，この権利の行使が違法・無効となることはないのでしょうか。もちろん配転命令と同様に，法令の定めや就業規則・労働協約上の定めに反する出向命令権の行使は違法・無効であると解されます。また，労契法14条は，「使用者が労働者に出向を命ずることができる場合において，当該出向の命令が，その必要性，対象労働者の選定に係る事情その他の事情に照らして，その権利を濫用したものと認められる場合には，当該命令は，無効とする。」と規定しています。この規定の元になった判例である前掲・新日鐵（日鐵運輸第2）事件最高裁判決は，出向命令権の行使の濫用判断に際して，出向措置に必要性があったか，人選基準に合理性があったか，労働者に生活関係，労働条件等において著しい不利益がなかったか，出向命令に至る手続が相当なものであったかといった事情を考慮しています。


### 5　転　籍

　転籍の場合，労働者が出向先と労働契約を締結し，出向先に就労をする点では在籍出向と同様ですが，出向元との労働契約関係が解消される点に特徴があります。出向元との労働契約関係は解消されてしまいますので，在籍出向と異なり，指揮命令権の一部を出向先に委譲することはできません。転籍を実現するためには，①出向元が労働者との労働契約を解消し，出向先が当該労働者と新たに労働契約を締結するか，②出向元が労働契約上の使用者としての地位を出向先に包括的に譲渡するかのどちらかの方法をとる必要があります。

　①の方法をとる場合には，第8章で検討されるように，使用者から労働者との労働契約を一方的に解消することは解雇と呼ばれ，解雇には制限が設けられています。また，新規の労働契約の締結には労働者と新たな使用者との間に合意が必要になります。②の方法をとる場合，在籍出向で検討した民法625条1項に基づき労働者の承諾が必要となります。この場合，労働契約上の使用者としての地位が包括的に譲渡されますので，「労働者の承諾」の有無は在籍出向の場合より厳格になされる必要があります。

　裁判例は，就業規則や労働協約の条項を転籍命令権の法的根拠と認めず，転

籍命令には労働者の個別の同意が必要であるとするものがあります（ミロク製作所事件：高知地判昭53・4・20）。それでは，いざ転籍命令がされたときには労働者は拒否をしましたが，入社時には転籍することを含め包括的に同意をしていた場合はどうでしょうか。裁判例は，入社時に出向先が明示され，面接時に「転属」もありうる旨の説明を受けたうえで労働者がこれに承諾していた事案について，転籍命令を有効としたものがあります（日立精機事件：東京高判昭63・4・27）。

## 6 昇進・昇格

　使用者から昇進・昇格の発令（その労働者を昇進・昇格させる意思表示）がないと，労働者は昇進，昇格できないのでしょうか。昇進は，部長や課長などのライン（指揮命令系統）の役職に誰を配置するかという企業経営の根幹に関わる事項です。したがって，裁判例は，昇進の判断について，使用者の専権的裁量的判断を尊重すべきと解しています。もちろん国籍差別や性差別の意図で使用者が労働者を昇進させないことは不当といえます。しかし，裁判例では，このような場合に認められる救済は，労働者が使用者に昇進を請求する権利（昇進請求権）をもつことの確認ではなく，労働者の人格権等の侵害を理由とした不法行為に基づく損害賠償請求（民法709条）にとどまります。

　他方で，昇格の場合は，必ずしも企業経営の根幹には関わるものではなく，賃金に直接影響してきます。したがって，裁判例には，勤続年数要件や成績要件などの一定の客観的基準が定められており，それを満たせば当然に昇級・昇格が認められるという事情があれば，労働者の昇格（昇級）請求権を認めるものもあります（芝信用金庫事件：東京高判平12・12・22）。しかし，昇給についても一定の客観的基準が認定できない場合は，損害賠償請求しか認められない傾向にあります（社会保険診療報酬支払基金賃金等請求事件：東京地判平2・7・4）。

## 7 降職・降格

　職位や役職を引き下げる人事措置としての降職を労働者に命じる権限（降職命令権）を使用者は持っているのでしょうか。降職は，昇進の場合と異なって，

労働者が一度獲得した役職や地位を引き下げるものです。したがって，使用者が降職命令権を持っているとしても，降職命令権の行使が無効となる場合には，当該労働者の役職や地位は元の通りとなります。

　しかし，裁判例は，降職命令権を容易に認める傾向があります。まず，裁判例は，就業規則などの根拠規定はなくても使用者は「人事権の行使」として労働者に降職命令することができるとします（名古屋放送事件：名古屋地判昭51・3・31）。採用や人の配置などの人事についての権限を総称して人事権と言われることがあります。とはいえ，このような裁判例の立場は，日本の「長期雇用システム」において使用者が労働者を企業組織のなかに位置づけ，その役割を決める権限について労働契約上当然に予定されているとも説明されます。ただし，この説明が日本のあらゆる企業に妥当するかは留意する必要があると考えられます。次に，この降職命令権の濫用判断についても，裁判例には使用者の裁量をある程度認める傾向があります。ただし，差別的意図に基づいた違法な降職命令や不当な目的・動機による降職命令のような場合はこの限りではありません。

　職能資格の引き下げを意味する降職を除く降格について，裁判例は，職能資格制度が労働者にこれまで蓄積されてきた潜在的な職務遂行能力を評価するものであって，その低下が通常想定されないことと，この降格は重要な労働条件である賃金を引き下げてしまうことから，裁判例は，使用者が降格命令権をもつとするためには，労働者と使用者の合意がある場合を除くと，就業規則等に降格命令権限に関する明確な規定があることを求める傾向があります。降職に伴って降格や賃金引下げが行われる場合も，使用者が降職命令権をもつためには就業規則等の根拠を要するとする裁判例が多いです。ただし，降職に伴って少額の役職手当が減額されるようなときは使用者の人事権の行使として降職命令権の行使を認める裁判例もあります。

　降格命令権の行使が濫用的であるかどうかの判断の基準として，まず，降格命令権の行使が，違法・不法な目的・態様をもってなされてはならないことはいうまでもありません。これに加えて，降格命令の行使の濫用判断では，使用者側における業務上・組織上の必要性の有無・程度と，労働者の受ける不利益の性質・程度等が考慮されます。

**Topix**　　人事考課

　昇進，昇格，降職，降格といった人事異動の前提として，日頃から人事考課（労働者の能力，業績などの評価）が行われています。同僚が同僚の仕事ぶりを評価するといった評価手法をとることもあり得ますが，日本では人事考課は，主に使用者や上司によってなされます。

　人事考課について，裁判例は，原則として使用者の裁量に委ねています。ただし，差別的な意図による人事考課のように違法な人事考課の場合や，人事考課の前提となる事実に誤認がある場合，会社の人事考課制度から逸脱した人事考課がされた場合，不当な動機・目的による人事考課の場合など例外的に人事考課が濫用的であると評価されることがあります。このように評価されたとしても，裁判例は，不法行為に基づく損害賠償請求を認めるにとどまります。学説では，使用者は人事考課について公正評価義務又は適正評価義務を負うとするものがあります。

〔小林　大祐〕

# Ⅴ　懲　戒

## 1　服務規律と懲戒

　寝坊による遅刻など，会社でミスをしてしまうと不安になるでしょう。上司が怒って注意をしてくるかもしれませんし，もしかしたら笑って許してくれるかもしれません。何度もミスを繰り返すうちに，最初は口頭での注意だったものが，始末書の提出を求められるようになったり，減給されたり，停職になったり，解雇されてしまったり，会社も様々な措置をとるようになっていきます。このような措置は，どのような根拠に基づいてなされるものでしょうか，そしてこのような措置に何かしらの制限はないのでしょうか。

　多数の労働者が協働することで機能する企業は，その一体的な運営のために労働者が遵守しなければならないルールを定めます。例えば，①労働者の就業

に関連するルール，②災害の防止や衛生の保持に関連するルール，③従業員としての地位に関連するルール，④事業場内の秩序に関連するルール，⑤企業財産の管理・保全に関連するルール，⑥会社の信用や名誉の保持に関連するルールなどです。これらのルールは「服務規律」と呼ばれます。

　労働者が服務規律に違反した場合，使用者は，そのような労働者を懲らしめ，戒めようとします。この懲戒のために使用者が労働者に対して一定の制裁措置を行う場合があります。そのような制裁措置のことを懲戒処分といいます。懲戒処分の代表例としては，①口頭や書面で労働者の将来を戒める処分である戒告，②戒告に加えて始末書の提出が求める譴責，③賃金額を本来支払うべき額よりも減額する減給，④職位や職能資格を引き下げる降格，⑤労働契約を存続させながら労働者の就労を一定期間禁止する出勤停止（停職。就労禁止が比較的長期間になる場合は懲戒休職と呼ばれることもあります），⑥懲戒処分としての労働者の解雇で，退職金の全額又は一部が支払われなかったり，予告手当の支払いなく即時解雇として行われたり，また事実上再就職にも支障が出たりする最も重い懲戒処分である懲戒解雇があります。なお，⑦懲戒処分としての労働者の解雇ですが退職金の支払額の有無や額などについて懲戒解雇よりは比較的軽いものを諭旨解雇といって懲戒解雇と区別することがあります。

　懲戒処分の対象になりうる行為は，労働契約における労働者の義務違反行為と評価することも可能です。民法の原則では，ある者が契約上の義務（債務）を履行できない場合，相手方は契約を解消したり，債務不履行によって発生した損害の賠償を債務不履行者に請求をしたりできます。また，相手側の権利や法的利益を故意又は過失によって侵害したことにより損害を生じさせた者は，当該相手方に対して損害を賠償しなければなりません。しかし，第8章で検討されるように，労働法の場合には，使用者から労働者に対してなされる一方的な意思表示によって労働契約の解消という法的な効果を生じさせる行為は解雇と称され，この解雇には制限があります。また，トピックス（労働憲章と前近代的封建的遺制の一掃に関する規定）で紹介されるように，使用者から労働者へ損害賠償請求をする際に，「損害の公平な分担」という観点から，その賠償する額がなくなったり，少なくなったりする場合があります。諭旨解雇と懲戒解雇は，労働者と使用者間の労働契約を解消させるものですが，それ以外の懲

戒処分は使用者との契約関係は維持したうえでなされます。また，懲戒処分は，発生した損害の公平な分担とは異なった視点から行われます。したがって，懲戒処分は，民法上の手段とは機能・性質を異にするものです。

　使用者が労働者に対して懲戒処分を行うことは，規律に違反した労働者自身に反省を促し，使用者の命令や規律を労働者に遵守させるという機能をもちます。さらに，懲戒処分は，ある労働者の規律違反行為に制裁を加えることで，規律違反行為をしていない他の労働者に対してみせしめをし，他の労働者も使用者の命令や規律を遵守するように促すという機能ももちます。この点に企業という協働体を機能的に運営することを望む使用者にとっての懲戒処分の必要性があります。ただし，このような必要があるからと言って法の論理として当然に懲戒権が正当化されるわけではない点には注意が必要です。使用者が懲戒権をもつことを法が許容しているか，許容しているとしても労働者との関係で使用者が懲戒権を有しているか，が問題です。

## 2　労働基準法における懲戒に対する規制

　解雇を伴わない懲戒処分は解雇を回避してなされる措置という見方もできるかもしれませんが，懲戒処分は，通常，労働者に不利益を強いる非常に強力な措置です。使用者が恣意的に懲戒処分をできてしまうと，労働者は何を理由に懲戒処分がなされるのかも分かりませんし，どの程度の制裁を加えられるかも分かりません。このような場合，労働者は不安定な立場に置かれてしまいます。

　そこで，労基法89条は，常時10人以上を使用する事業主に一定の記載がなされた就業規則を作成し，行政官庁に届け出ることを義務づけるなかで，制裁の定めをする場合において，就業規則に制裁の種類及び程度に関する事項を記載することを義務づけています（同条9号）。これを怠る常時10人以上を使用する事業主は，30万円以下の罰金という刑事制裁の対象となります。

　また，労基法は，数ある懲戒処分のうち減給の制裁についてのみ，減給額の限度という制限を設けています（労基法91条）。この規定の趣旨は，労働の結果として発生した賃金を減額されるとき，その額があまりに多額であると労働者の生活を脅かすおそれがあることにあります。特に，戦前，減給は，労働者に支払う給料を減らし，労働者を引き留めたうえで従順に働かせ続ける手段と

しても用いられていたようです。今の時代の皆さんはそんな会社，辞めればいいと思うかもしれません。使用者から借金を負いながら雇われて返済に追われていた当時の労働者も辞められるものならば，辞めたかったでしょう。

　さて，同条は，減給の制裁に対して，二つのパターンの規制をしています。一つ目として，１回の額が平均賃金の１日分の半額を超えてはなりません。例えば，平均賃金の１日分が8,000円である場合，１つの事案に対する制裁として，使用者は4,000円を超える減給の制裁をしてはなりません。二つ目として，一賃金支払期における減給の総額について，その賃金総額の10分の１を超えるものであってはなりません。例えば，毎月の給与計算が20日で締められている場合，一賃金支払期は，ある月の21日から次の月の20日までとなります。そして，この一賃金支払期において減給の制裁がなかったならば支払われたはずの賃金が30万円であるとすると，この一賃金支払期における制裁としての減給の総額が，３万円を超えてはいけません。二つ目のパターンの場合には，複数の事案に対するものとして減給の制裁が複数回なされたとしても，一賃金支払期におけるその総額が規制の対象になります。制裁としての減給の総額が一賃金支払期において10分の１を超える必要が生じたならば，その部分の減給は，次期の賃金支払期に延ばす必要があります。

　遅刻等によって労務の提供のなかった時間に相当する賃金だけを差し引くことは，減給の制裁にあたりません。ただし，遅刻等の時間に対応する賃金額を超える減給は，制裁としての減給と考えられます。

　上記の減給の制限に違反した場合，使用者は30万円以下の罰金という刑事制裁を受けます。また，これに違反する減給を定める労働協約，就業規則，労働契約は無効と解されますし，そのような減給処分は無効と解されます。

## 3　懲戒権の法的根拠と懲戒権の行使条件

　これまで述べてきたように，企業には服務規律を定めて，違反者に懲戒処分を行うことにメリットがあり，労基法は使用者の懲戒処分に一定の制限をしています。しかし，そもそも何故，労働者は使用者の懲戒処分に従う必要があるのでしょうか。法的には，労働者と使用者は対等な関係にあるので，使用者が労働者に対して一方的に懲戒権をもつという構図に疑問を持つ方もいるでしょ

う。労基法が懲戒について定めをしていることは労基法が使用者による懲戒処分を想定しているということもできますが，労基法は使用者に懲戒権を与えているわけではありません。

　実は，公務員の場合には，国家公務員法や地方公務員法等の法律に懲戒に関する定めがあります。例えば，国家公務員法82条1項は，職員が国家公務員法若しくは国家公務員倫理法又はこれらの法律に基づく命令に違反した場合，職務上の義務に違反し，又は職務を怠った場合，または国民全体の奉仕者たるにふさわしくない非行のあった場合には，当該職員に対し，懲戒処分として，免職，停職，減給又は戒告の処分をすることができる旨を定めています。

　それでは，民間労働者の場合はどうでしょうか。法律は，懲戒権を使用者に与えてはいませんので，契約上の根拠が必要です。労働者と使用者が懲戒に関する定めを労働契約で明確に定めていれば，その労働契約が使用者の懲戒権の根拠となります。また，判例（関西電力事件：最一小判昭58・9・8）は，労働契約を締結したことによって，労働者が企業秩序を遵守すべき義務を負い，使用者は，広く企業秩序を維持し，もって企業の円滑な運営を図るために，企業秩序違反行為をした労働者に対し，一種の制裁罰である懲戒を科することができるとしていますので，懲戒について明確に労使間で合意がされていなくても，使用者が懲戒権をもつことになります。

　それでは，労働契約を締結することで自動的に使用者に懲戒権が与えられるならば，使用者は，懲戒に関する定めが労働契約等に明示的に記載されていなくとも労働者に対して懲戒権を行使することができるのでしょうか。このように解してしまうと，労働者は，何を理由に，どの程度の処分が科せられるのか分からないということになってしまいます。判例は，「使用者が労働者を懲戒するには，あらかじめ就業規則において懲戒の種別及び事由を定めておくことを要する」としています（フジ興産事件：最二小判平15・10・10）。つまり，使用者が懲戒処分をするならば，あらかじめ，使用者が労働者のどのような行為に対して懲戒処分をすることができるのか（懲戒事由）と懲戒事由ごとに使用者が行うことができる懲戒処分の種類は何かを就業規則に記載する必要があります。それでは，労基法上，就業規則の作成義務を負わない常時10人未満の従業員を使用する使用者の場合はどうでしょうか。この場合について，上記判

例は判断を示していませんが，労働者の不利益を考慮すると，使用者が懲戒権を行使するには，懲戒の種別及び事由が明記された文書が労働者に周知されていることが必要と解されます。

## 4　懲戒権行使の濫用

　判例によれば，使用者は労働契約上，懲戒権を有しており，就業規則に規定のある限りにおいて，懲戒権を行使することができます。それでは，就業規則に規定がありさえすれば，その限りで使用者は労働者に対して懲戒処分を制限なく行使できるのでしょうか。例えば，就業規則において，「正当な理由なく無断欠勤をしたこと」が懲戒事由とされており，この懲戒事由について最大で懲戒解雇までの懲戒処分が予定されていた場合，一回でも正当な理由なく無断欠勤をすると労働者は懲戒解雇されてしまうのでしょうか。

　労契法15条を見ると，「使用者が労働者を懲戒することができる場合において，当該懲戒が，当該懲戒に係る労働者の行為の性質及び態様その他の事情に照らして，客観的に合理的な理由を欠き，社会通念上相当であると認められない場合は，その権利を濫用したものとして，当該懲戒は，無効とする。」と規定されています。つまり，就業規則所定の懲戒事由に該当する事実が存在する場合であっても，具体的事情の下で，それが客観的に合理的な理由を欠き，社会通念上相当なものとして是認することができないときには，使用者の懲戒権の行使は権利の濫用であるとして，その効力が初めから無かったことになります。

　懲戒権の行使の濫用性を評価する際には，労働者に弁明の機会が与えられるなど適正な手続きに従って懲戒処分が行われたか，懲戒事由と懲戒処分の関係が相当なものか，他の処分と比較して平等な取扱いが行われているかなどの事情を考慮する必要があります。懲戒当時に使用者が知らなかった事情を後から懲戒処分の理由にしても当該懲戒処分の有効性を根拠づけることはできません。また，懲戒処分のタイミングも重要です。特段の事情なくあまりにも時機に後れて行われた懲戒処分は，懲戒処分をする必要性があったのかが疑われますし，仮にその必要性があったとしても懲戒事由が発生してからの時の流れによってその必要性が弱まることも考えられます。

● **Topix**　　服務規律・懲戒と労働者の私生活・プライバシー ━━━━━●

　判例は，使用者による懲戒の目的を「広く企業秩序を維持し，もつて企業の円滑な運営を図るため」としています。それでは，使用者は，労働者の私生活やプライバシーに関する服務規律違反を理由に労働者に懲戒処分をすることができるのでしょうか。

　例えば，勤務時間・勤務場所外の犯罪行為のような私生活上の非行を理由に，使用者は労働者に懲戒処分をすることができるのでしょうか。労働者は労働契約に基づき時間決めで使用者に自らの労働力を提供しているにすぎませんので，使用者は労働契約に基づいて労働者の私生活まで支配することはできません。使用者が私生活上の非行を理由に懲戒処分をする際には，あくまでも当該非行が事業活動に直接関連を有するものか，あるいは企業の社会的評価の毀損をもたらすものかという企業秩序維持とのつながりが必要になります。また，私生活上の非行が実際に企業秩序をどのくらい揺らがしたのかが懲戒処分の相当性の判断で考慮されます（日本鋼管事件：最二小判昭49・3・15）。

　また，使用者による労働者への健康診断受診の強制を労働者が拒否した場合に業務命令違反等を理由に懲戒処分できるかが問題となります。労働者は，診療を受ける自由や医師を選択する自由を有していると考えられるからです。判例（電電公社帯広局事件：最判昭61・3・13）は，労働者が労働契約に基づき精密検診の受診義務を負っていた事案について，健康管理従事者の指示する精密検診の内容・方法に合理性ないし相当性が認められることを前提に，具体的な治療方法についてまで指示に従うべき義務を課していないこと，別途自ら選択した医師によって診療を受ける余地が労働者に認められることを根拠として，精密検診の受診の強制は，労働者の診療を受けることの自由及び医師選択の自由を侵害するものではないとして，精密検診の受診命令の有効性を認め，当該命令違反を理由とする懲戒処分を有効と判断しています。

　使用者が就業規則などによって労働者の髪，髭，服装などの身だしなみを規制し，これに違反することを理由として人事考課を低評価することや懲戒処分の対象とするなどの不利益処分をすることがあります。裁判例は，使用者が事業遂行上の必要性から使用者が労働者の身だしなみについて一定の制約をしうることを肯定します

が，労働者の身だしなみは労働者の人格又は自己の外観をいかに表現するかという労働者の個人的自由に関する事柄であり，また髭や髪への規律などは労働者の私生活にも影響が及びうることから，このような制約を無制限には認めていません。例えば，ひげを剃る旨の勤務要領について，不快感を伴う無精ひげを禁止する範囲で許容されるとして，不快感を生じさせない口ひげは禁止の対象にならないと判断した裁判例があります（イースタン・エアポートモータース事件：東京地判昭55・12・15）。

〔小林　大祐〕

# VI　休　職

　休職とは，従業員を職務に従事させることが不能であるか，不適切であるときに，従業員たる地位を維持したまま，職務に就くことを禁じる措置です。休職に関する事項は労働契約を締結する際に使用者が労働者に明示すべき労働条件の一つです（労基法15条，労基則5条1項11号）。また，事業場の労働者のすべてに適用されうる休職制度は，就業規則に規定されなければなりません（労基法89条10号）。この制度の内容は，就業規則等によって決められます。したがって，会社ごとに休職制度の内容は異なりますが，一般的には，休職制度には，私傷病による休職，公務による休職，出向による休職，教育訓練のための休職，起訴されたことによる休職，懲戒処分としての休職，の六つの類型があると言われます。

　これらのうち，まず，私傷病休職と公務休職，教育訓練休職は，私傷病や公務，教育訓練により労働者が労務を提供できないときに，使用者が解雇等の対象とはせずに労働契約関係を維持するので，労働者の雇用保障的な措置という意義があります。詳しくは第8章で紹介されますが，私傷病休職について，就業規則等に，一定期間の休職期間満了後，自動退職扱いとする旨の規定があることが想定されますので，この休職期間内に復職できるか否かが雇用維持の観

点からは重要です。

　次に，出向休職は，在籍出向について，出向元会社との間に労働契約が維持されるので，出向元では休職扱いとするときに利用されます。

　最後に，勾留を伴わない起訴に伴う休職や，懲戒休職の場合，労働者は労務を提供することが可能です（起訴された場合，刑事施設等で拘禁（これを勾留といいます）されることもあれば，勾留されないこともあります）。したがって，これらの休職は，労務の提供ができるのに出勤が認められないという労働者にとっての不利益措置という意義があります。

# 第6章
# 賃金についての法規制

　賃金は労働時間と並んで，働く者にとって，もっとも基本的な労働条件です。

## I　「賃金」とは何か？——労基法を中心に「賃金」の意義を考える

　読者のなかには，アルバイトを経験した人も多くいるでしょう。働いて，お金をもらうのは当然と考えているかもしれません。ここでは，人が「労働者」として誰かに雇われ働いたときに，受け取る「賃金」について考えてみましょう。

### 1　雇用契約（民法）における「報酬」と労働契約（労働法）上の「賃金」

　この問題については，まずは民法上の取り扱いと対比させて，考えてみることが重要です。民法623条は，働いて「報酬」を得ることを「雇用」とよんでいます。それによれば，報酬の①種類（金か物か等），②決定基準（時給か月給か，それとも出来高払いか等），③支払時期はいつ（後払いが原則です〔cf. 民法624条〕が，前払いもありです），そして④支払方法（直接の手渡しか，それとも口座振込みか等）は，当事者間の合意に委ねられています。つまり，雇う人と雇われる人のあいだで話し合って，自由に決めることができるということです（これは「契約の自由」「私的自治の原則」によるものです）。これに対し労契法6条は，労働の対価の支払いは「賃金」つまりお金，強制通用力のある貨幣でなければならないとしています。このほか，賃金のあり方について，労働基準法やこれに関連する法律が様々なルールを定めています。

### 2　労基法上の「賃金」

　まず労基法11条が同法にいう「賃金」とは何かを表しています（「名称の如

何を問わず」ということは，内容重視だということです）。ここでは，二つの
ことがポイントです。まず賃金とは（A）「使用者」（10条）が「労働者」（9
条）に支払うものです。したがってホテルや旅館，レストランなどで，利用者
がサービスの提供を受けた仲居さんやウェイトレス，ボーイに手渡すチップ
tip（なお，tip は potato chips の chip〔切れ端〕とは別物です。念のため）や
心付けは「賃金」ではありません。つぎに（B）「労働の対償」として，支払
われるということです。つまり労働者が使用者の指揮監督のもとで働いたこと
に対し，支払われるものです。したがって，（a）使用者が支給するものでも，
労働に関係ない任意的・恩恵的な給付（たとえば慶弔見舞金等）は「賃金」に
は，本来は該当しません。ただし支給条件が就業規則等で明確にされ，使用者
が支払いを約束しているときは（労働契約により支払いが合意されたものとし
て）「賃金」にあたると理解されています。つぎに（b）社内外の福利・厚生施
設——たとえば社内の体育館や法人単位で利用契約を結んでいるフィットネ
ス・クラブ——の利用などの付加給付 fringe benefit は，労基法上の賃金には
該当しません。それは当該企業の社員であるが故に享受することができる便益
だからです。それから（c）企業設備・業務費，たとえば作業服・事務用品・
出張旅費などの労務提供を受けるために使用者が準備・整備すべきものも「賃
金」にはあたりません。通勤手当は賃金でしょうか？　皆さんがアルバイトし
たとき，交通費は当然，もらえるものと考えているかもしれません。しかし労
働者が働く場所へと赴くために必要な費用は本来，労働者自身が負担すべきも
のです。なぜならば，それは労働の対償そのものではないからです。ただし支
給基準が就業規則などで，あらかじめ決められている場合は，やはり「賃金」
です。「細かいことをいうなあ」と思うかもしれませんが，大切なことですか
ら，しっかり覚えておいてください。

## 3　賃金体系と諸手当

　皆さんが経験したアルバイトでは，一般に「時（間）給制」という方式が採
用されています。これは，時給額を 1 月当たりの働いた時間数でかけるという
きわめてシンプルなものです。これに対し月給制をとるとき，賃金は大きく
「所定内賃金」（基本給・諸手当）と「所定外賃金」（時間外労働手当等）に分

けられています。また「特別の賃金」＝夏期・年末の一時金＝ボーナス（賞与），退職手当などというものもあります。

# Ⅱ　賃金「決定」の仕組みと保障

　賃金は人が「労働者」として働くとき，もっとも関心をもたれる労働条件ですが，これについて，いったいどのようなルールがあるのでしょうか。

## 1　賃金「額」の保障

### (1)　最低賃金制度について

　会社が従業員に支払う賃金をいくらにするか。それは支払い方法や時期と同じく，契約当事者が自由に決めることができるというのが市民法の建前です。しかし，これは現実には，使用者が労働者の労働力を安く買い叩くということにならざるをえません。そこで使用者があえて賃金を引き下げたり，社会的に不公正な競争がなされることを回避し，労働者とその家族が適切な生活維持を実現するために，国は必要な最低限の賃金額を決め，これを法的に守らせようとしています。仮に労使が法の定めた最賃額にみたない金額を合意したとしても，そのような契約は民事上無効ですし，また使用者は刑事上50万円以下の罰金（最賃法41条1号），特定（産業別）最賃額以上の賃金額を支払わない場合には，後述する労基法24条の賃金支払い5原則に反することから，30万円以下の罰金が科せられます（同法120条）。なお経済学の観点から見れば，労働者は消費者であり，その「購買力」の程度如何が景気動向に敏感に反映されるという側面もあります。

　労基法は制定当時（1947年），29条から31条に最低賃金に関する規定を設けていました。しかし1959（昭和34）年，上記条項は廃止され，労働者の意向が反映しない業者間協定方式の最低賃金法が労基法から独立して制定されました。その後，1968（昭43）年に業者間協定方式が廃止され，①　労働協約〔11〜13条〕と②審議会方式（15条〜）による地域別最賃と，産業別最賃が設けられました。その後，2007（平成19）年，一般に労働協約が「企業内（別）協約」として締結される日本では，①はほとんどないことから，廃止されました。今日

では，②の地域別最賃と産業別最賃の2種類で，時間給のみとなりました。な
お同年の法改正により，「ワーキング・プア」「格差問題」に対応するために，
最低賃金額の決定基準として「地域における労働者の生計費」を考慮するに際
し，生活保護制度との整合性も考慮されることになりました（改正9条3項）。
地域別最賃は，正社員であろうと，それ以外のパート，派遣，アルバイトなど
の非正社員であろうとセーフティー・ネットとして広く適用されることを意図
しています。毎年7月に，中央最賃審議会（公労使同数代表からなる）が開催
され，当該年度の都道府県をその経済実態に応じて三つのランクに分け，ラン
クごとに改定目安が示され，各地方ごとの最賃審議会がそれを受けて答申を示
し，同じ年の10月1日から，都道府県＝地域別の最低賃金が実施されます（な
お具体的な金額については，厚労省のホームページを見てください）。

　関連して，以下の二つのことも付け加えておきます。

(2)　出来高払い制の保障給

　労基法27条では，乗車収入の歩合給のタクシー運転手などの出来高払い賃金
の場合，労働者の責めに帰すべきでない事由によって著しい収入減となり生活
が不安定になるのを防止するために，労働時間に対応する一定額（平均賃金の
6割程度）を保障給として，使用者に支払いを義務づけています。

(3)　「平均賃金」の意義と休業手当（労基法26条）

(a)　「平均賃金」とは何か

　労基法12条では「平均賃金」について，全部で8項にわたって，詳しく規定
されています。ここでは，詳しい説明は省略しますが，解雇予告手当（20条），
休業手当（26条），年休手当（39条），労災補償（75～82条）等の各支払いや，
減給制裁の制限（91条）について「平均賃金」ということが問題になります。
その算定方法は簡単にいえば，算定事由発生以前の3ヶ月における賃金総額を
その期間の総日数で割ったものです（ただし条件があります）。なおこれは，
労基法の技術的必要に基づくもので，労働契約で定まる賃金の平均額とは別で
あることに注意してください。

(b)　「休業手当」とは何か

　なお休業手当（労基法26条）についても，言及しておきます。同条は「使用
者の責めに帰すべき事由による休業」について，平均賃金の60%を支給しなけ

ればならないとしています。これに対し民法536条2項にいう「危険負担」法理によれば，債権者（使用者）の責めに帰すべき事由による就労不能＝債務不履行の場合，債務者（労働者）は反対給付（100％分の賃金）を請求することができるということになります。しかし，つぎのようなことに注意してください。民法の場合，「帰責自由」としては「故意・過失及びこれと同視すべきもの」を想定しています。これに対し，労基法はそれに止まらず「不可抗力」（地震・台風 etc. の自然災害）以外（例：機械の故障や検査，原料不足等）はすべて該当すると理解されています。その点では，労働者側に有利だと考えられます。別の表現をすれば，労基法は労働者の最低生活の保障を実現するための「強行規定」＝当事者の意思により適用を免れないのに対し，民法536条は当事者の合意により，適用を免れる「任意法規」であることから，たとえば上記の例のような場合には，賃金を一切支払わないと就業規則などで定めれば，労働者は賃金を受け取れないこともありえます。その点で，労基法は労働者にとって有利な法規だということになります（ノースウエスト航空事件：最二小判昭62・7・17）。

## 2　賃金の決定基準と具体的なあり方

### (1)　賃金の決定方式についての法的基準

　労基法は賃金が決められる際，①「人たるに値する生活」の確保（1条），②均等待遇（3条）および③男女同一賃金（4条）の三つの原則を定めています（なお③については，第4章Ⅱ3（2）「賃金差別」（55〜56頁）を併せて参照）。しかし労基法はこのような決定基準以外については，とくに言及していません。したがって，これらのルールを順守すれば，そのほかのことは当事者が自由に取り決めることができるということになります。原理的に考えれば，(a) 賃金は労使のあいだの交渉＝話し合いをへて合意（契約），つまり当事者が対等な立場でなされた「取引」により決定されるということになります。しかし，これはいわば法的な「建前」です。実際には，特別な能力や，ほかの人にはない実績・経験がある人でないかぎり，それはありえないでしょう。労基法2条1項にいう労使による労働条件の「対等決定」とは，本来 労働組合と使用者・使用者団体との団体交渉 collective bargaining（集団的取引）と，そ

の「合意」事項を書面化し，労使双方で内容を確認する労働協約 collective agreement を通じて実現すると想定されていました。しかしわが国では今日，労働組合組織率が16％台にまで低下し，働く人の５人に一人も組合に参加していません。実際の賃金決定は，景気変動にともなう会社の業績を踏まえ，同業他社の賃上げ状況など「世間相場」を考慮して，使用者（会社）が就業規則の改訂（旧労基法93条＝現行労契法12条）により決定されることが多いのかもしれません。

　かつて日本の賃金制度の特徴として，「年功賃金」ということがいわれました。これは年齢，採用年次，学歴の違いを重視したものです。年功賃金は若いときは低くても，年齢や勤続年数が長くなれば，それに従って給与額も高くなっていきます。しかし90年代以降，労働者の学歴や勤続年数を重視するよりも，個々人が仕事のなかで実現した具体的な業績や成果いかんに応じた賃金処遇をすべきだという考え方が急速に普及していきました。それは経済のグローバル化や国内外の経営競争が進んでいったことを背景とするものでした。

## ⑵　人事考課・評価とはどんなものか

　このような賃金処遇が変化するなかで，会社が社員の基本給を賃金等級表のどこに位置付けるか。その前提作業として実施されるのが，人事考課や査定といわれるものです（第5章 Topix 人事考課〔103頁〕も参照）。

　人事考課は，社員の地位変動（昇進・降職）などの人事処遇や昇給・降給，昇格・降格，一時金査定等の賃金処遇についても実施されます。とくに後者の場合，従来の社員の潜在的可能性を重視した「能力主義賃金」が実際上，年功制度とリンクしていたことから，バブル崩壊や経済のグローバル化のなかで，限られた賃金原資をいかに効率的に社員に配分すべきかとの観点から，潜在的能力ではなく，顕在的なそれを示す成果＝結果如何を重視すべきであるとの主張のもとに，人事考課制度の公平性や適正の確保をいかに実現するのか議論されるようになっていきました。その法的性格をいかに理解するかについては，今日では，使用者により一方的になされることを重視して，裁量権行使と捉える理解（裁判所・学説多数）と，それを使用者の適正・公正評価義務の履行と理解する立場（学説有力説）とが対立しています。ただし，評価の公正や適正を確保するための具体的なあり方については，両者のあいだにさほどの差があ

るとは思われません。それは従来，上司（管理職）により，秘密裏に行われ，その内容開示についても，人事案件であることを理由に裁判においても拒むという例が多くありました（数年前に社会的な話題となった，政府の学術会議のメンバー任用拒否と同じ理屈）。いかなる基準で評価されているかがわからなければ，人は疑心暗鬼にならざるをえません。そこで被考課者である労働者を手続に関与させたり，基準を公開することにより，納得性を確保したり，透明性を実現することにより，その公平性や適格性を確保することができるのではないでしょうか。

## Ⅲ　賃金の支払い方法に関する諸原則

　つぎに，労基法は24条と25条で，労働者が賃金を簡易・迅速・確実に受け取ることができるように配慮しています。なお賃金支払いに関する諸原則については，直接払い原則を除き，法令・労働協約に別段の定めがある場合の例外扱いを広く容認していることに注意してください。

### 1　通貨払いの原則

　労基法24条1項は，通貨（流通する貨幣）払いの原則を定めています（ドルやユーロではなく，円で支払えということです）。また同項は，賃金の全部又は一部を現物給付 truck system で支給することを禁止しています。たとえば会社の経営状況が悪化したことから，給与の一部を自社製品で渡すということはできません。従業員が賃金相当額の会社製品をもらったとしても，実際上は，それで自分の必要なものを入手できるわけではなく，だれかに売却して換金しなければなりません。つまり，その不便さはもちろん，自社製品を賃金に相当する金額と交換することは通常はできないからです（読者も利用したことがある「金券ショップ」を思い浮かべれば，容易にわかると思います）。ただし法令や労働協約に定めのある場合や，厚労省令で定める賃金について確実な方法として規定されている場合は，その限りではないとされています。小切手や郵便為替での支払いも，原則禁止です。退職手当——労働法上の「賃金」に該当します——の場合は，以下に述べる労働者の同意等を条件に可能です（労基則

7条の2)。これはいうまでもなく，退職金が通常の賃金とは異なり，金額が高額なものとなりがちとなることから，防犯上の配慮をしたものです。皆さんは，アルバイトで得た報酬は皆さん名義の銀行口座振込みでなされ，これを当然のことと受け止めているかもしれません。しかしこれも，法的には，（1）労働者の同意をえて，（2）労働者本人名義の預金口座に振り込まれ，（3）給与支払日当日に全額が引き出すことが可能であることを条件に，例外的な扱いとして認められていることに注意してください（このような扱いは，つぎの直接払い原則にも関係します）。

　関連して，最近話題になっているのが賃金のデジタル払いです。読者のなかには，コンビニなどで何とかペイというのを利用して購入商品やサービスの代金を支払っている人もいるかと思います。これはデジタルマネー（電子マネー）を会社と従業員の資金移動業者の口座間で移動させることで，賃金を支払うというものです。2022年11月，「給与デジタル払いに関する労基法の改正省令」が公布され，2023年4月から，このような賃金支払いの方法も可能となりました。資金移動業者の口座を持つ労働者は，銀行口座からチャージする手間が省け，使用者にとっても，労働者の銀行口座に給与を振り込む手数料が安価又は事務負担が軽減されるといわれています。なお，このような方法が可能となっても，各事業所は利用する指定業者などに関する労使協定を締結し，また労働者の同意が必要であることなどの条件を満たさなければならないのは，預貯金口座払いの場合と同じです。

## 2　直接払いの原則

　つぎに同項は，直接払いの原則に関係します。労働者が自らの賃金債権（使用者に支払いを請求することのできる権利）を他者に譲渡すること——たとえば，消費者金融業者からお金を借りているとき，退職金で返済することを約束する——それ自体は，自由です。しかし，その支払いは，直接労働者本人になされなければなりません。また労基法は，親権者・代理人は未成年者の賃金を受け取ることができないとしています（59条参照）。これも，直接払い原則と同じ趣旨です。かつて戦前，「親が子を食い物にする」，つまり親が子の働いて得た給与を当然のごとく受け取ったり，契約締結時に前払いさせ，無理に働か

せることが親孝行だと考えられたりしました（1983年4月から翌年3月まで放
送され，その後再放送されたり，海外に輸出され，多くの人に見られたＮＨＫ
のテレビ・ドラマ「おしん」の子供時代のエピソードとして登場しています）。
同項は，そのような悪弊の回避を意図しています。これは私人間関係に関する
「特別法」である労基法が，「一般法」である民法818条，819条の両条の適用を
排除しているということです。

### 3　全額払いの原則

　賃金の支払い方法に関する三つ目の原則は，全額払いです。これは使用者に
よる労働者名義の貯金をするなどの口実のもと，賃金控除をして労働者の逃亡
を防いだり，中間搾取（「ピンハネ」）を禁止するということです（なお労基法
は戦前の「原生的労働関係」の再来を防ぐため，労働者の基本権保障として，
労働契約締結の際の労基法16条（賠償予定），同法17条（前借金相殺）および
同法18条（強制貯金）で，使用者に対し，それぞれの行為を禁止しています
（併せて，第2章 Topix「労働憲章と前近代的封建的遺制の一掃に関する規定」
（26〜29頁）を参照）。ただし法令に別段の定めがある場合や，会社単位ではな
く，個々の事業所の従業員過半数代表との労使協定がある場合は，賃金の一部
を控除して支払うことができます（労基法24条1項）。たとえば所得税や社会
保険（年金・介護・健康〔＝医療〕・雇用の各保険）の源泉徴収などのほか，
労使間協定による場合として社内預金や組合費を賃金支払いに際し，差し引く
（＝天引きする）ことは広く行われています。

　日本では，会社が福利厚生の一環として，市中銀行よりも低い利率の住宅
ローン制度をもうけていることがあります。このような場合，従業員が会社を
辞めるとき，いまだローン債務が残っていたとき，残りの未払い分を退職金と
相殺することはできるでしょうか。全額払いの原則との関係で問題になりえま
す。「相殺」（民法505条）も労基法24条にいう「控除」の一種として禁止され
ているのでしょうか。労働者が同意したときは，どうでしょう。賃金が労働者
に確実に手にするという本条の趣旨からすれば，相殺――当事者双方が金銭の
貸し借りがあるとき，双方の債権を一方的に相当額だけ消滅させる――も禁止
されます。しかし裁判所は過払い賃金の清算のための調整的相殺を，その時期，

方法および金額などから，労働者の生活の安全を脅かさない場合は，適法であるとしています（福島県教組事件：最一小判昭44・12・18）。また上記設問のような，労働者の同意に基づく場合（合意相殺）は，それが真に自由な意思に基づくものであることを理由に適法であるとしています（日新製鋼事件：最二小判平2・11・26）。

　かつてバブル経済華やかなりしころ，会社が将来の経営を任せるべき有能な人材育成の一環として，社内の海外派遣留学（たとえば，MBA〔経営学修士〕学位取得のため）募集に応じて留学し，帰国後2，3年後に他企業へ転職したり，起業する場合，留学費用の全額又は，その一部を会社に返還しなければならないのか，議論になったことがあります。それは賃金の全額払い原則のほかに，労基法16条の違約金・損害賠償予定の禁止に違反するのではないのか議論されました。その際裁判所は，留学派遣が会社の業務としてなされたものかどうかということを重視しました。派遣留学制度の利用は担当業務に直接関係しなくとも，社員にとっては勤務を継続するか否かにかかわらず，有益な経験となります。費用を負担する使用者にとっては，帰国後の勤務継続を期待するでしょう。留学制度への応募や参加が社員の自由な選択による場合は，それは労働契約の履行ではなく，別の金銭消費契約（民法587条）に該当し，ただ一定期間勤務をすれば，留学費用を返すことが免除されるものだと理解できます。このような場合，それ自体，労基法16条には違反しないと判断されました（長谷工コーポレーション事件：東京地判平9・5・26）。

### 4　毎月1回以上・定期日払いの原則

　賃金は，毎月1回以上・定期日に支払われなければなりません（24条2項）。これは，労働者が日常生活を送るにあたり，その経済的な基礎をなす賃金の支払日が一定しなかったり，間隔が間延びしていては，労働者に不利益になるからです。なお賞与や退職金等には，当然のことかもしれませんが，その性格上，この原則は適用されません。最近外資系企業や一部の国内企業で管理職について，給与を月ごとではなく，年単位で決められている場合があります。年俸制は，このような原則に関連して問題になりえます。賃金の支払い基準として，月単位ではなく，年単位で決めること（年俸制）も，やはり自由です（私的自

治）。しかし，その支払いは，毎月 1 回以上・定期日でなければなりません。

### 5　賃金債権の消滅時効

　ここで賃金に関する「消滅時効」について触れておきます。これは自ら有する権利を一定期間内に行使しないと，その権利がなくなってしまうという制度です。すなわち労働者が本来ならば受け取るべき残業代（時間外労働手当）を会社（＝使用者）に支払ってほしいといわずにいれば，その権利を失ってしまいます（在職時には請求せず，退職の際，労働者側が支払いを求めてトラブルになることがよくあります）。民法旧174条が「給料に係る債権」の消滅時効を 1 年としていたのに対し，労基法115条は賃金一般について 2 年間，そして退職手当については 5 年という消滅時効期間を定めています。ところが改正民法（2020〔平成16〕年施行）は上記条文を削除する一方，改正同法166条 1 項で，広く債権の消滅時効を 5 年としました。つまり労働者保護という観点からすれば，労基法と民法の「立場」が逆転してしまいました。そこで現行労基法115条では「当面の間 3 年（施行 5 年後の見直し）とする」ということになりました（退職金は 5 年）。これは中小企業などでは，すぐに対応できないことを考慮したものと説明されています。

## Ⅳ　一時金（賞与・ボーナス）と退職（金）手当をめぐる諸問題

　人が働くとき，どのような契約方式で雇われるのかという雇用形態が多様化するなか，たとえ同じく労働契約の方式であったとしても，正社員と，そうでない非正社員（契約社員・パートタイマー・アルバイトなど）を比べたとき，前者は契約期間が定まっていない（＝無期）のに対し，後者では，一定の期間が決められている（＝有期）という違いがあります。そのような契約形式の相違に関連して，両者間で大きく異なる処遇のあり方は，ボーナスと退職金の有無かもしれません（第 4 章Ⅳ「非典型雇用」69頁以下参照）。

## 1 賞与と退職手当の法的性質

### (1) 一時金（賞与・ボーナス）

かつて雇い主（使用者）による「心付け」「金一封」は，従業員に対する「功労褒賞」「ごほうび」＝任意・恩恵的給付であり，労働法（労基法）上の「賃金」には該当しないものと解されていました。これは商家の「藪入り」（8月〔旧暦7月16日〕）と「正月」（1月）に，慣行として行われていました。今日でも「賞与」という表現があります。これは文字通り「ほめ与える」ことで，使用者による労働者への継続勤務の期待の表明として理解できます。このような歴史的な背景のある制度も，しだいに様々な産業分野に普及する一方，支払い基準や支払い時期等が就業規則等で明確に定められ，労働組合との団体交渉の対象事項となり，今日では功労褒賞的性格も薄れてきています。ただし使用者側には，かつての功労褒賞という意識が残っています。なお日本の場合，一時金は高額なもので，年2回，月給の3ないし6か月分も支給されます。これに対し欧米では，年に1回，月給1月分ほどの金銭が従業員に支給されます。だから「クリスマス手当」とか「13番目の月給」などとよばれています。そして日本では，働く人はもちろん，社会全体がボーナス支給を前提に，その生活設計がなされている（不動産や自動車のローンの支払い時期・回数等）といってもいいでしょう。

### (2) 退職（金）手当

退職金制度についても，一時金と同じく，日本の場合，欧米諸国と比べて，支給金額が高額であるという特徴があります。昔は「退職金」といっていましたが，最近の制度を念頭に置けば，「退職手当」というべきかもしれません。なぜならば，それには大きく「一時金」のほかに，「年金」という，もう一つの方式があるからです。その法的性格の理解如何という問題をめぐって，賃金後払いか・生活保障か，それとも功労褒賞かという議論がなされていました。かつてはやはり，一時金・ボーナスと同様に，使用者による任意的・恩恵的給付として理解されていましたが，制度の普及と一般化によって「永年勤続に対する褒賞＝功労褒賞」という性格が今日では少なくなっています。ただし宮城県・県教委（県立高校教諭）事件：最三小判令5・6・27は，「勤続報償的な〔ママ〕性格を中心としつつ。給与の後払的な性格や生活保障的な性格も有する」と述

べています。最近では，日本的な雇用慣行の特色の一つである終身雇用の崩壊がいわれていることから，なおさらです。その社会・経済的な事実上の機能の理解が法的性格の理解といかにリンクすべきか否かという問題はともかく，退職金の金額は，多くの場合，就業規則のなかで，支給要件としての勤続年数などの算定基準が決められています。従業員の退職（辞職）については，一般に労働者側の事情で辞めた場合（自己都合退職）と会社の都合で退職する場合（会社都合退職）とに分けられ，後者のほうがその金額は高く設定されています。

### 2　賞与・ボーナスの支払い期日と退職者－支給日在籍者条項・慣行の有効性－

一時金・ボーナスについては，一般に就業規則で支給基準や支給率が規定されています。その場合，支給日に社員として在籍している者にのみ支給すると規定されていたり，慣行化していることがあります。この場合，賞与対象期間中には在籍していたけれど，何らかの事情で支給日前に退職した人には，受給権がないのかという問題が提起されました。最高裁も三つの事件について判断しています（大和銀行事件：最一小判昭57・10・7，ニプロ医工事件：最三小判昭60・3・12および京都新聞社事件：最一小判昭60・11・28）。そのような制度は好ましいものではないかもしれません。これはかつての「功労褒賞」という一時金の沿革的性格の名残かもしれません。しかし労働者は退職時期をいつにするかを自由に選ぶこともできます。そこで使用者の経済的な事情による整理解雇や定年年齢に達する日をもって定年退職とする場合は，労働者が退職日を任意に選ぶことはできないがゆえに，支給日在籍制度・慣行を適用することに合理性はないと理解することができるかと思います。

### 3　退職手当の支払いをめぐる問題－退職事由とその減額・不支給－

退職手当についてはさらに，つぎのような問題が提起されています。それは，退職金債権は，いつ具体化するかという問題に関係します。これについては，労働者が現実に退職するときに発生するのであり，就業規則などに，どのように定められているのかにより判断されることになります。同様のことが，つぎのようなトラブルの場合にも問題となります。

⑴　退職後の同業他社への就職の禁止・制限＝競業避止義務規定の有効性

　労働者はいつでも，どんな理由でも（具体的事情を，あえて会社に伝える必要は，法的にはありません），辞めることができます（民法627条）。しかし会社によっては，従業員が退職後に同業他社に転職したり，競業会社を起業させないように，退職後一定期間（たとえば3年以内），退職金は自己都合退職の場合に，通常支払われる金額の半額とするなどと定めている場合があります。労働契約終了ないしその準備期間に関わる「競業避止」義務に関連する問題です（三晃社事件：最二小判昭52・8・9）。はたして，これは法的に有効なのでしょうか。裁判所は，同業他社への就職を制限する合理的理由，禁止される期間や地域，減額の程度などを考慮して有効性を判断しています（第8章Ⅳ2「労働者が転職・再就職するときのルール」171～172頁参照）。

⑵　懲戒解雇と退職手当の不支給

　つぎに日本の会社では，就業規則に懲戒解雇やそれに相当する行為があった場合，退職金を全額又は一部支給しないと規定されている場合が多くあります。一般に普通解雇と懲戒解雇とを比べたとき，このような退職金不支給・減額がありえるかどうかが両者を実際上区別する指標であると説明されています。どのように理解すべきなのでしょうか（第5章Ⅴ「懲戒」104頁以下も参照）。

　裁判所は退職金が賃金後払い的性格と功労褒賞的性格とを併せ持つものであるとして，懲戒解雇を自動的に退職手当不支給事由にあたるとはしません。すなわち労働者の側に「永年の功を抹消してしまう程の不信」行為があったか否か，あった場合はその程度いかんによって，退職金の不払いや減額の有無や程度を判断しているように思われます（小田急電鉄事件：東京高判平15・12・11，宮城県・県教委事件〔前掲〕）。なお労働者が退職金を受け取ったあと，その在職中の非違＝その責任を問われるべき行動が判明したとき，使用者はその支払いを拒否したり，支払った退職金の返還を求めることができるでしょうか。会社のそのような行動はやはり，賃金の全額払い原則（労基法24条1項）に反するかと思われます。使用者としては，労働者に不当利得返還の請求（民法703条）をするか，不法行為（同709条）または債務不履行（同415条）に基づく損害賠償として請求されるべきかと思われます。

## 4　退職手当制度の最近の動向

わが国では，今世紀に入ったころから，従来の「終身雇用」ともいわれた長期的かつ安定的な雇用関係を継続することがむつかしくなってきたことの表われとして，退職金制度も大きく変わりつつあります。たとえば「全額給与支払い制」というのは，従来であれば，退職金として将来の退職時に支払われるべき給与を月例賃金に反映させて，いわば前払いするものです。また勤続年数による累積制度を見直して，退職手当分の「成果ポイント」化し，給与に反映させるものもあります。確定給付型企業年金（DB：Defined Benefit Plan）は使用者が掛け金を拠出し，あらかじめ給付額が確定することから，労働者にとって老後の生活設計がしやすいです。これに対しアメリカの内国歳入法（1978）401K 条項をモデルに導入された確定拠出年金（DC：Defined Contribution Plan）には，企業型と個人型があります。前者は，あらかじめ給付額を約束せず，拠出した掛け金額を個人ごとに明確に区分し，掛け金とその運用収益との合計を基に給付額を決める仕組みです。労働者が転職する場合，自分の年金をもって移動することができるという利点がある一方，運用次第では給付額が減ってしまう可能性があることに注意する必要があります。後者は退職手当というテーマから少し外れますが，通称イデコ（iDeCo：individual-type Defined Contribution pension plan）といわれ，加入者個人が自ら掛け金を拠出するもので，企業型と異なります。いずれにせよ今後，日本の退職金制度も，大きく変わっていく可能性があります（第13章Ⅶ「年金保険」257〜260頁も，併せて参照）。

# Ⅴ　破産法と賃金債権の支払確保

勤務する会社の経営が困難になったり，さらに倒産するにいたったとき，はたして労働者は，その賃金をうけとることができるでしょうか。民法は，「最後の6か月の給料」を対象とするものですが，労働債権が使用者の総財産に対する先取特権（民法306条，308条）があるとしています。したがって使用者の財産が競売や強制執行がなされたとき，優先的な弁済が受けられることになっています。しかしこれはいわば建前で，実際（本音）には，抵当権等の別除権

に後回しにされ，また未収の税金の徴収が優先され（国税徴収法 8 条），結果的には残余財産に対する先取特権では，弁済が受けられないことも多くあります。破産法によれば，①破産宣告前 3 か月間の給料債権と退職前給料に相当する額の退職金を財団債権として，範囲を拡大されました（149条）。また②賃金債権（給料と退職金債権）をもつ破産債権者が，その弁済を受けなければ生活に困るときは，裁判所は管財人の申立てまたは職権で弁済を許可することができることになりました（101条）。そのほか，会社更生法や民事再生法でも，賃金・退職金債権の保護が図られています。しかし倒産の 8 割が倒産法制によらない私的整理によって処理され，賃金債権の確保はきわめて困難だとされています。

　そこで会社の倒産などにより，労働者が賃金の支払いをうけることができなくなってしまったとき，国が賃金の一部ですが，立替え払いをするという制度があります。それは賃金確保法（「賃金の支払の確保等に関する法律」1976〔昭和51〕年制定）というものです。この法律は，1973（昭和48）年秋の石油ショック後の企業倒産が多発するなかで賃金未払い事件がしばしば問題となったことを契機に制定されたものです。同法によれば，事業主が破産した場合，退職日から 6 ヶ月前までの未払い賃金総額の80％を国（独立行政法人：労働健康福祉機構）が事業主に代わって支払う（賃確法 7 条）というものです。なお立替払いの請求は，破産手続開始決定等（事実上の倒産の認定）の日から 2 年以内になされなければなりません。

# 第7章
# 労働時間の規制と休息権制度

　人間誰もが1日は24時間です。一人ひとりのそれぞれの人間にかけがえのない時間があります。この時間は，本当に自分のものである間だけ，自分らしく生きる時間です。しかし，現在の日本では，よほど大きな金融資産や不動産などを有していない限り，日々の生活を送るためには，働いてお金を稼ぐ必要があります。使用者と生活の糧としてのお金（賃金）を交換するために，労働者は自分の心身の一部を労働力として売り渡さざるを得ません。時間泥棒をテーマにした，ドイツの児童文学者のミヒャエル・エンデの『モモ』（岩波書店，1976年）という小説の中に「せかせかと働きだす。どんどんスピードをあげてゆく。ときどき目をあげて見るんだが，いつ見てものこりの道路（筆者注：道路とは仕事のこと）はちっともへっていない。だからもっとすごいいきおいで働きまくる。心配でたまらないんだ。そしてしまいには息が切れて，動けなくなってしまう。こういうやりかたは，いかんのだ。」（同書48頁）というフレーズがあります。働けど働けど仕事が終わらない，より豊かな暮らしのために積極的に残業する，本業ですら大変なのにさらに副業に取り組む……。現在の日本では「働きすぎ」「働かせすぎ」が蔓延し，「人間らしい生活や時間」が損なわれています。その結果，「過労死」「過労自殺」する労働者の問題は未だ解決されていません。また，学生や若者の世界では，アルバイト漬けの問題として「バ畜」という人材不足によるアルバイトの過剰な負担や不適切な労働環境の問題もあります。

　労働契約は働く人間そのものを取引の対象としますから，契約内容によっては，労働に内在する人間性としての，労働者の肉体や精神が侵害されます。しかし，このような事態は，近代市民法の原理の「人格の自由」の理念に反しています。労働契約上，使用者に譲渡できるのは，労働者の心身の機能において使用する権限が一時的で部分的に限られていなければなりません。労働時間法

制においては，定量性（時間的な限度を持つこと）と限定性（労働者の全ての能力ではなく，心身の一部の機能に限られる）は欠くべからざる労働契約に内在する本質と理解されるべきです。

　歴史的に見ていくと，労働時間制度は，最初に労働法が規制に取り組んだものです。国家にとって，働く者の長時間労働を規制し，健康と命を守ることは，重要な法政策的課題だったのです。最初に「8時間労働」のコンセプトが生まれたのは，産業革命時代のイギリスです。子どもや女性を含む工場労働者が1日に10時間を超えて働かされている状態を改善するために，「仕事に8時間を，休息に8時間を，やりたいことに8時間を」がスローガンになりました。アメリカでは1886年5月1日，シカゴを中心に「合衆国カナダ職能労働組合連盟（後のアメリカ労働総同盟，AFL）」が8時間労働制を要求する大規模なストライキを行い，これが今日の「メーデー（労働者の日）」の起源となっています。

　今日の労働時間制度では，万人に共通する計測可能な労働時間規制を行うことで，「労働時間の量（働きすぎ・働かせすぎ）」を規制して，労働者の健康や生活の質を向上させるだけでなく，失業者を吸収する失業対策としての「ワーク・シェアリング（労働者一人ひとりの時短による労働者全体としての仕事の分かち合い）」や労働者のライフサイクルに合わせた「労働者の生活の質（ワーク・ライフ・バランス）」を推進する複合的な法政策が含意されるに至っています。

# I　労働時間の規制

## 1　法定労働時間および実労働時間算定の原則

　これまで労基法は工場労働者を念頭に労働時間制度を定めてきました。工場労働では働いた労働時間に比例して生産が伸びていくことが一般的ですし，労働時間に応じて賃金を払うことも合理的でした。ところが，近年，サービス産業などの第三次産業で働く労働者の増加，デジタル化による知的労働者の増加，コロナ禍をきっかけとした在宅勤務者の増加といった社会変化が起きています。このような変化ともに，時間をかけて働くほど賃金が上がる労働時間の仕組み

だけでなく，効率よく働き，労働生産性（成果や業績）を向上させるような働き方についても評価可能な労働時間の仕組みも整備すべきという考え方も広がっています。時代の変化とともに，法定労働時間制度（労基法32条 1 項・ 2 項）の原則を弾力化するものや，法定労働時間を算定するための実労働時間算定原則を外れて「みなし労働時間制」という技法を用いるものといった， 7 つの多様な労働時間制度が用意されています。

〔図表 7 - 1：法定労働時間の原則と多様な労働時間制度〕

---

**法定労働時間の原則**※

　 1 週間40時間， 1 日 8 時間の法定労働時間制度（労基法32条 1 項， 2 項）

**法定労働時間原則の弾力化による，変形労働時間制**

(1)　 1 か月単位の変形労働時間制（労基法32条の 2 ）

(2)　 1 年単位の変形労働時間制（労基法32条の 4 ）

(3)　 1 週間単位の非定型的変形労働時間制（労基法32条の 5 ）

(4)　フレックスタイム制（労基法32条の 3 ）

**実労働時間算定原則からはずれる，みなし労働時間制**

(5)　事業場外みなし労働時間制（労基法38条の 2 ）

(6)　専門業務型裁量労働時間制（労基法38条の 3 ）

(7)　企画業務型（ホワイトカラー）裁量労働時間制（労基法38条の 4 ）

※法定労働時間の原則から外れるものとして，このほかに，時間外労働にかかわる規制（災害・公務＝労基法33条，36協定＝労基法36条），適用除外にかかわる規制（農林水産業従事者＝労基法41条 1 号，監視・断続的労働者＝労基法41条 3 号，管理監督者など＝労基法41条 2 号），高度プロフェッショナル労働者＝労基法41条の 2 があります。

---

## 2　労働時間についての 2 つの捉え方

　労働時間については，つぎの 2 つの捉え方があります。まず，労基法の定める「法定労働時間」（これは「労基法上の労働時間」とも言います）に着目するものです。労基法32条 1 項および 2 項によれば， 1 日 8 時間， 1 週間40時間が法定労働時間であり，労基法は原則としてこれを超えて使用者が労働者を働かせることを禁止しています（法定労働時間の原則）。法定労働時間を超えて

労働させる労働契約や業務命令は違法・無効です（労基法13条）。これに違反した使用者には罰則が適用されます（労基法119条１項）。原則を超えて使用者が労働者を労働させることができる一定の場合には，時間外（労働）手当（これを「割増賃金」とも言います）を支払わなければなりません。

　なお，物品販売業，映画演劇業，保健衛生業，飲食接客業などで，常時10人未満の労働者を使用する事業の使用者は，１週間について44時間，１日について８時間まで労働させることができます（労基則25条の２第１項）。

　つぎに，「所定労働時間」（これを「労働契約上の労働時間」とも言います）に着目するものです。所定労働時間は，例えば，「うちの職場では，１日７時間働けば，給料がもらえる」といったように，就業規則（＝職場の社内ルールや職場ルール）や労働契約などによって，定められた労働時間のことです。労働者が所定労働時間は７時間なのに，30分間の時間外労働（残業）を行った場合，労働者は，７時間30分間，働いたことになりますが，法定労働時間の８時間は超えていません。このような場合を「法内残業」と言い，使用者は，時間外労働手当を支払う義務はありません。ただし，就業規則などで支払うと決めている場合には支払う必要があります。

　使用者は，休憩時間を除き，労働者に実際に労働させる労働時間（「実労働時間」とも言います）と労働に付随する時間（「手待ち時間」と言います）を合わせた時間について，労基法の定める「法定労働時間」を守る必要があります（実労働時間算定の原則）。実労働時間については，「労働者の行為が使用者の指揮命令下に置かれたものと客観的に評価できる時間」と定義されます（三菱重工業長崎造船所事件：最一小判平12・3・9）。実労働時間については，例えば，仮眠時間中は労働契約に基づく義務として，仮眠室における待機と警報や電話などに対して直ちに相当の対応をすることが義務づけられており，労働者は仮眠時間中も労働から解放されているとはいえず，使用者の指揮命令下に置かれていたものと評価できる（大星ビル管理事件：最一小判平14・2・28）とか，作業着の着用・保護具の装着といった準備時間，更衣所と現場への移動時間も，作業の準備のために不可欠である（上記三菱重工業長崎造船所事件：最一小判平12・3・9）といった裁判例があります。

　実労働時間とともに，例えば，飲食店などでアルバイトを行う際の私服から

制服や作業服への「着替時間」とか，接客業店舗の店員が接客はしていないが店内で待機する時間とか，配送業のトラック運転手が指定された時間に集配所に赴いたものの荷物が到着しておらず待機する時間といったものがあります。これらの時間は，「手待ち時間」と言い，作業中ではないものの，使用者の指示があればすぐに仕事に従事できるように待機している時間として，所定労働時間に算入されます。

　第三者（とりわけ裁判所）から客観的に見て，使用者の明示または黙示の指示があると判断される場合には，職場の「小集団活動（＝職場内あるいは共通の目的を持った関係者が，改善チームを作り行う活動のこと）」，職場外の「社外研修」「会社の忘年会」も実労働時間になります。この点，労使当事者の主観によって，実労働時間か否かを決められるわけではないことに留意してください。また，労働安全衛生法で義務づけられた「安全教育の時間」「安全衛生委員会の会議時間」も実労働時間になります。

### 3　複数の職場で働く場合の労働時間

　労働者が同じ会社の複数の事業場で労働した場合，労働時間は通算されます（労基法38条1項）。例えば，東京本社で5時間働いて，横須賀支社で5時間働いたとするならば，10時間働いたことになります。したがって，通算時間が法定労働時間（8時間）を超えれば，時間外労働となります。

　勤め先の時間外労働手当が少ないので副業や兼業をしたいと考える労働者もいるでしょう。一ヶ所だけではなく，複数の職場で，異なった仕事に従事する働き方も増えています（マルチ・ジョブ・ホルダー）。例えば，ある労働者がA社で7時間働いて，B社で5時間アルバイトをした場合，B社では1時間を超えて働かせると，労基法違反になってしまいます。後のほうのB社がこのような責任を問われるのは割に合わないということで，行政解釈によれば，労働者が申告しない場合は通算しなくてよいという取り扱いになっています。

### 4　労働時間の柔軟化
### ⑴　1ヶ月単位の変形労働時間制
変形労働時間制は，一定の対象期間を平均して法定労働時間を超過していな

いかを評価できる，つまり，法定労働時間という規制の枠を弾力化できるという点に特徴があります。この規制の枠を守る限り，使用者は業務の繁忙期や閑散期などに応じて，柔軟に労働時間の長さを決めることができます。このため，変形労働時間制は，労働者には労働時間の弾力的配分による労働時間短縮が推進されるメリットがあり，使用者にはその活用によって時間外手当を支払わなくてすむ，コスト削減のメリットがあります。労働者にとっては繁忙期の労働時間が延びる一方で，業務量が少ない時期はシフトが短時間になったり，週休3日になったりすることもあります。

　1ヶ月単位の変形労働時間制は，労基法上定められている3種類の変形労働時間制のうち，最も基本となるものです。1ヶ月単位の変形労働時間制は，月末の1週間は忙しいが，それ以外は比較的に暇であるといった事業，例えば，金融機関のように，1ヶ月の期間において業務の繁閑<ruby>繁閑<rt>はんかん</rt></ruby>がある事業で活用されます。

〔図表7－2　変形労働時間制の例〕

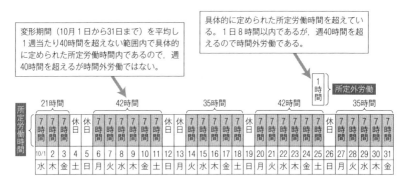

【変形期間】10月1日から31日まで
【変形期間中の所定労働時間数】21＋42＋35＋42＋35＝175
【変形期間の週数】31÷7＝4.42
【平均1週当たり所定労働時間数】175÷4.42≒39.5（40時間以内）

（出典）図は大阪労働局ホームページ（https://jsite.mhlw.go.jp/osaka-roudoukyoku/hourei_seido_tetsuzuki/roudoukijun_keiyaku/hourei_seido/jikan2/henkei.html）から引用

　使用者は，労使協定または就業規則その他これに準ずるものにより，1ヶ月以内の一定期間を平均して1週当たりの労働時間が週の法定労働時間，すなわち40時間を超えない定めをした場合には，その定めにより，特定された週において週の法定労働時間または特定された日において，労働者に，1日の法定労働時間（8時間）を超えて，労働させることができます（労基法32条の2）。例えば，1ヶ月が31日の月においては，1ヶ月単位の総枠は，（40時間×31日÷7日＝）177.1……時間となりますから，仮に1日に10時間，労働者を働かせた場合であっても，10時間＋10時間＋10時間＋6時間＋6時間＋6時間……＝177時間の枠内に収まる場合には，時間外労働には当てはまらないため，使用者は時間外労働手当を支払わずにすみます。逆に言うと，これらの1日当たりの労働時間を積算した結果，177時間を超えた場合は，時間外労働となります。なお，1ヶ月単位の変形労働時間制においては，変形期間内での各週・各日の労働時間の上限については特に規制はありません。

　変形労働時間制では，使用者は，労働時間の「特定」，つまり，労働時間のカレンダーを事前に作成しておく必要があります。そうしないと，労働者はタイムスケジュールを立てられないからです。JR西日本（広島支社）事件：広島高判平14・6・25では，「業務上の必要がある場合は，指定した勤務を変更する」という就業規則の変更条項が，勤務時間の「特定」のための要件を満たしていないとして違法・無効とされています。

### (2)　1年単位の非定型的変形労働時間制

　1年単位の非定型的変形労働時間制は，季節に繁閑の差がある百貨店とか結婚式場などの事業において活用されています。使用者は，労使協定または就業規則により，1ヶ月を超え1年以内の一定の期間を平均して1週間当たりの労働時間が40時間を超えない定めをした場合には，その定めにより，特定された週または日において1週40時間・1日8時間を超えて労働させることができます（労基法32条の4）。変形制の期間が長期に及ぶため，労使協定で定める労働時間の限度は，原則として，1日10時間，1週52時間（労基則12条の4第4項），連続して労働させることのできる日数は6日（労基則12条の4第5項），期間内の所定労働日数の上限は，3ヶ月を超える場合は1年当たり280日，3ヶ月を超えない場合は1年当たり313時間（労基則12条の4第3項）となり

ます。1年間を単位として考えると，40時間×365日÷7日＝2085.7時間の総枠を超えない限り，時間外労働とはなりませんが，これを超えると時間外労働になります。

### (3) 1週間単位の非定型的変形労働時間制

日ごとの業務に著しい繁閑があり，これを予測したうえで，就業規則などで労働者の各日の労働時間の特定が困難な事業においては，使用者は労使協定によって，1週間単位で，あらかじめ労働時間を特定せずに1日10時間まで労働させることができます（労基法32条の5）。使用者は1週間の各日の労働時間について，少なくとも，その1週間の開始前に，労働者に書面で通知しなければなりませんが，緊急でやむを得ない事由がある場合には，あらかじめ通知した労働時間を変更しようとする日の前日までに書面でその労働者に通知することにより，労働時間を変更することができます（労基則12条の5）。この労働時間法制の活用は，小売業，旅館，料理店であって常時使用する労働者が30人未満の事業が想定されています（労基則12条の5）。

常時使用する労働者が10人未満の使用者についての法定労働時間は44時間になっていることは前述しました。しかし，この場合の使用者が，1週間単位の変形労働時間制を用いる場合は，週40時間制となります（労基則25条の2第4項）。

### (4) フレックスタイム制

フレックスタイム制は，労使協定によって一定の期間（清算期間）の総労働時間を法定労働時間の範囲内に定めておいて，労働者が各労働日の始業時刻と就業時刻を自由に決定できるものです。フレックスタイム制では，例えば，「高齢者家族のデイケアの迎えや保育園への迎えがあるから，早く帰りたい」といった労働者の都合に合わせた働き方が可能になります。フレックスタイム制は，労働者のワーク・ライフ・バランスを充実させる労働時間制と言えます。

フレックスタイム制を導入するためには，就業規則などで始業時刻と終業時刻を労働者の決定に委ねる旨を定めたうえで，労使協定によって，その制度内容を定めます。具体的には，対象労働者の範囲，3ヶ月以内の清算期間，清算期間内の総労働時間数，1日の標準労働時間，設ける場合には労働者が必ず出勤しないといけない「コアタイム」と勤務時間を自由に決定できる「フレック

スタイム」を定める必要があります（労基法32条の3，労基則12条の3）。清算期間の上限は3ヶ月となっていますが，清算期間が1ヶ月を超える場合，労使協定で定める労働時間を清算期間全体で週平均40時間以内という枠に加えて，区分期間（1ヶ月ごとに区分した期間）ごとに労働時間が週50時間を超えないことが必要です。このように二重の法定総枠が設けられているのは，各月ごとに清算を義務づけることで，労働者の長時間労働の抑制を図ろうとしているからです。

　フレックスタイム制は使用者にとっては使い勝手が悪いのか，「令和5年就労条件総合調査（厚労省）」によれば，この制度の適用労働者の割合は，全労働者のうち6.8%にとどまっています。

### 5　みなし労働時間制

　みなし労働時間制は，労働者が実際に働いた労働時間に関係なく，一定時間「労働したものとみなす」労働時間制度です。みなし労働時間制は「労働時間を算定し難いときは，所定労働時間労働したものとみなす」（労基法38条の2第1項）という，労働時間算定のルールを定めたものです。「みなす」とは，労働者が実際に働いた労働時間が何時間であるかには関係なく，一定の労働時間を働いたことにするということです。

　これには，(1)事業場外みなし労働時間制，(2)専門業務型裁量労働制，(3)企画業務型裁量労働時間制の3つのみなし労働時間制があります。「令和5年就労条件総合調査（厚労省）」によれば，裁量制の適用労働者の割合は，全労働者のうち(1)事業場外みなし労働時間制は2.6%，(2)専門業務型裁量労働時間制については1.1%，(3)企画業務型裁量労働時間制について0.2%になっています。(2)と(3)は利用される割合はごくまれです。

(1)　事業場外みなし労働時間制

　事業場外みなし労働時間制は，外回りの営業，報道記者，出張などにおいて，例えば，午前中は会社の事業場（職場）で仕事に従事して，午後は事業場の外で仕事に従事する労働者などに活用されています。

　事業場外みなし労働時間制については，「労働者が労働時間の全部または一部について事業場外で業務に従事した場合において，労働時間を算定し難いと

きは，所定労働時間労働したもの」とみなされます。もっとも，その「業務を遂行するためには通常所定労働時間を超えて労働することが必要となる場合」には，その「業務の遂行に通常必要とされる時間労働したもの」とみなされます（労基法38条の2第1項）。時間外労働として「通常必要とされる時間」は，労使協定によって決められます（労基法38条の2第1項）。

　「労働時間の算定が困難な場合」とは，使用者の主観的な認識や労使の合意によるのではなく，就労実態などの具体的事情から客観的にみて労働時間を算定し難い場合にあたることが必要です。阪急トラベルサポート（第2）事件：最二小判平26・1・24では，これにあたらないとして，適用が否定されています。

　コロナ禍の在宅勤務やテレワークで，事業場外みなし労働時間制が活用できるか否かが話題になりました。パソコンなどが使用者の指示で常時通信可能な状態になっておらず，業務が随時，具体的な指示に基づいて行われるものでないような場合には活用できることになっています。しかし，実際に，このような場合にあてはまる事例は，それ程多くはないと言えるでしょう。

⑵　専門業務型裁量労働時間制

　専門業務型裁量労働時間制の対象業務は，「業務の性質上その遂行の方法を大幅に当該業務に従事する労働者の裁量にゆだねる必要があるため，当該業務の遂行の方法及び時間配分の決定等に関し使用者が具体的な指示をすることが困難な」業務です（労基法38条の3第1項）。対象業務の具体例は，①研究開発，②情報処理システムの分析・設計，③取材・編集，④デザイナー，⑤プロデューサー・ディレクター，⑥その他厚生労働大臣が指名する業務（労基則24条の2第2項）です。この⑥には，例えば，大学の教授研究，公認会計士，弁護士，不動産鑑定士，弁理士，税理士，中小企業診断士などの業務があてはまります。

⑶　企画業務型裁量労働時間制

　ホワイトカラーの働き方を念頭に置いた，企画業務型裁量労働時間制は，「事業の運営に関する事項についての企画・立案・調査・分析の業務」であって，「その遂行方法を大幅に労働者の裁量に委ねる必要があるため」，「使用者が具体的な指示をしないとする業務」に関する裁量労働時間制です（労基法38

条の4）。労基法38条の4の条文ははっきり言って長文で複雑です。条文の長い文章は，使用者に対して導入要件を厳しくすることで，使用者の利用のためのハードルを上げています。やはり，使い勝手が悪いのか，わずか0.2％しか使われていないことは前述しました。

　企画業務型裁量労働時間制には，本来適用されるべきでない労働者にまで活用されてしまう可能性もあり，業務量について自己決定できない労働者は心身の健康を損なう可能性も否定できません。なぜなら，現実の労使間の力の違いを考えると，使用者が労働者の労働時間を自己管理に委ねても，使用者だけしか人手不足の際の人員補充を行うことはできませんし，使用者から際限なく業務を振られ，長時間労働を余儀なくされることもあり得るからです。

　企画業務型裁量労働時間制の導入要件は，使用者が労使同数で組織される常設の「労使委員会」を設置して，そこで対象業務や対象労働者，みなされる時間，対象労働者の同意を得ることなどについて，「労使委員会」の5分の4以上の多数による決議をし，それを行政官庁（労働基準監督署）に届け出た場合，その労働者は決議で定めた時間だけ労働したものとみなされます。この制度を適用できる労働者は，このような対象業務を適切に遂行しうる知識・経験等を有する者に限られています。企画業務型裁量労働時間制を導入するためには，労働者の健康確保のための措置，苦情処理に関する措置，導入には個別労働者の同意が必要であること，不同意については不利益取扱いをしないこと，についての決議が要求されています。

### 6　法定労働時間を超えて，残業させるためには……

　使用者は，原則として，法定労働時間を超えてまたは法定休日に労働をさせることができません。しかし，その例外として，以下の3つの時間外・休日労働が認められています。

① 非常災害時における時間外・休日労働（労基法33条1項・2項）
② 公務のために臨時の必要がある場合の時間外・休日労働（労基法33条3項）
③ 労使協定による時間外・休日労働（労基法36条）

　このうち，企業実務でよく用いられるのが，(3)労使協定による時間外・休日

労働です。使用者は，36協定（労基法36条にかかわる労使協定）を結び，これを行政官庁（労基署）に届け出れば，労働者に時間外・休日労働を行わせても労基法違反とはなりません。このことを「労使協定の公法的効力」とか「労使協定の免罰的効力」と言います。36協定が結ばれると，労基法の最低基準が緩和され労基法の規制を緩めることができます。一方，使用者が36協定を結ばずに，労働者に時間外・休日労働を行わせると，法律上は懲役または罰金刑となります（労基法119条）。なお，労使協定は，労働協約（使用者と労働組合が団体交渉などを行って締結した文書）と混同しがちですが別物です。

36協定の労働者側の意見を反映させる「過半数代表者」の選出は，「投票・挙手」などの民主的な手続きによって選ばれないと，36協定による法定労働時間の規定の強行的効力（公法的効力）は生じません。したがって，使用者が36協定を結ばずに残業させてしまうと違法残業になります。裁判例でも，職場の親睦団体を自動的に過半数代表として選んでいた使用者について，このような選出手続きによる36協定は有効ではなく，その職場の労働者には残業義務はないと判断したものがあります（トーコロ事件：最二小判平13・6・22）。

労働者に時間外・休日労働を義務づけるためには，労使協定だけではなく別途，労働契約上の根拠（私法上の効力）が必要です。例えば，就業規則や労働協約や労働契約上の合意などが私法上の根拠になります。この点，日立製作所武蔵工場事件：最一小判平3・11・28は，使用者が就業規則に36協定の範囲内で時間外労働をさせることができる旨を定めており，その規定の内容が合理的なものである限り，労働者はその定めに従い，時間外・休日労働を行う義務があるとしています。

それでは，使用者は36協定さえ締結し，労働者の時間外・休日労働に対して，時間外労働手当さえ支払えば，何時間でも働かせることができるのでしょうか。この点は，時間外労働は，原則として，月45時間・年間360時間，その例外（特別条項）であっても，年間720時間以内（休日労働を除く），最長の月でも100時間（休日労働を含む）未満などの上限が置かれています。これを超える時間外労働を行わせる使用者は，懲役または罰金刑の対象になります。

### 7 割増賃金

　たくさんお金を稼ぐために時間外労働を行い，割増賃金（これを「時間外労働手当」とも言います）をもらいたいと考える労働者もいることでしょう。たしかに，使用者は，法定労働時間を超えた時間外労働と深夜労働（22時から5時まで）は25％以上（月60時間以上の時間外労働の場合は原則として50％以上）の割増賃金を，休日労働は35％以上の割増賃金を，通常の賃金（家族手当・通勤手当・住宅手当などは除いて）に上乗せして支払わなければなりません（労基法37条）。また，使用者は，時間外労働と深夜労働を重複して労働者に行わせた場合には50％以上の割増賃金を，休日労働と深夜労働を重複して労働者に行わせた場合には60％以上の割増賃金を上記のような通常の賃金に上乗せして支払わなければなりません。

　読者の皆さんが，将来，働き始めるときには，「求人詐欺」という働き方には，注意してください。求人詐欺とは，求人票に，実際とは，異なる労働条件を書いて労働者をだまし，労働契約を結ばせることです。例えば，「基本給30万円」での募集があり，高給だと思っていざ入社したところ，実は「基本給30万円は，『固定残業代（定額残業代）』10万円を含むもの」であり，80時間分の時間外労働手当が込みだったといった事例です。「固定残業代制」とは，時間外労働・休日労働・深夜労働に対する割増賃金をあらかじめ定額の手当等の名目で，あるいは基本給の一部として支給する制度のことです。この場合，法定労働時間の月160時間の労働時間に労働が留まると80時間分の賃金は支払われません。よくわからないうちに労働者は80時間も余分に働く労働契約を締結させられてしまっています。このような働き方には注意して下さい。

　固定残業代については，使用者が労基法所定の計算方法による金額以上の金額を支払っていれば，違法ではありません。具体的には，最高裁判所（高知観光事件：最二小判平6・6・13，医療社団康心会事件：最二小判平29・7・7，日本ケミカル事件：最一小判平30・7・19）により示された，つぎの要件を満たす必要があります。まず，労基法37条などに定められた方法で算定された額を下回らない額の割増賃金を支払う必要があります（①金額適格性の要件）。また，一定の時間外労働等に対する割増賃金をあらかじめ基本給や手当に含めて支払うことも許されますが，通常の労働時間の賃金部分（割増賃金の計算の

基礎となる部分）と割増賃金部分が判別できる必要があります（②判別可能性の要件）。ただし、基本給の定額部分や定額の手当（例えば、月に10万円）は労働契約上、時間外労働などの対価として支払われるものと認められることが必要です（③対価性の要件）。さらに、③の要件が満たされるためには、時間外労働手当の支払いは、それにより、時間外労働を抑制し、労働者に対して補償するといった労基法37条の趣旨に沿ったものであるということが必要です（④時間外労働の抑制と補償の要件）。しかし、使用者がこのような要件を満たさないような固定残業代を支払っておいて使用者がとぼけると労働者は混乱します。さらに、労働者は法所定の方法で計算した差額請求を行うことを面倒に感じ、その請求をあきらめがちです。脱法的な「固定残業代制」の濫用を行う使用者に警鐘を鳴らし、時間外労働手当の支払いを命ずる、例えば、グレースウィット事件：東京地判平29・8・25、PMKメディカルラボ事件：東京地判平30・4・18、ビーダッシュ事件：東京地判平30・5・30といった裁判例があります。もちろん、固定残業代がすべて違法というわけではありませんが、気がつけば「定額働かせ放題」になってしまわないようにあらかじめ注意して下さい。

## 8 適用除外

労働者に対する監督の困難性や保護の必要が緊要ではなく、労働時間規制にはなじまないとして、労基法の労働時間・休憩・休日の規制が適用されないタイプの労働者も存在します。これには四つのものがあります。

一つ目が、農業や畜産や水産業に従事する労働者です（労基法41条1号）。

二つ目が、守衛や会社役員専属の運転手など、監視・断続労働に従事する労働者です（労基法41条3号）。

三つ目が、管理監督者・機密事務取扱者（労基法41条2号）です。このうち、管理監督者に該当すれば、割増賃金は支給されませんが、深夜労働の割増賃金は支給されます（ことぶき事件：最二小判平21・12・18）。管理監督者については「店長や課長になったら5万円の店長手当や課長手当がつくけれど、割増賃金はなくなる」といった都市伝説があります。しかし、実際は、法的に管理監督者にあたると取り扱うためには、①経営者と一体的な立場にあると言える

こと，②労働時間の管理について自由裁量が認められること，③管理監督者にふさわしい待遇が認められること，の３つの要件を満たす必要があります。裁判例でも，このような３つの要件を満たさないとして，年収1,000万円を超す管理監督者の管理監督者性が否定されたものがあります（日産自動車（管理監督者性）事件：横浜地判平31・3・26）。皆さんが将来，働く際には，「名ばかり管理職」や「名ばかり店長」と取り扱われてしまわないように注意しましょう。

　四つ目が，高度プロフェッショナル（高プロ）制度です。高プロ制度については，適用除外扱いではなく，労働時間の特別規制であるという評価もありますが，ここでは，適用除外に位置づけておきます。

　高プロ制度は，ホワイトカラー労働者のうち高度な専門的知識を持ち，年収が1,075万円以上の高い収入を得ている専門職の労働者を対象として，図表7－3にあるような導入手続きを踏むことで，労基法の労働時間・休憩・休日の

〔図表7－3　高プロ制度の対象となる業務と導入手続〕

| 対象となる業務 |
| --- |
| 1．金融商品の開発業務 |
| 2．金融商品のディーリング業務 |
| 3．アナリストの業務（企業・市場等の高度な分析業務） |
| 4．コンサルタントの業務（事業・業務の企画運営に関する高度な考案または助言の業務） |
| 5．研究開発業務 |
| **導入手続** |
| 1．労使委員会の設置 |
| 2．対象業務や健康確保措置等の10項目について労使委員会で決議（委員の5分の4以上の多数による決議） |
| 3．決議を労働基準監督署に届け出る |
| 4．対象となる労働者に書面で同意を得る |
| 5．対象労働者を対象業務に就かせる |

規制を適用しないものです（労基法41条の2）。使用者が高プロ制度を用いるためには，年104日以上の休日を与えることや一定の健康確保措置の実施，導入には労使委員会の5分の4以上の決議，労働者本人の同意が必要などといった複雑な要件をクリアする必要があります。高プロ制度においても，労働者が業務量をコントロールすることはできない（使用者が業務量をコントロールする）という労働実態はあり得ることでしょうから，労働者の健康被害や働き過ぎにどうやって歯止めをかけていくかが，課題となるでしょう。

## Ⅱ　休憩・休日と年休（年次有給休暇）

　憲法27条1項は「賃金，就業時間，休息その他の勤労条件に関する基準は，法律でこれを定める。」と規定しています。労働時間（勤務時間帯）の途中に置かれる「休憩」は疲労回復のための時間です。労働日（労働週）の間に置かれる「休日」は，1週間の労働による疲労からの生理的な回復を図るものです。休憩も休日も労働者の健康や安全の確保のためにあるものです。一方，年休（年次有給休暇）は，労働者を有給で（＝所得の心配をすることなく），労働義務から解放し休息を保障するものです。年休は，労働者の健康や安全の確保のためだけではなく，さらに労働者が家庭生活や社会生活など人間らしい生活を送るための「生活の人間化」を実質的に保障するものです。

### 1　休　憩

　使用者は労働者に「労働時間が6時間を超える場合においては，少なくとも45分，8時間を超える場合においては少なくとも1時間の休憩時間を労働時間」を与える必要があります（労基法34条1項）。休憩時間の目的は，労働者の精神的・肉体的な疲労を回復させることにあります。休憩をめぐっては，三つの原則があります。

　1つ目が「途中付与の原則」です（労基法34条1項）。休憩は労働時間の「途中」に与える必要があります。このことから，業務開始前や業務終了後に休憩時間を与えても，休憩にはなりません。

　2つ目が「一斉利用の原則」です（労基法34条2項）。休憩時間は事業場に

おいて一斉に付与することが原則です。しかし，例えば，物品販売業・金融保険業・運輸交通業・演劇業・接客娯楽業などは，適用除外とされており（労基則31条），また，労使協定を締結すれば適用除外になり，個別に休憩を取らせることもできます。

　3つ目が「休憩自由利用の原則」です（労基法34条3項）。例えば，上司から職場の昼休みの休憩時間に「食事をしたり休んでも構わないけど，外から電話がかかってきた時だけは，対応しといてね」と頼まれてしまったら，皆さんならどうするでしょうか。使用者は休憩時間を付与した場合，労働者を完全に業務から解放し，労働者に自由に利用させる必要がありますから，この事例は「休憩自由利用の原則」に反しており，休憩時間とは評価できません（手待ち時間と評価されます）。なお，休憩時間は全くの自由時間ではなく労働時間上の拘束時間の範囲内ですから，使用者の施設内にいる以上，例えば，企業施設に危険をもたらす行為，他の労働者の休憩を妨害する行為などはその施設管理上の制約として，就業規則によって制限されることもあります。それでは，休憩時間中に労働者が職場を離れて私用外出する場合，使用者はこれを禁止ないし制限することができるでしょうか。外出許可については，通常，就業規則に「届出制」の規定が置かれ，その内容が合理的である限り，可能と考えられます。

　飲食店などでよく見られる働き方として，お客が来ない・売上が見込めない時間を「アイドルタイム」として長く取り，店員をランチタイムから夜のディナータイムといった早朝から夜間まで拘束するものがあります。なお，アイドル（idle）とは，「仕事がない・空いている・暇な」という意味になります。アイドルタイムは休憩時間にあたります。拘束時間＝所定労働時間（実労働時間＋手待ち時間）＋休憩時間のうち，休憩時間を長く取る働き方というわけです。そうすると，所定労働時間が短くても休憩時間が長くなれば，拘束時間は長くなってしまいます。このような働き方は，労働者のワーク・ライフ・バランス（仕事と家庭生活の調和）を損なうものです。今後，立法論的に何らかの規制が行われていく必要があるのではないでしょうか。

## 2　休　日

　休日は労働者にとって，はじめから労働契約上の労働義務を負わない日のことです。皆さんが社会人になったら，丸一日休める休日には何をしたいですか。「旅行に行く」「趣味に費やす」「家族とのんびり過ごす」「資格試験の勉強をする」……。何をするにしても，その人らしい自分の時間を取り戻すことになるのでしょう。

　休日といっても，「法定休日」「法定外休日」「振替休日（休日の振替え）」「代休」など様々なものがあります。法定休日は，労基法35条によって，使用者が労働者に対して，必ず与えなければならないものです。同条１項は，使用者が労働者に「毎週少なくとも１回の休日を与えなければならない」という週休制の原則を定めています。同条２項は，この原則に従えない場合の例外として，使用者が「４週間を通じ４日以上の休日を与える」必要があるとして，変形休日制を定めています。

　法定外休日は，法定休日とは別に，使用者が労働者に，例えば，就業規則などで与えることを決めている休日のことです。例えば，国民の祝日，会社の創立記念日，お盆休みや年末年始休日，週休２日制をとる場合の法定休日でない方の休日が，これにあてはまります。

　「振替休日」とは，予め休日と定められていた日を「労働日」とし，その代わりに他の労働日を「休日」として振り替えることを言います。したがって，もともとの休日に労働させた日については「休日労働」とはならず，休日労働に対する割増賃金の支払義務も発生しません。

　一方，いわゆる「代休」とは，休日労働が行われた場合に，その代償として以後の特定の労働日を休みとするものであって，前もって休日を振り替えたことにはなりません。したがって，休日労働分の割増賃金を支払う必要があります。

## 3　年休（年次有給休暇）

　休暇は，労働者が労働する義務がある日に，会社がその労働義務を免除する日のことです。休暇には，法律上一定の要件を満たす場合，必ず付与する必要がある「法定休暇」と，就業規則等に基づいて任意付与する「任意（特別）休暇」があります。このうち，法定休暇としての「年休（年次有給休暇）」は，

労働契約上，労働義務を負う労働者が，有給で一定期間労働から解放されるものです。年休取得率は長らく50％前後で推移していましたが，「令和 5 年就労条件総合調査（厚労省）」によれば，ようやく62.1％になりました。

　使用者は，通常の労働者については，6 ヶ月間継続勤務し，全労働日の 8 割以上出勤した労働者に「勤続し又は分割した10労働日」の年休を与えること（労基法39条 1 項），また，継続勤務 1 年 6 ヶ月以降，1 日ずつ逓増させ，6 年 6 ヶ月以降は20労働日の有給休暇を付与することを義務づけています（労基法39条 2 項）。

〔図表 7 － 4　通常の労働者の付与日数〕

| 継続勤務年数（年） | 0.5 | 1.5 | 2.5 | 3.5 | 4.5 | 5.5 | 6.5以上 |
|---|---|---|---|---|---|---|---|
| 付与日数（日） | 10 | 11 | 12 | 14 | 16 | 18 | 20 |

　アルバイトやパート労働者についても，①週の所定労働日数が 4 日以下の者でかつ週の所定労働時間が30時間未満の者，②週以外の期間で所定労働時間日数が定められている場合においては 1 年間の所定労働日数が216日以下の者でかつ週の所定労働時間が30時間未満の者は，その日数に応じて年休は比例的に付与されます。

〔図表 7 － 5　アルバイトやパート労働者についての付与日数〕

| 週所定労働日数 | 1年間の所定労働日数 | 雇入れ日から起算した継続雇用期間 | | | | | | |
|---|---|---|---|---|---|---|---|---|
| | | 6ヶ月 | 1年と6ヶ月 | 2年と6ヶ月 | 3年と6ヶ月 | 4年と6ヶ月 | 5年と6ヶ月 | 6年と6ヶ月 |
| 4日 | 169日～216日 | 7日 | 8日 | 9日 | 10日 | 12日 | 13日 | 15日 |
| 3日 | 121日～168日 | 5日 | 6日 | 6日 | 8日 | 9日 | 10日 | 11日 |
| 2日 | 73日～120日 | 3日 | 4日 | 4日 | 5日 | 6日 | 6日 | 7日 |
| 1日 | 48日～72日 | 1日 | 2日 | 2日 | 2日 | 3日 | 3日 | 3日 |

　図表 7 － 5 の図の要件を満たしていたので，筆者が務めている大学のゼミ生が「バイト先に年休をとりたいです」とお願いしたところ，「学生が年休なん

て何に使うつもりなのか？ うちの社内ルールでは，そもそもそんな贅沢なものはない」と言われたそうです。しかし，年休は就業規則によって決めるものではなく，労働者の年休権は，労基法39条１項および２項の要件を満たすことで発生する労働者の権利です。使用者が年休の付与を怠る場合は処罰されます（労基法119条）。労働者が年休を何に使うかも使用者に告げる必要もありません。判例も「年次休暇の利用目的は労基法の関知しないところであり，休暇をどのように利用するかは，使用者の干渉を許さない労働者の自由である，とするのが法の趣旨である」と述べています（白石営林署事件：最二小判昭48・３・２）。

　年休の取得方法は，第一に，労働者が時季を指定する方法，第二に，計画年休労使協定による方法，第三に，使用者が時季を指定する方法の三つの方法があります。なお，「時季」という言葉は，年休の取得時期のことを指す，労基法上の用語です。

　第一の方法については，労働者の時季指定権と使用者の時季変更権との調整に基づくものです。多くの労働者が働く職場では，全ての労働者に年休を与えるためには，労働者間の年休取得日を調整しないと使用者は事業の正常な運営が困難となってしまいます。このため，「使用者は，前各項の規定による有給休暇を労働者の請求する時季に与えなければならない。ただし，請求された時季に有給休暇を与えることが事業の正常な運営を妨げる場合においては，他の時季にこれを与えることができる」と定めています（労基法39条５項）。つまり，労働者が請求する時季に年休を与えること（時季指定権）を原則としながら，使用者には事業の正常な運営を定める場合には時季を調整して与えることができる調整権（時季変更権）を認めています。

　それでは，使用者にとって「事業の正常な運営を妨げられる」場合とは，どのような場合なのでしょうか。この点は，たんに，①業務遂行のための必要人員を欠くなど業務上の支障が生じることだけでなく，②人員配置の適切さや代替要員確保の努力など労働者が指定した時季に年休が取れるよう，使用者が状況に応じた配慮を尽くしているかどうかを踏まえながら，判断されることになります（弘前電報電話局事件：最二小判昭62・７・10）。

　労働者が指定した年休が長期にわたる場合には，労働者は事前の調整を図る

　ことが求められ，事前の調整を経ていない場合には，業務上の支障の発生の判断などについて使用者の裁量を認めざるを得ないと考えられます（時事通信社事件：最三小判平4・6・23）。

　第二の方法は，計画年休労使協定（労基法39条6項）に基づくものです。使用者は計画年休にかかわる労使協定を締結することで，各年度の年休時季を，例えば，事業所単位の一斉休暇・班別交代制・個人別交代制を用いることで，あらかじめ，集団的に決定することができます。この場合でも，各労働者がもつ年休権のうち少なくとも5日間は，各労働者の自由な時季指定権による年休（「自由年休」）は確保する必要があります。

　第三の方法は，使用者の年休付与義務に基づくものです。使用者は，年休の付与日数が10日以上である労働者については，そのうちの5日について，年休の1年ごとの付与日（基準日）から1年以内に労働者ごとにその時季を決めることによって，年休を与えなければなりません（労基法39条7項）。ただし，労働者の時季指定権の行使や計画年休付与制度によって，すでに年休を取得している場合には，その分はこの5日から差し引かれます（労基法39条8項）。

　労働者が取得しなかった「未消化年休」については，労基法上の2年間で消滅時効にかかります（労基法115条）。また，未消化年休の繰り越しは1年に限って認められます。年休が消滅時効や労働者の退職などによって消滅した場合，その日数に応じて金銭を支払うという使用者の「年休の事後の買上げ」については，労働者の年休取得を制約するわけではないので，労基法39条には違反しないという理解が一般的です。また，企業実務においては，時効消滅した年休を積み立てて「法定外年休」として労働者に付与するという取扱いが行われることもありますが，これも違法ではないと理解されています。

● **Topix** 過半数代表労使協定と労使委員会の決議，労働時間等設定改善委員会などによる決議 ━

　労基法は「使用者は，当該事業場に，労働者の過半数で組織する労働組合がある場合においてはその労働組合，労働者の過半数で組織する労働組合がない場合においては労働者の過半数を代表する者との書面による協定」という定型文を13個の条文で繰り返しています。すなわち，①労働者の貯蓄管理に関するもの（18条2項），②賃金控除の法定控除以外に関するもの（24条1項ただし書），③1か月の変形労働時間制（32条の2第1項），④フレックスタイム制（32条の3第1項および第3項），⑤1年単位の変形労働時間制（32条の4第1項），⑥1週間単位の非定型的変形労働時間制（32条の5第1項），⑦交替休憩に関するもの（34条2項），⑧時間外労働・休日労働についての例外を定めるもの（36条1項），⑨代替休暇（振替休日）を付与に際して割増賃金の適用を免れることに関するもの（37条3項），⑩事業場外みなし労働（38条の2第2項），⑪専門業務型裁量労働時間制（38条の3第1項），⑫時間単位の年休の付与（39条4項），⑬計画年休（39条6項），⑭年休取得時の所得保障に関するもの（39条9項）です。

　この定型文の「労働者の過半数で組織する労働組合」（過半数代表組合）と「労働者の過半数を代表する者」（過半数代表者）をあわせて，「過半数代表」と言います。過半数代表労使協定には，労基法の最低基準や規制を緩める「公法的効力（免罰的効力）」があります。例えば，使用者は，⑧の「36協定」を結んで，労基署に届け出ると労働者に時間外・休日労働を行わせたとしても労基法違反にはなりませんが，⑧の「36協定」を結ばずに，労働者に時間外・休日労働を行わせると，懲役または罰金刑となります（労基法119条）。過半数代表労使協定は，36協定や休憩時間や年休などを含む，広い意味での労働時間関係の条文で多用されています。

　企画業務型裁量労働制（38条の4第1項）と高度プロフェッショナル制度（41条の2）で用いられているのが，過半数代表労使協定の発展形である「労使委員会の決議」です。事業場の労働条件を調査審議する労使半数ずつで組織された「労使委員会」の委員の5分の4以上の多数の決議（「労使委員会の決議」）についても，決議の定める範囲内で，「公法的効力（免罰的効力）」があります。労使委員会の決議は，上述した，広い意味での労働時間にかかわる過半数代表について代替機能が付与されています（38条の4第5項）。なお，労働時間等設定改善法においても，労働時間

等設定改善委員会などによる決議という労使委員会の決議に類似する手法がありま
す。

　2022年「労働組合基礎調査」結果（厚生労働省）に基づけば，労働組合数は 2 万
3046組合，労働組合員数は999万2000人で，雇用者数に占める労働組合員数の割合を
示す「推定組織率」は16.5%と過去最低を更新しており，過半数代表組合がない事業
場も多いです。過半数代表労使協定および労使委員会の決議には，労使協議を通じ
て労働条件設定過程に労働者代表を関与させるという立法政策的趣旨があります。
労働組合のない企業の事業場で，このような趣旨をどのように実現していくのかが，
今後の政策的な課題です。

〔春田　吉備彦〕

# 第8章
# 労働契約関係の終了

## I 労働契約関係の終了事由はさまざま

　ほとんどの労働者は働くことによって得られる賃金で生計を立てていることから，労働契約関係の終了はその生活に直接的に影響を及ぼす重大な出来事であるといえるでしょう。労働契約関係の終了と一口に言っても，例えば，キャリアアップのために自ら望んで退職する人，経営悪化を理由に使用者によって辞めさせられる人，使用者からの退職の求めに応じて会社を辞める人など，その理由はさまざまです。ところで，厚生労働省「令和4年度個別労働紛争解決制度の施行状況」によると，総合労働相談件数（民事上の個別労働紛争相談）の第2位が自己都合退職，第3位が解雇，第5位が退職勧奨であり，労働契約関係の終了は最も紛争が発生しやすい場面であることが分かります。

　労働契約関係の終了事由には，①労働者からの一方的な解約の意思表示である辞職，②使用者からの一方的な解約の意思表示である解雇，③一方当事者からの解約の意思表示に対して，相手方が承諾することにより労働契約を終了する合意解約，④一定の年齢に到達したことを理由に労働契約を終了する定年制があります。また，期間の定めのある労働契約については，契約期間満了後に使用者が有期労働契約を更新せず，労働契約関係が終了する雇止めが重要な問題となります（⇒第4章）。

　また，労働契約関係の終了時や終了後にも法的ルールがあります。

　この章では，労働契約終了に関連するルールをみていくことにします。

# Ⅱ　使用者が労働者を辞めさせるときのルール―解雇

## 1　解雇は自由か？

　民法は，各当事者は期間の定めのない労働契約の解約をいつでも申し入れることができ，解約の申入れの日から2週間後に労働契約が終了すると定めています（627条1項）。「いつでも」とは，解約の申入れをする時期も理由も問わない，という意味です。この条文は「各当事者」と規定していますので，2週間前の予告というルールさえ守れば使用者は自由に労働者を解雇することができるという，「解雇の自由」を認めています。しかし，使用者による解雇は労働者の生活に深刻な打撃を与えることから，法律や判例により使用者の「解雇の自由」にはさまざまな制限が加えられています。

## 2　解雇してはいけない理由や時期がある

　まず，一定の理由による解雇は法律上禁止されています。具体的には，国籍・信条・社会的身分を理由とした差別的解雇（労基法3条），労基署への申告を理由とする解雇（労基法104条），組合への加入やその活動を理由とする解雇（労組法7条1号），性別を理由とした解雇（雇均法6条4号），女性労働者が婚姻したことを理由とする解雇（雇均法9条2項），妊娠又は出産したことに関する事由による解雇（雇均法9条3項），雇均法上の紛争解決手続きの申請を理由とする解雇（雇均法17条2項・18条2項），育児・介護休業の申出・取得を理由とする解雇（育介法10条・16条），公益通報（いわゆる内部告発）をしたことを理由とする解雇（公益通報者保護法3条）です。

　次に，労基法には解雇が禁止される期間についての定めが置かれています（19条1項）。業務上の傷病で休業する期間と産前産後（労基法65条）の女性労働者が休業する期間及び休業期間終了後30日間は解雇することができません。この制限は，労働者が再就職困難な時期に失職することにより労働者の生活が脅かされることがないよう，再就職の可能性が回復するまでの間，解雇を禁止して労働者を保護することを目的としています（光洋運輸事件：名古屋地判平元・7・28）。ただし，業務上の傷病で休業している期間であっても，労働者

が労災保険法上の給付を受けており，療養開始後 3 年を経過しても治らない場合には，労基法81条の打切補償（平均賃金の1,200日分）を支払うことで解雇制限がなくなり，労契法16条（後述）により解雇の有効性が判断されることになります（専修大学事件：最二小判平27・6・8）。

　なお，妊娠中の女性労働者及び出産後 1 年を経過しない女性労働者に対してなされた解雇については，使用者が妊娠又は出産に関する事由を理由とする解雇でないことを証明しない限り，無効となります（雇均法 9 条 4 項）。

### 3　就業規則や労働協約によっても解雇は制限される

　就業規則に解雇事由など解雇に関する定めが置かれていることがあります。この場合，就業規則に定められた解雇事由以外では解雇は認められないのか（限定列挙），又は就業規則所定の解雇事由はあくまで例示にすぎず，就業規則に定められた解雇事由以外でも解雇は可能なのか（例示列挙）という問題があります。この問題については，労基法89条 3 号が解雇を含む退職に関する事項を必要的記載事項としていることから限定列挙と解すべきでしょう。ただし，就業規則に「その他前各号に準ずるやむを得ない事由」のような包括的な規定が置かれていることが多く，実際にはどちらの立場をとったとしても，差異はそれほど大きくないといえるでしょう。

　また，労働協約に「会社が組合員を解雇する場合には，組合と協議しなければならない」（解雇協議条項）などの解雇手続や解雇事由を定めている場合，労働協約に反して行われた解雇は労働協約違反を理由に無効となります。

### 4　解雇をするには予告が必要

　ここでは，解雇をする際に必要な手続について説明します。

　労基法20条は，労働者が突然の解雇から被る生活の困窮を緩和するため，使用者は労働者を解雇しようとする場合には，使用者に対して，①少なくとも30日前に予告すること，②30日分以上の平均賃金を支払うこと，③ 2 つの手段を併用すること（例えば，20日前の予告＋10日分の平均賃金の支払い）のいずれかを義務づけています。民法627条 1 項では 2 週間の予告期間を置くことを定めていましたが，使用者については本条が優先して適用されるため，30日前に

解雇予告をしなければなりません。ただし，労働者に責任がある場合，やむを得ない事由で事業が継続できない場合（20条但書），日日雇い入れられる者，2ヶ月以内の期間を定めて使用される者，季節的業務に4ヶ月以内の期間を定めて使用される者，試の使用期間中の者（21条）については，解雇予告制度の適用が除外されます。

　解雇予告の手続をせずに行われた解雇は有効であるかという疑問が生じます。この問題について学説は，労基法20条所定の手続きを解雇の効力が発生するための要件と理解して，解雇予告をせずに行った解雇は無効であるという考え方（無効説），解雇予告義務それ自体は解雇の効力に影響を及ぼさないとする考え方（有効説），解雇予告義務に反する解雇は即時解雇としては無効であるものの，解雇の通知後，労基法20条に定める30日の期間を経過するか，または通知の後に予告手当の支払いをしたときから解雇の効力を生じるとする考え方（相対的無効説）に分かれていました。最高裁は，解雇予告の手続きをせずに行った解雇は，「通知後30日の期間を経過するか，または通知後に予告手当の支払いをしたときは，そのいずれのときから解雇の効力が生ずる」と判断しています（細谷服装事件：最二小判昭35・3・11）。判例に対して，学説では，使用者が予告期間もおかず解雇予告手当の支払いもせずに解雇の通知をしたときは，労働者は解雇の無効の主張か解雇有効を前提として解雇予告手当を請求するか，いずれかを選択できるとする見解があります。

## 5　一般的解雇規制

### (1)　解雇権濫用法理の形成と展開

　ここまでに見たとおり，法律上，使用者の解雇の自由は手続と内容の両面で制限が課されています。それでは，法律により解雇が禁止されている理由でなければ，例えば「嫌いだから」などの理由であっても使用者は労働者を解雇することができるのでしょうか。そのような解雇はもちろん認められません。

　なぜなら，解雇は一般的解雇規制によっても制限されており，法律によって禁止されている理由でないからといって使用者が自由に解雇できるわけではないからです。

　一般的解雇規制については，正当事由説と権利濫用説との対立が見られまし

た。正当事由説とは，もともと使用者は解雇権を有しておらず，正当な理由が
ある場合にのみ使用者に解雇権が発生するという考え方で，解雇権発生に制限
をかけています。それに対して，権利濫用説は，使用者が解雇権を持っている
ことを前提にしつつも，正当な範囲を超えて解雇権を行使した場合に制限をか
けるという考え方です。ただ，正当事由説には法律上の根拠がないという問題
がある一方で，権利濫用説は民法の一般条項である権利濫用の禁止（民法１条
３項）が根拠となるため，昭和40年代には下級審判決の多くが権利濫用説を採
用していました。

　最高裁も，日本食塩製造事件：最二小判昭50・４・25で「使用者の解雇権の
行使も，それが客観的に合理的な理由を欠き社会通念上相当として是認するこ
とができない場合には，権利の濫用として無効になる」として権利濫用説の立
場をとり，その後の最高裁判決（高知放送事件：最二小判昭52・１・31）もこ
の法理を採用したことから，判例により解雇権濫用法理が確立しました。

　判例により確立した解雇権濫用法理は，2003年の労基法改正時に立法化され
（旧18条の２），現在では労契法16条に「解雇は，客観的に合理的な理由を欠き，
社会通念上相当であると認められない場合は，その権利を濫用したものとして，
無効とする。」と規定されています。2003年の労基法改正の際には，裁判実務
では使用者が解雇権濫用について多くの主張立証責任を負うことが確認されて
います（衆議院及び参議院の厚生労働委員会における付帯決議，平成15年基発
1022001号）。

### (2)　解雇が認められるための２つの要件

#### (a)　客観的合理的理由

　労契法16条は，解雇が有効となる要件の一つに「客観的合理的理由」を挙げ
ています。解雇には大きく分けて，労働者側の事情に起因する解雇と使用者側
の事情に起因する解雇の二つがあります。労働者側の事情に起因する解雇をよ
り細かく見ると，①能力不足や成績不良，傷病といった労働者が自分でコント
ロールできないことを理由とする解雇と，②職場規律違反など労働者が責任を
とるべき行為を理由とする解雇に分類することができます。他方で，使用者側
の事情に起因する解雇とは，会社の業績悪化など経営上の理由に基づく解雇
（整理解雇）のことです。さらに，労働者が除名や脱退により労働組合の組合

員資格を喪失した場合に使用者がその労働者を解雇する義務を負うとする労働組合と使用者との間でのユニオンショップ協定に基づく解雇も客観的合理的理由となります。

　このように解雇理由をタイプ別に分けることには，①解雇の対象となる理由が明確になること，②解雇に客観的合理性があるかどうかを判断する見通しを高めるというメリットがあります。

　(b)　社会的相当性

　解雇権濫用法理のもう一つの要件が社会的相当性です。前掲高知放送事件最高裁判決は，「解雇をもつてのぞむことは，いささか苛酷にすぎ，合理性を欠くうらみなしとせず，必ずしも社会的に相当なものとして是認することはできないと考えられる余地がある」と判示しており，労働者の行為の帰責性など労働者にとって不利になる事情と，解雇事由と解雇処分の均衡，労働者の情状，使用者の対応，取扱いの平等など労働者に有利なあらゆる事情を考慮することで，使用者による解雇権の行使が濫用に当たるか否かを判断しています。

　(c)　解雇は最後の手段

　労働者にとって解雇は生活の手段を失う重大な出来事であるため，使用者は解雇をする前に労働者の雇用を維持するための措置を取らなければなりません（解雇回避義務）。すなわち，労働者にとってより不利益の少ない他のあらゆる手段を尽くしても解雇を避けることができない場合に，「最後の手段」としてようやく解雇が認められるということです。最後の手段原則は解雇権濫用法理の全体に通じるルールであるため，解雇理由にかかわらず，解雇する以外の選択肢がないかが解雇の有効・無効を判断するときに重要となります。

　(3)　**労働者側の事情に起因する解雇**

　(a)　能力不足や成績不振を理由とする解雇

　このタイプの解雇が権利濫用であるか否かを判断するために，長期雇用システム下で定年まで勤務を続けていくことを前提として長期にわたり勤続してきた正規従業員を勤務成績・勤務態度の不良を理由として解雇する場合は，①単なる成績不良ではなく，企業経営や運営に現に支障・損害を生じ又は重大な損害を生じる恐れがあり，企業から排除しなければならない程度に至っていること，②是正のため注意し反省を促したにもかかわらず，改善されないなど今後

の改善の見込みもないこと，③使用者の不当な人事により労働者の反発を招いたなどの労働者に宥恕すべき事情がないこと，④配転や降格ができない企業事情があることなども考慮して濫用の有無を判断すべきであるとする枠組みを示した裁判例があります（エース損害保険事件：東京地決平13・8・10）。

　職種や地位が明確に特定され，専門的な能力を求められている中途採用者について，ドイツ証券事件：東京地判平28・6・1は，長期雇用システムを前提とした従業員とは根本的に異なり，期待される能力を有していなかった場合には，配転や手当の引き下げなどの解雇回避措置を取らなかったとしても，直ちに解雇の相当性を欠くことにはならないと判示しています。他方で，ブルームバーグ・エル・ピー事件：東京高判平25・4・24は，①労働契約上，労働者に求められている職務能力の内容を検討した上で，②職務能力の低下が，労働契約の継続を期待することができない程に重大なものであるか否か，③使用者側が当該労働者に改善矯正を促し，努力反省の機会を与えたのに改善がされなかったか否か，④今後の指導による改善可能性の見込みの有無等の事情を総合考慮して決すべきであると判断しています。このような労働者については，労働契約を締結する際に当事者間で能力に関してどのような合意がなされたかを踏まえて判断する必要があると考えられます。

　さらに，労働能力低下や勤務成績不良を理由とする解雇が，下位10%未満の考課順位にある者のような相対評価に基づいて行われた場合には，解雇権濫用となります（セガ・エンタープライゼス事件：東京地決平11・10・15）。

　⒝　ケガや病気を理由とする解雇

　労働者は人間である以上，どんなに注意していたとしても病気になったり，ケガをしたりすることは避けられません。病気やケガで働けなくなったからといって，すぐに解雇されるわけではありません。業務上のケガや病気ではない傷病（私傷病）によって労働能力が低下して労働契約で求められる仕事を提供できなくなった労働者について，多くの企業は，労働者の健康状態の回復を待って復職させる私傷病休職制度を利用しています。この制度は，労働者との労働関係を維持しながら仕事を免除することで，一定期間退職させずに，その間に傷病の回復を待つことによって，労働者を退職から保護する制度であり（北産機工事件：札幌地判平11・9・21），基本的には労働者の回復を想定した

解雇猶予制度と理解されています。そのため，休職期間を経過しても仕事ができない病気の場合には，休職制度を利用せずに解雇を行っても，解雇権濫用にはなりません（岡田運送事件：東京地判平14・4・24）。

　私傷病休職制度は法律に定めはなく，各会社が就業規則や労働協約により定めていますが，休職期間満了時に傷病が回復していなければ退職扱い又は解雇になることが一般的です。それでは，どの程度の職務遂行能力が回復していれば復職可能といえるのでしょうか。裁判例は，労働者が休職前の職務遂行能力を完全に回復していなくても，使用者が労働者の復職を可能とする一定の配慮をしなければならないとする傾向にあり，休職直前の職務を休職前のレベルで行うことができる健康状態を求めているわけではありません。具体的には，職種や業務内容を特定せずに労働契約を締結した労働者について，①原職務に復職可能，②短期間の軽減業務を経て原職務に復職可能，③労働者の申し出を前提に，原職務以外で配置可能な職務に復職可能とする判断基準を用いて復職ができるかどうかを判断しており，使用者の事業規模や労働者の症状を考慮しています。そのため，当初軽易な職務に就かせれば近いうちに従前の職務を通常の程度に行うことができると予測できる場合や，他部門に配置換えすることが可能である場合には，使用者は労働者の復職に配慮することが求められます。しかし，これらの配慮をしても復職できる状況まで回復していない労働者は休職期間満了によって退職取扱い又は解雇することができます（独立行政法人N事件：東京地判平16・3・26）。また，職種や業務内容の特定がある労働者については，その範囲内での配慮が求められることになります（日本電気事件：東京地判平27・7・29）。

　これに対して，休職期間が残っていて，治療の効果が期待できるにもかかわらず，休職を利用することを検討せずに行った解雇（カンドー事件：東京地判平17・2・18）や，病気が回復する可能性があるにもかかわらず，主治医に問合せをせず，休職等を要求する労働者側との交渉にも応じることもなくなされた解雇（J学園（うつ病・解雇）事件：東京地判平22・3・24）は，解雇権濫用であると判断されています。

　また，病気による後遺症がある労働者に対する解雇では，困難な作業があることや作業スピードが相当に遅いことのみで解雇することは客観的合理的理由

を欠き，パソコン使用を柔軟に認めるなどの配慮が求められるとして，解雇を無効としています（三益興業事件：東京地判平28・5・18）。また，後遺症のある労働者に対して，他の労働者が補助することを前提とした配慮を求めた裁判例もあります（東海旅客鉄道（退職）事件：大阪地判平11・10・4）。

　なお，復職の可否を判断する際に，労働者が医師の診断書を提出しなかったり，主治医への意見聴取を拒否したりした場合には，復職の可能性が判断できなくなることから，解雇が有効とされることがあります（大建工業事件：大阪地決平15・4・16）。

⒞　問題行動を理由とする解雇

　業務命令に従わなかったり，会社内で何度もトラブルを起こしたりするなど，労働者の問題行動も解雇理由となります。このタイプの解雇が解雇権濫用にあたるかどうかは，労働者の問題行動の態様・程度・回数，問題行動により発生する業務上の支障の程度，改善する余地の有無，改善の余地がある場合には会社が改善の機会（注意・指導）を与えたかどうかなどを考慮して判断します。なお，他のタイプの解雇では配転が解雇回避の手段となりますが，労働者の性格などは簡単に変わるものではなく，配転をすることによって問題の解決や軽減につながらないことから，問題行動を理由とする解雇では配転を検討しなくても解雇回避義務を尽くしていないことにはならないとした裁判例があります（メルセデス・ベンツ・ファイナンス事件：東京地判平26・12・9）。

　このタイプの解雇では，例えば，会社のパソコンからの無断でのデータの抜取りやプログラムの消去などの業務妨害を行ったこと（東栄精機事件：大阪地判平9・9・11），高圧的・攻撃的な言動により頻繁にトラブルを発生させたこと（前掲メルセデス・ベンツ・ファイナンス事件），セクシャルハラスメントに当たる言動を繰り返して就業環境を悪くしたこと（F製薬事件：東京地判平12・8・29），飲酒が原因で同僚や取引先から苦情が寄せられたこと（小野リース事件：最三小判平22・5・25），業務命令に従わなかったり，自分の思い込みで上司や同僚に非常識な表現や内容を含むメールを送ったりしたこと（日本ヒューレット・パッカード（解雇）事件：東京高判平25・3・21），真実ではない事実をSNSで発信，拡散したことによって会社の信用を傷つけたこと（三菱UFJモルガン・スタンレー証券事件：東京地判令2・4・3）を理

由とする解雇が有効と認められています。これらの裁判例では，注意・指導を
して改善の機会を与えたにもかかわらず，勤務態度を改めることがなかったこ
とが，解雇を有効と判断する重要な要素となっています。

それに対して，解雇が無効と判断された代表的な判例である前掲高知放送事
件では，短期間に２度の寝過ごしをしてラジオニュースを放送できなかったア
ナウンサーに対する解雇について，関係した他の労働者や過去に放送事故を起
こしたアナウンサーへの処分とのバランス，会社が寝過ごし対策を取っていな
かったことなどを考慮して，社会的相当性がないとしています。そのほかには，
改善の可能性があるにもかかわらず，指導や注意等をせずに行った解雇（コー
ダ・ジャパン事件：東京高判平31・3・14）などは，解雇権の濫用となってい
ます。

さらに，最近では，精神障害や発達障害に原因のある問題行動を理由とする
解雇も重要な問題となっています。アスペルガー症候群の大学教員に対する問
題行動を理由とする解雇では，大学が問題行動に対して指導等をしていなかっ
たことや改善の機会を与えなかったこととあわせて，主治医に問い合わせな
かったことから，解雇を無効としました（Ｏ公立大学法人（Ｏ大学・准教授）
事件：京都地判平28・3・29）。このような解雇は，病気と問題行動の両面か
ら考える必要があります。さらに，障害のある労働者を解雇する前には，合理
的配慮の提供（障害者雇用法36条の3）もしなければなりません。

### (4) 使用者側の事情に起因する解雇

#### (a) 整理解雇の4要件

景気の変動などにより企業の業績が悪化した場合，使用者は生産を縮小した
り，工場を閉鎖したりします。その際，会社に必要な人員よりも実際の労働者
数が上回ることから，余剰人員を削減するために使用者が経営上の理由に基づ
いて解雇を行うことがあります（整理解雇）。しかし，景気の変動や企業の業
績悪化は労働者の責任ではないにもかかわらず，労働者は使用者の都合で仕事
を失い，生活に深刻な影響を受けます。そのため，整理解雇は，労働者側の事
情に起因する解雇と比べてより厳しい制限が課されることになります。

整理解雇が権利濫用となるか否かを判断するために，①人員削減の必要性が
あったか，②解雇回避の努力を尽くしたか，③解雇対象者の選定が合理的であ

るか，④解雇手続が相当であったかという４つ要件を総合考慮するという枠組みが判例により形成され（大村野上事件：長崎地大村支判昭50・12・24），確立しました。

(b) 人員削減の必要性

整理解雇を行うためには，まず，人員削減が必要でなければなりません。人員削減の必要性について，かつては企業の維持存続が危殆に瀕する程度の差し迫った必要性（前掲大村野上事件）や倒産必至の経営状態（三萩野病院医師解雇事件：福岡地小倉支判昭50・3・31）を求める裁判例もありましたが，その後は企業の合理的運営上やむをえない必要性があれば人員削減の必要性が認められています（東洋酸素事件：東京高判昭54・10・29）。また，経営が危機的状態に陥っていなくても，合理化などによる戦略的解雇でも必要性を認める裁判例もあります（ナショナル・ウエストミンスター銀行（三次仮処分）事件：東京地決平12・1・21）。このように，裁判所は，基本的に使用者の経営判断を尊重する傾向にあります。

しかし，例えば，人件費の高い労働者を安い労働者に入れ替えることを目的とした解雇は，人員削減の必要性が否定されています（泉州学園事件：大阪高判平23・7・15）。

(c) 解雇回避努力義務

解雇は最後の手段ですから，使用者は残業の募集，新規採用の停止，配転・出向，一時帰休，希望退職者の募集，労働条件の引き下げ，役員報酬の削減など労働者にとってより不利益の少ない措置によって解雇を避ける努力を尽くさなければなりません。そのため，解雇回避努力を尽くさなかった解雇は無効となります（あさひ保育園事件：最一小判昭58・10・27）。

また，無期契約労働者を解雇しないために，有期契約労働者の雇止めを行うことも解雇回避措置となります（日立メディコ事件：最一小判昭61・12・4）。

(d) 人選の合理性

労働者側の事情に起因する解雇とは異なり，整理解雇の場合には解雇理由と解雇される労働者との間に関連があるわけではないので，解雇される労働者を選ばなければなりません。

人選の合理性は，人選基準設定の合理性と適用の合理性の二つに分けられま

す。まず，人選基準設定の合理性ですが，基準を設定せずに行われた整理解雇はその合理性が否定される傾向にあります。基準の設定については，成績，能力又は企業への貢献度など使用者側の事情に基づく基準と家族状況，再就職が容易である者などの労働者側の事情による基準に分けられます。どんな基準が合理的であるかは判断が難しいですが，「既婚女子社員で子供が二人以上いる者」など差別的基準（コパル事件：東京地判昭50・9・12）や「向上心」，「協調性」など抽象的な基準は合理的とは認められません。また，年齢や病欠日数・休職日数といった基準は，裁判例では合理的であるかどうか判断が分かれています。

　次に，適用の合理性については，人選基準が合理的であったとしても，特定の労働者を排除することを目的として人選を行う場合などには，合理性が否定されることとなります。

　(e)　手続の相当性

　整理解雇の有効性を判断するための手続的要件として，使用者は，労働組合や労働者に対して，人員削減の必要性，解雇回避の方法，整理解雇の時期・規模・人選方法などについて説明して了解を求め，その納得を得るために誠意をもって協議を行わなければなりません。これは，労働協約に解雇協議条項があるときはもちろん，そのような規定がない場合にも信義則による手続が求められることになります。

　経営状況について十分な説明を行おうとしなかった場合（塚本庄太郎商店（本訴）事件：大阪地判平14・3・20）や，労働者に意見聴取することなく，事後的な説明をしただけの場合（ジャパンエナジー事件：東京地決平15・7・10）などに，裁判所は手続の相当性を否定しています。

　(f)　企業解散を理由とする解雇にも整理解雇法理は適用されるのか

　企業解散に伴い労働者全員を解雇することがありますが，このような解雇に対しては整理解雇法理が適用されるのでしょうか。かつては，企業解散の場合には整理解雇法理は適用されないとする裁判例（東北造船事件：仙台地決昭63・7・1）がありましたが，最近では事業廃止の合理性と解雇手続の相当性を審査する裁判例（龍生自動車事件：東京高判令4・5・26）があります。

　なお，企業倒産時の解雇にも整理解雇の4要件は適用されます（日本航空

（客室乗務員）事件：東京高判平26・6・3）。

### 6　企業組織再編と労働契約関係の終了

2000年代に経済のグローバル化，IT 化により企業間競争が激化する中で，M&A の件数は急速に増加し，企業組織再編をめぐる法整備が急ピッチで進められました。

企業組織再編の主な手段には合併，事業譲渡，会社分割があります。合併の場合は合併前の会社の一切の権利義務関係が合併後の会社に承継されるため，労働契約関係も同一内容のまま，合併後の会社に承継されることとなります（包括承継）。また，会社分割の場合は，承継事業に主として従事する労働者とそれ以外の労働者に分けて，労働契約承継法に承継のルールが定められています（会社分割時の労働契約承継が問題となった裁判例として，日本アイ・ビー・エム（会社分割）事件：最二小判平22・7・12）。

他方で，事業譲渡の場合には，譲渡会社と譲受会社との合意により承継される権利義務関係の範囲を自由に選択することができるため（特定承継），当事者間の合意によって全部及び一部の労働者の引き継ぎを排除することができるか否かが問題となります。事業譲渡と労働契約関係の終了には，①一部の労働者の労働契約が譲受会社への承継から排除されるケースと，②譲渡会社を解雇され，譲受会社から採用拒否されるケースがあります。①について，裁判例は，譲渡人から譲受人への財産の承継の実態に着目して，承継から排除された労働者の労働契約も承継する旨の合意を認めています（例えば，タジマヤ事件：大阪地判平11・12・8）。②については，譲渡人が全労働者を解雇し，譲受人が採用を希望する労働者の中から，新規採用をするという覚書が締結されており，労働契約関係を承継しない旨の合意があったとして譲受人への労働契約関係の承継を否定した裁判例（東京日新学園事件：東京高判平17・7・13）や，賃金等の労働条件の引き下げに応じた労働者のみを譲受人において再雇用するという当事者間の合意は公序良俗に反して無効であり，譲渡人と労働者との労働契約関係を譲受人に承継するという合意の原則部分に従って労働契約関係の承継を認めた裁判例（勝英自動車学校（大船自動車興業）事件：東京高判平17・5・31）があります。

### 7 懲戒解雇

使用者は服務規律に違反した労働者に対して懲戒処分をすることができ，最も重い処分が懲戒解雇です（⇒第5章）。

懲戒解雇を行うためには，まず，懲戒解雇理由をあらかじめ就業規則に定めておく必要があります。また，労働者の行為の性質，態様，結果の重大さ，労働者の情状等を考慮して，懲戒解雇がバランスのとれた処分でなければなりません。さらに，懲戒手続を守ることや労働者に弁明の機会を与えることなど適正な手続が求められます。

ところで，前掲高知放送事件のように，使用者が本来であれば懲戒解雇とすべきところ，労働者の再就職など将来のことを考慮して，普通解雇（問題行動に基づく解雇）にするということがありますが，懲戒解雇と普通解雇はどのような関係にあるのでしょうか。実際に，使用者が懲戒解雇の意思表示とあわせて普通解雇の意思表示をしている裁判例も多く見られます。ただ，そうしていない場合には，裁判所は，懲戒解雇と普通解雇は制度上区別されているから，当然に懲戒解雇の意思表示に普通解雇の意思表示が予備的に包含されているということはできないとして，懲戒解雇として無効な解雇を普通解雇としての有効性を判断しない傾向にあります（野村証券事件：東京高判平29・3・9）。

### 8 解雇の救済方法

労契法16条は，権利濫用となる解雇についての法律効果を無効と定めています。無効とは最初から法律効果が発生していないということですから，違法に解雇された労働者は労働契約上の地位確認，すなわち元の職場（原職）に復帰するという救済を受けることができます。

また，解雇が無効であるということは，解雇が言い渡された時点から解雇の無効が確定するまでの間も労働契約が存在していたことになります。この間，労働者が労務を提供できなかったのは使用者の責任であるため，労働者は賃金を請求することができます（民法536条2項）。労働者が解雇の効力を争っている間，他社で働いて賃金（中間収入）を得ていた場合には，使用者は解雇期間中の賃金から中間収入を控除することができます。労基法26条が使用者の責めに帰すべき休業の場合に平均賃金の6割以上の休業手当を支払うことを使用者

に義務づけていることから，控除の対象となるのは平均賃金の 6 割を超える部分となります（米軍山田部隊事件：最二小判昭37・7・20）。例えば，解雇前の平均賃金が30万円の労働者で，①中間収入が月額10万円の場合には使用者は30万円−10万円＝20万円を支払わなければなりません。しかし，控除できるのは平均賃金の 4 割（12万円）までなので，②中間収入が20万円である場合には①のように中間収入の全額を控除することができず，使用者は平均賃金の 6 割である18万円を支払わなければなりません。平均賃金算定の基礎に算入されない賃金（賞与など）は全額が控除の対象となるので（あけぼのタクシー（民事・解雇）事件：最一小判昭62・4・2），②の例で賃金から控除しきれなかった 8 万円は賞与などから控除することができます。なお，中間収入の発生した期間と時期的に対応する賃金が控除の対象となります（前掲あけぼのタクシー（民事・解雇）事件）。

　さらに，解雇により精神的苦痛を受けた場合には，これらの救済とあわせて精神的損害に対する慰謝料を請求することもできます。しかし，裁判例は，解雇された労働者が受けた精神的苦痛は，解雇期間中の賃金が支払われることにより慰謝されるのが通常であり，これによってもなお償えない特段の精神的苦痛を生じた事実が認められるときにはじめて慰謝料請求が認められるとする傾向にあります（例えば，カテリーナビルディング（日本ハウズイング）事件：東京地判平15・7・7）。

　このほかに，解雇無効を主張せずに，解雇が違法であることを理由に不法行為に基づく損害賠償（解雇がなければ得られたはずの賃金（＝逸失利益））を請求する訴訟が起こされることがあります。このような訴訟では，一般的に，年齢や再就職の困難さなどの事情を考慮して再就職に必要な期間として， 3 ヶ月又は 6 ヶ月の賃金相当額が損害と認定されています（例えば，三枝商事事件：東京地判平23・11・25）。

　このように，原職復帰は必ずしも違法に解雇された労働者が希望する救済方法ではないことから，新たな解雇救済手段として解雇の金銭解決制度が提案されています。この制度は，2003年の労基法改正時や2007年の労契法制定時から議論されてきましたが，いまだ法制度化するには至っていません。最近では厚生労働省「解雇無効時の金銭救済制度に係る法技術的論点に関する検討会報告

書」（2022年4月）が出され，制度を導入するとした場合に取り得る仕組みや検討の方向性等に係る選択肢等を示しています。ただ，現行法でも，労働局でのあっせんや労働審判による金銭解決は広がっており，金銭解決の法制度化に対しては専門家の間でも意見が分かれています。

# Ⅲ　解雇以外の労働契約関係の終了

## 1　労働者が会社を辞めるときの法的問題―辞職，合意解約

### ⑴　辞　職

　すでに述べたとおり，民法は，期間の定めのない労働契約は2週間前に予告することで解約することができると規定しています（627条1項）。使用者の解雇に対しては法律や判例による様々な制限がありましたが，労働者には何の制限もありません。つまり，労働者が会社を辞めたいときは，いつ，どんな理由であっても2週間前に予告することによって労働契約を解約することができ，「退職の自由」が保障されています。また，内定者が内定を辞退する場合にも，辞退を申し入れて2週間が経過すると労働契約が終了します。ここで問題となるのは，就業規則に「退職する場合は30日前に申し出ること」など，民法よりも長い予告期間が定められていた場合に，就業規則と民法のどちらが適用されるかということです。裁判例は，民法627条1項を強行規定，すなわち当事者の意思によって異なる定めができない規定と解し，この条文に反する就業規則等の効力を否定する傾向にあります（広告代理店A社元従業員事件：福岡高判平28・10・14）。

　労働者が期間の定めがある労働契約を解約したい場合には，「やむを得ない事由」が必要となります（民法628条）。「やむを得ない事由」とは，当事者が雇用契約を締結した目的を達するにつき重大な支障を引き起こす事由であり（福音印刷事件・大判大11・5・29），自分の疾病や家族を介護しなければならなくなったことなどです。また，労基法上，契約期間の上限は原則として3年ですが（14条），労働契約の期間の初日から1年を超えると労働者はいつでも使用者に申入れをして退職することができます（137条）。なお，労働者の過失でやむを得ない事由が生じたときには損害賠償責任を負うことには注意しなけ

ればなりません。

### (2) 辞職か？　合意解約か？

　労働者が使用者に対して「辞めます」と言った場合，労働契約関係の終了という効力は労働者の一方的な意思表示によって発生するのか，それとも使用者の承諾があって初めて効力が発生するのかはしばしば明確ではありません。辞職と合意解約では，①撤回の可否と，②解約の効力が発生する期間に違いが生じます。

　まず，①撤回の可否について，辞職は労働者の一方的な意思表示で法律効果が発生することから，使用者が認めない限りは撤回することができません。それに対して，合意解約の場合には，使用者が承諾の意思表示をするまでこれを撤回することが可能なので，どの時点で使用者の承諾があったかが問題となります。判例は，退職を承認する権限を有する者が退職届を受理するなどの手続をすることで使用者による承諾の意思表示がなされたものと解しています（大隈鐵工所事件：最三小判昭62・9・18）。もっとも，人事部長（前掲大隈鐵工所事件）や理事長（学校法人大谷学園（中学校教諭・懲戒解雇）事件：横浜地判平23・7・26）が承諾の決定権者であるとする裁判例がある一方で，常務取締役観光部長には単独で退職承認をなす権限はなかったとする裁判例（岡山電気軌道（バス運転手）事件：岡山地判平3・11・19）もあることから，退職を承認する権限のある者は会社ごとに判断することになります。

　次に，②解約の効力について，辞職の場合は民法627条1項に基づき2週間後に労働契約が終了しますが，合意解約の場合には承諾があった時点で即時解約が可能となる点に違いがあります。

　ところで，近年の裁判例は，退職合意が成立していたか否かを慎重に審査する傾向にあります。裁判所は，「確定的な退職申し出の意思表示」があったかどうかにより，退職合意の成立の有無を判断しています（乙山月子税理士事務所事件：東京地判平27・12・22）。退職願を提出していない，退職の意思表示をしたことを強く否定したり，復職の意思を述べたりするなど退職の意思表示と矛盾する行動をしている場合には確定的な退職の意思表示がなかったと判断される一方で，私物の持ち帰りや机やロッカーのカギの返却，コンピューターネットワークからのデータの消去などの行動，退職合意書への署名押印にあ

たって家族に相談し，退職合意書を提出するなどの行為は確定的な退職の意思表示と捉えられます。

## 2　退職勧奨

　人員整理の手段として，使用者が辞めてほしいと考えている労働者に対して退職を勧めることがあります。これを退職勧奨と言います。退職勧奨を行うこと自体は違法でないため，使用者は自由に促しや説得はできるものの，その説得等を受けるか否か，説得等に応じて退職するかは，労働者の自由意思に委ねられており，その自由な意思形成を阻害してはいけません。判例は，退職勧奨の適法・違法は，態様を総合的に勘案し，全体として勧奨を受けた者の自由な意思決定が妨げられる状況であったか否かにより判断するとしています（下関商業事件：最一小判昭55・7・10）。具体的には，勧奨の回数，期間，勧奨者の数，言動，優遇措置の有無等が考慮要素となっており，長期間にわたり多数回，執拗になされた退職勧奨は違法と判断されました（前掲下関商業事件）。退職勧奨が違法と評価されると，労働者は不法行為（民法709条）を理由として使用者に損害賠償を請求することができます。

　それに対して，退職に応じた労働者に対して特別支援金や再就職支援などの特別支援プログラムを用意し，また，勧奨者に対しても退職強要にならないように面談研修を実施したうえで行った退職勧奨は，退職についての自由な意思決定を困難にするものではなかったとして，適法であると認められています（日本アイ・ビー・エム事件：東京高判平24・10・31）。

　それでは，退職勧奨に応じない労働者に対して勧奨を続けることは，どの段階で問題になるのでしょうか。前掲下関商業事件は勧奨を受けた者の意思が確定している，すなわちはっきりと退職する意思のないことを表明した場合には，一旦勧奨を中断すべきとしています。また，日本アイ・ビー・エム事件：東京地判平23・12・28は，退職について消極的な意思を表明した場合であっても，具体的かつ丁寧に説明又は説得活動をして，再検討を求めたり，翻意を促したりすることは認められるものの，退職勧奨の面談に応じられないことを明確に表明し，かつ上司に対してその旨確実に認識させた段階で説明や説得活動を続けることは違法となりうるとしています。

## 3　不本意な退職

　本心では辞めるつもりがないのに，労働者が使用者に対して本心とは異なる意思表示をしてしまった場合や，勘違いで退職すると言ってしまった場合も，労働者は会社を辞めなければならないのでしょうか。このような場合には，辞めるという意思表示が無効となったり，取り消すこと（辞めると言ったことをなかったことにする）ができたりします。

　まず，本心とは異なる意思表示をした場合には，心裡留保（民法93条）により退職の意思表示が無効となることがあります。心裡留保とは，真意とは異なる内容を，本人が外部に表示することをいいます。つまり，労働者が退職する気がないのに，使用者に「辞めます」と言うことです。真意でない意思表示であっても原則として有効な意思表示となりますが，真意でないことを相手方が知っていた，又は知ることができた場合には無効となります。労働者が本心では退職する気がないことを使用者が知っていた場合には，労働者によってなされた退職の意思表示は効力を持ちません。退職の意思がないにもかかわらず，反省の意を強調するために提出された退職届について，労働者に退職の意思がないことを使用者が知っていたことを理由に，退職の効力は発生しないとした裁判例があります（昭和女子大学事件：東京地決平4・2・6）。

　次に，勘違いによって退職の意思表示をしてしまった場合には，その意思表示に錯誤があったとして取り消すことができます（民法95条）。例えば，自ら退職しなければ懲戒解雇されると誤信して退職の意思表示をした労働者について，錯誤を理由に退職の意思表示を無効〔令和2年4月1日に改正民法が施行されるまでは錯誤の効果は無効でした〕と判断しました（富士ゼロックス事件：東京地判平23・3・30）。また，懲戒解雇処分があり得ることを告知し，そうなった場合の不利益を説いて労働者から退職届を提出させることは退職届を提出させることが労働者を畏怖させるに足りる強迫行為（民法96条）に当たるとして，退職の意思表示は取消しうるとした裁判例もあります（ニシムラ事件：大阪地決昭61・10・17）。

## 4　定年退職

### (1)　定年制とは

　定年制とは，労働者が一定の年齢に到達することにより労働契約を終了する制度です。日本的雇用慣行の一つに終身雇用がありますが，定年制は経営悪化などで解雇されない限り同一企業で定年年齢まで働き続けられるという雇用保障や，定年による企業組織の世代交代などの機能を持ってきました。また，もう一つの特徴である年功賃金との関係では，ベテランの高齢労働者ほど賃金が高くなるため，人件費を抑制するという点でも機能してきました。

　定年制については1986年に制定された高年齢者雇用安定法（高年法）に規定されており，60歳定年制の努力義務からスタートしました。その後，1994年の法改正によって60歳未満定年が禁止されました（8条）。この法改正の背景には，厚生年金の支給開始年齢を60歳から65歳まで段階的に引き上げる厚生年金保険法改正がありました。さらに，2004年改正では，65歳未満の定年を定めている事業主は，①定年年齢の引き上げ（1号），②継続雇用制度の導入（2号），③定年制の廃止（3号）のいずれかの措置（雇用確保措置）を講じなければならないと規定されました（9条1項）。厚生労働省「令和4年　高年齢者雇用状況等報告」を見ると，①定年年齢の引き上げで対応した企業が25.5%，②継続雇用制度が70.6%，③定年の廃止が3.9%となっています。

　2004年改正では，継続雇用措置を選択した場合，過半数代表者との労使協定により継続雇用の対象者を選別することを認めていました。選別が可能であった当時，再雇用拒否については，再雇用しないことに客観的合理的理由がなく，社会的相当性を欠く場合には，再雇用されたのと同様の雇用関係が存続するとした判例があります（津田電気計器事件：最一小判平24・11・29）。その後，2012年に厚生年金の報酬比例部分の支給年齢の段階的引き上げにあわせて，雇用と年金との接続強化の要請から，継続雇用制度における労使協定による選別の可能性を段階的に廃止し，希望する労働者全員を65歳まで継続雇用することが義務化されました。もっとも，解雇可能な状況なのに定年時には継続雇用義務を理由に解雇ができないのは不合理であるため，心身の故障のため業務に耐えられない，勤務不良で従業員としての職責を果たし得ない等，就業規則の解雇事由に該当する場合には，継続雇用しないことが可能です（高齢者雇用確保

指針（平24年11月9日厚労告560号））。

　さらに，2021年の法改正によって70歳までの就業確保措置が努力義務となりました（高年法10条の2）。少子高齢化が急速に進展し人口が減少する中で，経済社会の活力を維持するため，働く意欲がある高年齢者がその能力を十分に発揮できるよう，高年齢者が活躍できる環境整備を図ることが必要であるためです。この改正は，65歳以降70歳未満の定年を定めている事業主に，①70歳までの定年の引上げ，②定年制の廃止，③70歳までの継続雇用制度（再雇用制度・勤務延長制度）の導入，④70歳まで継続的に業務委託契約を締結する制度の導入，⑤70歳まで継続的に以下の事業に従事できる制度の導入のいずれかの措置をとるように努めなければならないことを内容としています。

### (2)　高年法に違反する定年制の効力

　まず，高年法8条に違反して60歳未満の定年制は無効であり，定年制に定めのない状態となります（牛根漁業協同組合事件：福岡高宮崎支判平17・11・30）。

　次に，高年法9条1項に違反して，そこに掲げるどの措置もとらない場合，厚生労働大臣は必要な指導・助言・勧告をし，勧告に従わない企業の名前を公表できると定められています（高年法10条）。そのほかに，同条違反を根拠に，労働者が使用者に対して，65歳までの雇用延長を求めることができるかという問題が生じます（私法的効力）。裁判所は，この規定は国が事業主に対して義務を課すもので，労働契約上の権利や義務を設定する効力はないとして，労働者の継続雇用請求などは認めていません（NTT東日本事件：大阪高判平21・11・27）。

### (3)　継続雇用後の労働条件

　継続雇用制度における職務内容・処遇及び労働条件について，改正高年法は定めを置いていません。厚生労働省「高年齢者雇用安定法Q&A」は，労働者の希望に沿った労働条件での雇用を義務づけるものではなく，合理的な裁量の範囲内の条件を提示していればよいとしています。

　この点について，労働者である高年齢者の希望・期待に著しく反し，到底受け入れがたいような労働条件を提示する行為は，継続雇用制度の導入の趣旨に反した違法性を有し，定年退職前のものと継続性・連続性に欠ける労働条件の

提示が認められるためには，同提示を正当化する合理的な理由が存することが必要であるとして，判例は大幅な労働条件の引き下げに歯止めをかけています（九州惣菜事件：福岡高判平29・9・7）。また，定年前後で職務の内容等が同一であるにもかかわらず，定年後再雇用時に労働条件の大幅な引き下げがある場合には，再雇用が有期労働契約であることを理由とする不合理な労働条件の相違（労契法旧20条，パートタイム・有期雇用労働法8条）であると訴えた事例があります（名古屋自動車事件：最一小判令5・7・20，長澤運輸事件：最二小判平30・6・1）。

### 5　当事者の消滅

　労働者の死亡や会社の解散によって労働関係の当事者が消滅した場合には，労働契約は終了します。しかし，会社解散に伴う解雇には，解雇権濫用法理（整理解雇法理）が適用されます（⇒本章Ⅱ．5(4)(f)）。

# Ⅳ　労働契約関係の終了に伴う権利義務

## 1　労働者が退職するときのルール

### (1)　退職時には証明書がもらえる

　労働者が，退職の場合において，使用期間，業務の種類，その事業における地位，賃金又は退職の事由について証明書を請求した場合には，使用者は，遅滞なくこれを交付しなければなりません（労基法22条1項）。退職の事由が解雇の場合には，解雇理由も記載しなければなりません。使用者に証明書の交付を義務づけているのは，労働者が再就職活動を円滑に行えるようにすること，解雇等の退職をめぐる紛争を防止することという目的があります。

　また，2003年の法改正で，労働者が解雇予告された日から退職の日までの間に，当該解雇の理由について証明書を請求した場合においては，使用者は，遅滞なくこれを交付しなければならないと規定されました（同条2項）。この規定は，解雇をめぐる紛争を防止し，迅速な解決を図ることを目的としています。なお，労働者にとって不利益な場合があるので，1項と2項の証明書には，労働者の請求しない事項を記入してはいけません（同条3項）。

使用者は，あらかじめ第三者と謀り，労働者の就業を妨げることを目的として，労働者の国籍，信条，社会的身分若しくは労働組合運動に関する通信をし，又は1項及び2項の証明書に秘密の記号を記入してはならないとして，いわゆるブラックリストを禁止しています（同条4項）。

## (2)　金品は返してもらえる

使用者は，労働者の死亡又は退職の場合，権利者の請求があった場合には，7日以内に賃金その他労働者の権利に属する金品を返還しなければなりません（労基法23条1項）。この規定は，使用者により労働者の足留策に利用されないように，使用者に足留めに利用する意図があるかどうかにかかわらず，賃金その他労働者の権利に属する金品の早期返還を義務づけることを目的としています（医療法人北錦会事件：大阪簡判平5・12・21）。労働者が退職した場合には労働者本人が，労働者が死亡した場合には遺族が権利者となります。

なお，賃金又は金品に関して争いがある場合には，使用者は，異議のない部分を7日以内に支払い，又は返還しなければなりません（同条2項）。

## 2　労働者が転職・再就職するときのルール

労働者は，信義則上の付随義務（労使間の個別合意にかかわりなく，労働契約関係にあることから発生する，相手方の利益を不当に侵害しないようにする義務）として，在職中，労働者が会社の事業と競業する行為をしたり，同業他社に就職または自分で企業会社を起こしたりして会社の利益に反する行為をしてはならない義務（競業避止義務）や職務上知り得た企業秘密を他企業にもたらすなどして企業財産に損害を与えてはならない義務（秘密保持義務）を負います。

退職した労働者が，転職や再就職をする際にもこれらの義務が及ぶ可能性があることには注意が必要です。

## (1)　競業避止義務

労働契約関係の終了とともに信義則上の義務は消滅するので，就業規則や労働契約等に特別な定めがある場合に限って，退職後も労働者に競業避止義務が課せられると理解されています。

競業避止義務により労働者の転職・再就職に制約をかけることは使用者の利

益を保護する一方で，労働者の職業選択の自由（憲法22条1項）を制限することになります。

　そのため，競業の制限が合理的範囲を超え，退職労働者の職業選択の自由等を不当に拘束する場合には，その制限は公序良俗（民法90条）に反し無効となります（フォセコ・ジャパン・リミティッド事件：奈良地判昭45・10・23）。合理的範囲を確定するにあたっては，制限の期間，場所的範囲，制限の対象となる職種の範囲，代償の有無等について，①使用者の利益（企業秘密の保護），②退職労働者の不利益（転職，再就職の不自由），③社会的利害（独占集中のおそれ，それに伴う一般消費者の利害）を考慮して判断することになります。

　競業避止義務に違反した場合，使用者は退職した労働者に対して，損害賠償請求や退職金の減額・不支給，すでに退職金を支払っている場合には不当利得返還請求（三晃社事件：最二小判昭52・8・9）をすることができます。また，競業行為の差止請求は，職業選択の自由を直接制限するものであり，退職した労働者に与える不利益が大きいことなどから，使用者が営業上の利益を現に侵害され，又は侵害される具体的なおそれがある場合に限られます（東京リーガルマインド事件：東京地決平7・10・16）。

### (2) 秘密保持義務

　退職後の秘密保持義務については，信義則上の義務は労働契約の終了とともに消滅するため，労働契約上の明確な根拠（秘密管理規定ないし守秘契約）が必要であるとする立場（レガシィ事件：東京地判平27・3・27）と労働者が雇用関係中に知りえた業務上の秘密を不当に利用してはならないという義務は雇用関係の終了後にも残存するという立場（バイクハイ事件：仙台地判平7・12・22）が対立しています。

　競業避止義務と同様に，退職後の秘密保持義務を広く容認すると，労働者の職業選択又は営業の自由を不当に制限することになるため，秘密保持義務に関する合意は，その秘密の性質・範囲，価値，労働者の退職前の地位に照らし，合理的範囲に限られます（ダイオーズサービシーズ事件：東京地判平14・8・30）。

　退職した労働者が秘密保持義務に違反した場合，使用者は損害賠償請求や差止請求をすることができます。

　さらに，労働者は，在職中，退職後を問わず，不正競争防止法による秘密保持義務を負います。不正競争防止法は，労働者が使用者に示された営業秘密を不正の利益を得る目的で，又は使用者に損害を加える目的で，使用・開示してはならないと定めています（2条1項7号）。「営業秘密」とは，秘密として管理されている生産方法，販売方法その他の事業活動に有用な技術上又は営業上の情報であって，公然と知られていないものを指します（2条6項）。退職後の労働者がこの法律に違反した場合には，使用者は差止め（3条）や損害賠償（4条）を請求することができます。

### (3)　引抜き行為

　労働者が退職する際に，同僚や部下への引抜きを行うことがあります。労働者には職業選択の自由があるため，転職することは自由であり，同僚らに対して転職の勧誘を行うことは問題ありません。しかし同時に，使用者の利益も保護する必要があり，引抜き行為が転職の勧誘の域を超えて使用者に大きな不利益を与える場合には，違法と評価される可能性があります。

　引抜き行為が違法となるかどうかは，転職する労働者のその会社に占める地位，会社内部における待遇及び人数，従業員の転職が会社に及ぼす影響，転職の勧誘に用いた方法（退職時期の予告の有無，秘密性，計画性等）などを総合考慮して判断すべきとされています（ラクソン事件：東京地判平3・2・25）。例えば，使用者の業務運営に支障が出ることを認識していたにもかかわらず，計画的に，一斉かつ大量に労働者を引き抜いた場合には，違法な引抜き行為となります（フレックスジャパン・アドバンテック事件：大阪地判平14・9・11）。

　違法な引抜き行為に対する救済方法として，使用者は労働者に損害賠償を請求できるほか，労働者を懲戒解雇にしたり，退職金の減額又は不支給をしたりすることができます。

# 第9章
# 労働災害の予防と補償

## I　イントロダクション

　脅かすようで申し訳ないのですが，働いている最中に職場での事故は不可避的に起きます。建設現場の車両や機材は見るからに危険だし，高い作業場所から墜落する危険があるかと思えば，工場で有害物質にさらされることだってあります。シャレたオフィスで働くからそんなの平気だと思ったら大間違い，長時間労働や人間関係で精神を病むのだって，れっきとした労働災害だし，むしろ最近はそういうケースが増えているのです。

　むろん，労働法にはその対策のためのルールがあります。働く人の命や健康を危険から保護し，健康を維持しながら快適に働く環境を作るための労働安全衛生法，そして万一被災した場合の労災補償制度です。注意が必要なのは，職場の安全と衛生を実現し，被災労働者を救うのであれば，使用者の法違反をとがめればいいというわけではありません（それも必要ですが）。むしろ現場の労使が力を合わせ，政府や専門家，そして関係する様々な立場の人たちと連携しなければ，災害事故の予防と救済はおぼつかないのです。

　なので，本章で説明するお話は，労働法の中でもちょっと一味違う仕組みになっているのです。

## II　職場の安全衛生

　最も肝心な労働災害対策は，いうまでもなく予防です。何事も起こらずに済むのであれば，それに越したことはありません。そのための法律が，労働安全衛生法（安衛法）です。安衛法ができたのは1972年のことで，当時の労働基準

法の「第5章　安全及び衛生」と労災防止法規の一部を統一したうえで，これに新たなルールを追加してできた法律なのですが，ふたを開けてみれば効果てきめん，労災事故による死傷者数を10年足らずで半減させるという快挙を成しとげたのです。以下，そんな安衛法の秘策をみていきましょう。第1条に「労働者の安全と健康を確保するとともに，快適な職場環境の形成を促進」するという目的をかかげたこの法律は，どんな特徴を持っているのでしょうか。

## 1　安全衛生は事業者の義務……だけではない

安衛法では，使用者のことを「事業者」（2条3号）と呼び，個人企業であればその個人，法人企業であれば法人そのものを意味します。要は事業経営の利益を得る者が安全衛生の責任を負うことを明確にするためにこのようにいうのです（昭和47年9月18日発基91号）。安衛法はまずその事業者に対し，「労働者の危険又は健康障害を防止するための措置」（第4章）や「快適な職場環境の形成のための措置」（第7章の2）を講じる義務をはじめ，労働者の安全・健康を保持・促進するための様々な義務を課しています。ここまでは，「普通の」労働法です。しかし，安全衛生はそれでは終わりません。職場には，機材や原材料など外部から色んなモノが運び込まれてくるし，そもそも職場の建物自体が賃貸という場合だって多いでしょう。また建設業などの請負関係では，現場の実質的責任者は事業者以外の企業であることがしばしばです。こういう状況では，事業者がいくら注意しようにも限度があります。そこで安衛法は事業者以外に，請負関係における元方事業者，注文者，リース業者，建築物貸与者，重包装貨物の発送者ら，要は災害リスクを職場に運び込む可能性のある人たちに対して，労働災害防止など一定の義務を課しているのです（29条～35条）。そして，保護の対象である労働者自身も，事業者が「講ずる措置に応じて，必要な事項を守らなければならない」として（26条），保護具を着用する，あるいは運転開始の合図に従うなどといった決まりを守らなくてはなりません。

## 2　事業者の安全措置：災害リスクは自ら率先して調査し芽のうちに摘む

事業者は具体的に何をしなければならないのか。労働安全衛生のためのルールは，安衛法を中心に，じん肺法，作業環境測定法，労働災害防止団体法と

いった法律でおおまかな内容を決め，労働安全衛生規則（安衛則）をはじめとする数多くの政令，省令，告示，行政解釈などによってより具体的でリアルなルールを決める仕組みになっています。たとえば，安衛法20条1号は機械等による危険を防止するため必要な措置を講じなければならないと定めていますが，現場で具体的に何をすればいいのかは安衛則に書かれています。

　この膨大な規則の中には，「おそれ」という言葉が300回ほど使われています。たとえば，事業者は機械の原動機等の「労働者に危険を及ぼすおそれ」のある部分に覆いや囲いなどを設けなければならない（安衛則101条1項），あるいは回転する刃物に「作業中の労働者の手が巻き込まれるおそれ」のあるときは，手袋を使用させてはならない（同111条1項），などです。おわかりでしょうか？　災害事故を防止するのであれば，危険が差し迫ってからでは遅いのです。危険の「おそれ」が想定される時点で芽のうちに摘んでおかなければならないというわけです。

　それだけではありません，事業者は建設物，設備，原材料，ガス，蒸気，粉じん，あるいは作業行動等を原因とする危険有害性を調査し，その結果に基づいて労働者の危険・健康障害を防止する措置を講じなければなりません（安衛法28条の2・57条の3以下）。これは「リスク・アセスメント」といって，法で定められた措置だけでは足りず，その事業場に潜む特有の危険を調べあげて対処しなければならないというわけです。安全への認識は事業者だけではなく，現場で働く労働者も共有しておく必要があります。そこで，事業者は労働者の雇入れ，作業内容の変更，所定の危険有害業務への従事にあたって，また建設業等においては新任の職長らに対して安全衛生教育をしなければなりません（安衛法59条以下）。そもそもクレーン操作やガス溶接のような危険有害業務については免許や技能講習を経た人でなければ就業させてはならず，中高年齢者，身体障害者など災害事故に遭いやすい（被害が大きくなりやすい）人たちに対しては，心身の条件に応じて適正な配置を行うよう努めなければならないことになっています（62条）。

### 3　処罰だけが能じゃない

　労基法と同じく，安衛法違反に対しては刑事罰が科され（第12章・115条の

3以下），その一部については，両罰規定といって，行為者と事業者両方が処罰の対象となります（安衛法122条）。しかし，本気で予防に取り組もうと思ったら，災害事故が起きた後に違反を処罰するだけでは足りません。安衛法は，都道府県労働局長や労基署長に作業停止や建設物使用停止等の命令権（安衛法98条）や工事の差止め・変更命令権（安衛法88条6項）を与えるほか，事業者の安全衛生改善計画の実施に対し，国による援助を定めています。そして，厚労大臣は労働災害防止計画を策定・公表し，必要に応じてこれを変更しなければならず，その円滑な実施のため事業者らに必要な勧告・要請をすることができるとしています（安衛法6条〜9条）。このように，国は処罰や命令といった強面の措置だけでなく，アドバイスやサポートを与えるほか，いわば労災防止に関するビジョンを示す役割を果たしているのです。

### 4　肝心なのは現場の目線

　事業者は，一定規模の事業場ごとに「総括安全衛生管理者」を選任し，安全管理者や衛生管理者の指揮をさせ，危害防止，安全衛生教育，健康診断など健康の保持増進措置，労災の原因調査・再発防止策などの業務の統括管理をさせなければならないとされています（安衛法10条〜12条）。安全管理者や衛生管理者の選任が義務付けられていない事業場（常時10人以上50人未満の労働者を使用する事業場）においても，「安全衛生推進者」や「衛生推進者」の選任が義務付けられています（安衛法12条の2）。また，一定の規模・業種の事業場においては，安全衛生に関する事項を調査審議する「安全委員会」や「衛生委員会」の設置が義務付けられています（安衛法17〜19条）。両者をともに設置すべき事業場では，両者を合わせた「安全衛生委員会」でもよいとされ，また，重層的な下請関係がある建設業などにおいては，元請事業者による統括安全衛生管理者の選任が義務付けられています（安衛法15条・15条の2）。これらの組織の委員の半数は，事業場の労働者の過半数代表者が推薦した者でなくてはなりません。いわば，現場の労働者自身の目線を活用すべく，当事者らの手による「職場の労基署」を設置するようなものです。やはり，安全衛生と労災予防は現場発信が重要です。

## 5　健康管理も忘れずに

　いくら災害事故の被害がなかったとしても，労働者が病んでいては話になりません。そこで事業者は，雇入れ時や定期（最低年1回）の健康診断を行い，また一定の有害業務に就く者については，特殊健康診断を行うこととされています（安衛法66条）。労働者は健康診断の受診義務を負うのですが，事業者が指定した医師とは異なる医師の診断を受けることもできます（安衛法66条5項）。事業者は，健康診断の結果に基づいて医師の意見を聴き，必要に応じて適切な対処をとる義務を負うとされています（安衛法66条の4，66条の5）。

　近年では，過重労働による健康被害の防止が重視されているところ，事業者は時間外労働が月100時間を超え，かつ疲労の蓄積が認められる労働者について，当該労働者の申出を受け，医師による面接指導とその結果を踏まえた措置を講じる義務が課せられています（安衛法66条の8）。また，労働者の心理的な負担の程度を把握するための医師・保健師等による検査（ストレスチェック）の実施が事業者に義務付けられているほか（安衛法66条の10），2018（平成30）年に成立した働き方改革関連法によって，産業医・産業保健機能の強化が図られています。

　さて，ここまで知恵と工夫をこらしても，生身の人間は過ちを犯す生き物で，残念なことに毎年それなりの数の労働災害が起きています。その場合に，だれがどうやって補償するのか，次にみていきましょう。

# Ⅲ　労災保険

## 1　労災保険のしくみ

　労働者やその遺族が会社を相手取って賠償責任を追及するためには，訴訟を起こす必要があります。しかし，裁判は時間もお金もかかるうえに，そもそも会社に支払い能力がなければ元も子もありません。また，会社の過失を証明するのも一苦労だろうし，労働者のほうにも過失があるとなれば，賠償額がその分減らされることもあります（過失相殺）。

　そこで，労災保険法（労災法）の出番です（労基法にも使用者に災害補償を義務付けた規定があるのですが（労災法75〜88条），今日の災害補償の中心は

労災法ゆえに，ここでは労災法を中心に説明します）。労災法に基づく給付は，使用者に過失があろうがなかろうが，業務災害や通勤災害などが起きれば，被災者や遺族に定型的な保険給付が迅速に行われます（無過失責任主義）。つまり，会社の労災責任を追及して懲らしめるための制度ではなく，政府が運営する助け合いのための保険システムなのです。労災法は，労働者（労働基準法の「労働者」と同じ（第2章Ⅰ参照））を使用するすべての事業について適用され（労働者に該当しない人であっても，中小企業の事業者らを対象とした特別加入制度もあります），事業が開始された日に自動的に労災保険関係が成立します。そして，事業主は強制的に加入手続きをとらされ，保険料は事業主のみが負担することになります。かくして全国の企業から少しずつ集めた保険料が膨大な資金としてプールされ，そこから被災労働者や遺族に給付がなされるのです。これならば，万一会社が倒産してお金を払えなくなったとしても大丈夫でしょう。

　労災保険の給付を受けるためには，労働基準監督署長（労基署長）に給付申請をし，労基署長は労働者の傷病や死亡が「業務上」か否かを判断したうえで支給か不支給かの決定を行います。不支給処分に不服な場合，労災保険審査官への審査請求および労働保険審査会への再審査請求を経て，裁判所に当該処分の取消訴訟を提起することができます（これがニュースで時折みかける「労災訴訟」です）。行政による処分や裁決が裁判所によって取り消される事例もあり，それが行政による労災認定の判断基準を改訂させる原動力となることもしばしばです。

### 2　労災保険の中身

　業務上災害と認定された場合，以下のような給付がなされます。通勤災害への給付もほぼ同じです。

① 　療養補償給付　労災指定病院などにおいて無料の医療サービスを受けることができる。

② 　休業補償給付　療養のため収入を得られない場合，休業初日から4日目以降給付基礎日額（＝労基法上の平均賃金）の60％が支給される（3日目までは労基法の災害補償規定を適用）。

③　傷病補償年金　傷病が1年6ヶ月経過しても治らず障害の程度が1級〜3級に該当する場合に支給される。

④　障害補償給付　傷病が治癒したときに，身体に一定の障害が残った場合に，障害の等級に応じて年金または一時金が支給される。

⑤　遺族補償給付　労働者が死亡した場合，遺族等に年金または一時金として支給される。

⑥　葬祭料　死亡した労働者の葬祭を行う者に支給される。

⑦　介護補償給付　障害補償年金または傷病補償年金の受給者が要介護状態にあり，かつ介護を受けている場合に支給される。

⑧　二次健康診断等給付　過労死の予防対策として導入された給付で，直近の定期健診（一時健診）で所定の異常所見がある場合に，労働者の請求により脳血管・心臓の状態を把握するための二次健診等を無料で行う。

### 3　業務災害の認定

業務災害は，「労働者の業務上の負傷，疾病，障害又は死亡」と定義されているのですが（労災法7条1項1号），これに該当するかどうかで，健康保険よりも手厚い労災補償が受けられるかどうかが決まるだけに，当事者にとっては死活問題です。ここでいう「業務上」とは，業務に起因して発生したものであること，つまり，「労働者が労働契約に基づき事業主の支配下にあることに伴う危険が現実化した（＝業務に内在する危険が現実のものとなった）」ということを意味します（業務起因性）。言い換えれば，業務と傷病等の間に「相当因果関係」がなくてはならないということです。これが認められるためには，当該業務が傷病等の「相対的に有力な原因」であることが必要です。そして，業務起因性が認められるための前提条件として，「労働者が労働契約に基づき事業主の支配下にある」状態でなければならず，これを「業務遂行性」といいます。

業務遂行性は，①会社の施設内で業務に従事している場合（用便，飲水などの中断を含む），②会社の施設内にいるが業務に従事していない場合（休憩中，始業の開始前や終了後の事業場構内での行動など），③会社の支配下にあるが，管理下（施設）を離れて業務に従事している場合（出張を命じられ，それに

従った行為をしている場合など）に大別されます。しかし，これら業務遂行性が認められたとしても，ただちに業務起因性が認められるわけではなく，たとえば①・③については，恣意行為，私的行為，天変地異などについては業務起因性が認められず，②においては，その災害が企業の施設の不備などが原因である場合にのみ業務起因性が認められます。親睦会などについては，会社の特命等によって参加を強制されたものであると認められるときには，業務遂行性が肯定されます。

　さて，以上の判断基準は，爆発，転落，衝突など短時間で生じる事故，すなわち「災害性」の傷病のためのものです。これに対し，長期間にわたってジワジワと体を蝕む職業性の疾患が業務上か否かを判断するには，どうしたらいいでしょうか。この問題については，労基法施行規則別表第1の2に，「業務上の疾病」がリスト化されています。そして，医学経験則上どのような業務がいかなる疾病を生じさせるか，各有害因子と疾病を対応させてリストアップし，当該疾病を発症させる作業内容・環境が認められれば，よほどのことがないかぎり「業務上」として取り扱うこととされています。そして，「厚生労働大臣の指定する疾病」（同10号），「その他業務に起因することの明らかな疾病」（同11号）という包括的な規定が，新手の疾病に対応するための受け皿として機能しているのです。

## 4　過労死と過労自殺——2つの職業性ストレス疾患

　最も深刻な職業性疾患の一つとされる脳と心臓の病気が最悪の結末に至るのがいわゆる「過労死」です。しかし，被災者はもともと持病や体質，遺伝，加齢，食生活や喫煙・飲酒のような生活習慣など過労死の要因となり得る事情を抱えている一方，過重な業務や疲労の蓄積が長期的に絡み合い，果たして本当に業務が原因だったのかどうか，証明することは容易ではないのです。

　かつて過労死の労災認定基準は，発症前1週間ないし1ヶ月以内に過重な業務が継続していることが要件とされるなど，実に厳しい基準であり，しかも過労死の実情に合うものではありませんでした（平成7・2・1基発38号）。しかし，長期間にわたる疲労蓄積や就労実態，労働密度など様々な要因を考慮し，運転手のくも膜下出血の業務起因性を肯定した最高裁判例（横浜南労基署長

（東京海上横浜支店）事件：最一小判平12・7・17）を受け，この認定基準は大きく改訂され現在に至っています。新たな認定基準（平成13年12月12日基発1063号）では，①発症前日までの異常な出来事に遭遇したこと，②発症前一週間に特に過重な業務に従事したことに加え，③発症前の長期間（6ヶ月）にわたって，著しい疲労の蓄積をもたらす特に過重な業務に就労したことも，業務上認定の基準として追加されました。③の過重負荷に関して，時間外労働も重要なポイントとなり，発症前1ヶ月ないし6ヶ月にわたって1ヶ月あたり45時間を超えて時間外労働が長くなるほど業務関連性が強まると評価され，発症前1ヶ月に時間外労働がおおむね100時間を超え，または発症前2ヶ月ないし6ヶ月にわたって1ヶ月当たり80時間を超える場合は，業務関連性が強いと評価されます。さらに，時間外労働が平均月80時間にギリギリ達しなくても，労働時間以外の負荷（勤務間インターバルが短い，身体的負荷を伴う業務等）が認められる場合にも，「強い」と評価されるようになりました（令和3年9月14日基発0914第1号）。過労死の真相は，わずか1週間かそこらの期間ではなく，長期的なスパンで様々な要因を検証しないと明らかにならないのです。

　職業性ストレス疾患のうち，ストレスが身体的損傷を引き起こした結果が過労死であるのに対し，ストレスが精神的損傷を引き起こすのがいわゆるメンタルヘルス不調であり，その最悪の結末が過労自殺です。とはいえ，労災法は，労働者の故意による労働災害の発生については，保険給付の対象としていません（労災法12条の2の2第1項）。「自殺」はその言葉通り自らの意思による悲劇であるがゆえに，業務と死亡との因果関係はないとされてきたのです。

　しかし，裁判例の中に自殺と業務との因果関係を肯定するものがあらわれたのを機に（長時間労働が原因のうつ病自殺につき会社の賠償責任を認めた電通事件一審判決：東京地判平8・3・28，インド赴任中の自殺（海外勤務のストレスと現地企業とのトラブルが原因で精神障害に罹患したことによる）につき業務起因性を肯定し，労災給付の不支給処分を取消した加古川労基署長（神戸製鋼所）事件：神戸地判平8・4・26など），平成11年に「心理的負荷による精神障害等に係る業務上外の判断指針」が労働省（当時）によって策定されました（平成11年9月14日基発544号）。その後平成21年の改正を経て（平成21年4月6日基発04060001号），現在は「心理的負荷による精神障害の認定基準に

ついて」（平成23年12月26日基発1226第１号）によって判断されています。この認定基準は，仕事が原因の自殺について「精神障害によって正常の認識，行為選択能力が著しく阻害され，あるいは自殺行為を思いとどまる精神的抑制力が著しく阻害されている状態に陥った」ものと考えます。そして，①当該精神疾患が業務との関連で発症する可能性のある「対象疾病」にあたる，②発症前のおおむね六ヶ月間に業務による強い心理的負荷が認められる，③業務以外の心理的負荷および個体側要因により発病したとは認められない，といった要件を満たすことにより，精神疾患および自殺の業務起因性が肯定されることになります。この判断基準は「ストレス－脆弱性」理論をベースとしています。すなわち，精神障害の有無は，環境を原因とするストレスと個体側の脆弱性との関係によって決まり，ストレスが強ければ個体側の脆弱性が小さくても精神障害が生じ，逆に脆弱性が大きければ小さなストレスでも精神障害に至るという考え方です。②の「業務による強い心理的負荷」の中には，長時間労働だけではなく，「ひどい嫌がらせ，いじめ，又は暴行を受けた」場合も含まれ，上司のひどい罵倒による精神障害と自殺につき，業務起因性を認めた裁判例もあります（静岡労基署長（日研化学）事件：東京地判平19・10・15など）。労働者の自殺の原因は，過重労働以外にもそこかしこに存在するのです。

### 5　複数業務要因災害

　最近はいろいろな理由で副業・兼業にいそしむ人が増えていますが，複数の職場での過労が重なって脳や心臓をやられた場合，業務上災害と認められるでしょうか。この点判例は，もともと労災保険は個々の使用者の災害補償責任を前提としているがゆえに，複数の使用者の下での業務を総合して労働災害とすることはできないと判断していました（国・淀川労基署長（脳内出血発症）事件：大阪地判平29・3・13）。そこで2020年の改正によって，「複数業務要因災害」が新たな保険給付の対象になりました。すなわち，傷病が生じた時点で事業主が同一でない複数の事業場に同時に使用されている労働者（複数事業労働者）について，一つの事業の業務上の負荷だけでは業務起因性が認められなくても，複数の事業場の業務上の負荷（労働時間やストレス等）を総合的に評価した結果，業務起因性が認められれば保険給付が行われるというものです（対

象となる傷病は脳・心臓疾患や精神障害など）。この場合，給付基礎日額は，その労働者を雇用している全ての使用者の給付基礎日額を合計した額で算定されることになります。

### 6　通勤災害

　産業が発展し，通勤距離が延びるにつれ，通勤途上災害への対策が不可欠になってきます。このため，1973年にこれを労災補償保険に組み入れ，業務上災害とは別個の保険給付システムが成立しました。通勤災害給付の内容は，業務災害とほぼ同一ですが（労災法21条），各種給付には「補償」という言葉が使われておらず，また療養給付を受ける労働者からわずかながら負担金が徴収され，休業給付における3日間の待機期間については，労基法による使用者の補償は行われません。

　「通勤」とは，労働者が「就業に関し」，「住居」と「就業の場所」との間を，「合理的な経路及び方法」により往復することをいい，業務の性質を有するものを除きます（労災法7条2項1号）。労働者がこの往復経路を「逸脱」または「中断」した場合，その逸脱・中断の間，そしてその後の往復における災害は給付対象となりません（同条3項）。ただし，この逸脱・中断が，日常生活上必要な行為であって，厚生労働省令で定めるやむを得ない事由により，最小限度の範囲で行う場合については，逸脱・中断を終えて合理的な経路に復帰した後は通勤と認められます（同7条3項但書）。たとえば，勤務先から要介護者である義父の自宅に立ち寄った行為について，通勤災害が認められた判例があります（羽曳野市労基署長事件：大阪高判平19・4・18）。

　「就業に関し」とは，その往復行為が業務に就くため，または業務を終了したことにより行われるということであって，休日の会社の運動施設の利用や労働組合の大会出席などは，これには当たりません。

　「住居」とは，労働者が現に居住して，日常生活の用に供している家屋等の場所のことで，労働者本人の就業のための拠点となるところを指します。労働者が家族の住む場所とは別に，就業場所の近くに単身でアパート等を借りている場合には，そこが住居となります。

　「就業の場所」とは，業務を開始・終了する場所をいいます。本来の業務を

遂行する場所のほか，商品を得意先へ届けてそこから直接帰宅する場合の届け先や，業務と認められる会社主催の運動競技会の会場なども「就業の場所」に該当します。

「合理的な経路及び方法」とは，住居と就業の場所との間を往復する場合に一般に労働者が用いるものと認められる経路，手段等であり，道路工事やデモ行進など当日の交通事情で迂回路を利用する場合や，マイカー通勤者が車庫を経由する場合も合理的な経路となります。

通勤災害については，複数の事業場で就労する労働者や単身赴任者が増加していることを受け，平成17年の改正によって，就業の場所から他の就業場所への移動（労災法7条2項2号）および住居と就業場所の往復に先行または後続する住居間の移動（単身赴任者が出勤前日に家族との同居場所から単身赴任先の宿舎などに移動する場合など）も，通勤災害に含まれることとなりました。

# Ⅳ　労働災害と民事賠償

## 1　使用者の「安全配慮義務」

Ⅲで説明したように，労災保険制度は損害賠償制度の弱点を補うためのシステムですが，民事賠償は決して意味を失ったわけではありません。労災保険給付は被災した労働者がその時点で受け取っていた給与額をもとに算定されるため（Ⅲ・2），労働者が被った損害や精神的苦痛（慰謝料）をすべて補填してもらえるわけではありません。何よりも，一家の働き手を失った遺族にしてみれば，お金以上になぜ，誰の責任でこんな事故が起きたのかを知りたいと思うのが人情でしょう。それに応えるのが民事賠償であり，その根拠となるのが使用者が労働者に対して負う「安全配慮義務」なのです。

安全配慮義務は，労働契約法の制定とともにその第5条に明文化されたのですが，それ以前は判例ルールによって認められてきました。そのきっかけは，自衛隊の車両整備工場で起きた死亡事故について，国（雇用主）に対する遺族の賠償請求を認めた陸上自衛隊八戸車両整備工場事件：最三小判昭50・2・25でした。この事件の判決の中で，最高裁は「国は，公務員に対し…公務員の生命及び健康等を危険から保護するよう配慮すべき義務」を負うと明言し，この

考え方は民間企業の使用者にも適用され（川義事件：最三小判昭59・4・10など），判例ルールとして確立した結果，現在では六法に明記されるに至ったのです。この義務の主なポイントは以下のとおりです。

　第一に，使用者が労働契約の「付随義務として…信義則上負う義務」であるということです。使用者は，人格と肉体を持った生身の労働者に対し，自分が支配管理する職場に出勤を命じ，一定時間就労させるわけです。ならば，そこで生じる災害から労働者を可能な限り保護するのは，使用者の当然の務めでしょうし，それが労働契約の「信義」というものです。こうしたことから，労働契約を締結し，人を雇入れた以上，たとえ契約書や就業規則に何ら記載がなくても，必ずついてまわる義務ということなのです（**第3章Ⅲ参照**）。

　第二に，安全配慮義務の具体的内容は，労働者の「職種，地位及び安全配慮義務が問題となる当該具体的状況等」によって異なってきます。そのため，状況次第では，使用者は安衛法に明記された以上の措置をとらなくてはならないのです。

　そして第三に，安全配慮義務は「ある法律関係に基づいて特別な社会的接触の関係に入つた当事者間」に広く適用されるものであって，契約当事者たる使用者はむろんのこと，契約関係にない企業にも課せられる場合があります。たとえば，下請労働者に対する元請企業，派遣労働者に対する派遣先企業のように，労働者に対する実質的な管理権限などを持っている企業が安全配慮義務違反の責任を問われた事案は少なくありません。たとえば，社外労働者に対する元請企業の責任が認められた事案として，大石塗装・鹿島建設事件：最一小判昭55・12・18や三菱重工業事件：最一小判平3・4・11，業務請負においてうつ病発症によって自殺した労働者に対する派遣先企業の責任が肯定されたとして，アテスト（ニコン熊谷製作所）事件：東京高判平21・7・28などが挙げられます。

## 2　労働者のうつ病と自殺

　前述の通り，職業性のストレスによる自殺は，れっきとした労働災害として補償の対象になります。そして当然，こんな深刻な状況なのに見て見ぬふりをした使用者は，損害賠償の責任を問われることになります。

過重労働を原因とする労働者の自殺につき，会社の責任を認めた初の最高裁判決となった電通事件：最二小判平12・3・24。この事件では，常軌を逸した長時間労働が原因でうつ病となり，その結果自殺をとげた若手社員の両親が，会社を相手取って損害賠償を請求したところ，判決は，使用者は「労働者に従事させる業務を定めてこれを管理するに際し，業務の遂行に伴う疲労や心理的負荷等が過度に蓄積して労働者の心身を損なうことがないよう注意する義務」を負い，にもかかわらず上司らが業務量などを適切に調整するための措置を取らなかった過失があったとして，会社の責任を認めました。「自分で死んでおきながら会社の責任だなんて」と首をかしげるのはとんだ認識不足です。今日では，過重労働とうつ病，そしてうつ病と自殺との因果関係は自明のものと考えられており，労働者の心身の健康を害する業務設定を避けることは，まぎれもなく使用者の義務なのです。そして，長時間労働以外でも，過酷な労働環境や職場の人間関係（特にいじめ）などによる，労働者の自殺や精神疾患についての責任を認めた裁判例は後を絶たないのが現状です。

とはいえ，会社に賠償責任が認められたとしても，被害者（労働者）にも何らかの原因があった場合，いわゆる「過失相殺」の規定（民法722条2項）によって賠償額が減らされることがあります。電通事件の控訴審判決は，当人のうつ病親和性・病前性格（真面目，責任感が強い，几帳面，完璧主義など）もうつ病発症に関係しているとして，会社が賠償すべき損害額から3割を減額しました。最高裁では，当人の性格が労働者の個性として通常想定される範囲を超えない限り，これを賠償額の決定の際に考慮することはできないと判断されているのですが，他の事件では，本人の資質や心因的要因，家庭状況や家族の対応などもうつ病（自殺）の原因の一つをなしているとして，賠償額を減額した事例も見受けられます。

● Topix　　労働安全衛生とは誰を守るルールなのか？　～アスベスト訴訟最高裁判決からみえてくるもの～ ─ ●

　令和3年5月17日，アスベスト訴訟の最高裁判決が下されました（建設アスベスト神奈川第一陣国賠請求訴訟：最一小判令3・5・17）。建設作業に従事した労働者らが原告となり，アスベストを含んだ建材をその危険性を表示しないまま製造販売したメーカー数社，そして安衛法に基づく規制権限をきちんと使わなかった国を相手取って，損害賠償を求めて提訴していたのです。すなわち，石綿（アスベスト）から生じる粉じんを吸い込むと石綿関連疾患を発症する危険があること，そのため作業のときには粉じんマスクを着用する必要があることを示すよう指導監督するべき国の仕事をしていなかったというわけです。

　読者の中に，アスベストの現物を手に取って見たことのある人はまずいないと思います（現在は原則として製造禁止ですから）。気になる人は，Google で画像検索してください。白か灰色の繊維状の建築資材で，一見すると人畜無害なようですが，これがとんでもないクセモノでした。粉じんとして飛び散ったアスベストを吸い込むと，それが肺の中に溜まり，やがて肺がんや中皮腫など命にかかわる病気を発症するようになるのです。やっかいなことに，アスベストは潜伏期間が長く，人によっては数十年してから発症する「静かな時限爆弾」であり，それだけに自覚症状が出たときに法的責任を追及するのが容易ではありません。他方，アスベストは耐火性や保温性に優れているため，1995年にようやく製造禁止になるまでの間，日本中の建設現場や解体工事現場で当たり前のように使われていたのです。このため，被災した建設労働者やその遺族が企業や国の責任を追及する訴訟は数多く提起されています。この判決もこうした多くの裁判の中の一つなのです。

　ところで，この判決は非常に重要なことを指摘しています。安衛法57条は，労働者に危険や健康障害を生ずるおそれのある物を譲渡・提供する者に対して，その物質の名称，人体に及ぼす作用，貯蔵・取扱い上の注意などを表示する義務を課しているのですが，最高裁はこの条文について次のように言いました。

　「安衛法57条は，これを取り扱う者に健康障害を生ずるおそれがあるという物の危険性に着目した規制であり，その物を取り扱うことにより危険にさらされる者が労働者に限られないこと等を考慮すると，所定事項の表示を義務付けることにより，その物を取り扱う者であって労働者に該当しない者も保護する趣旨のものと解する

のが相当である。（中略）労働者に該当しない者が，労働者と同じ場所で働き，健康障害を生ずるおそれのある物を取り扱う場合に，安衛法57条が労働者に該当しない者を当然に保護の対象外としているとは解し難い。」

　安衛法2条2号に定められている通り，安衛法が守ろうとするのは労基法上の「労働者」と同じく，「使用される者で，賃金を支払われる者」です。いわゆる一人親方や個人事業主は「使用され」てはいない人たちなので，労働者の中には含まれません。では，「労働者」さえ災害事故に遭わなければそれでいいのかと言えば，決してそうではありません。判決が言うように，物の危険性に着目した規制ゆえに，労働者と同じ場所で働いている以上，労働者だろうがそうでなかろうが，安衛法の保護下にあるというわけです。この判決を受けて，令和3年6月9日に「特定石綿被害建設業務労働者等に対する給付金等の支給に関する法律」が成立し（令和4年1月19日完全施行），法所定の期間中に石綿にさらされる建設業務に従事することによって，石綿関連疾病（肺がん，中皮腫など）にかかった「労働者」だけでなく，「一人親方・中小事業主（家族従事者等を含む）」にも給付金が支給されることになりました。さらには，令和4年4月15日には11にも及ぶ安衛法関連の政省令が改正され，労働者以外の一人親方らに対する保護が図られるようになりました。

　すでに説明したように，安全衛生のルールは，安衛法などの法律で大枠を決めたうえで，具体的で細かい現場のルールは政省令で定める仕組みになっています。つまり，大枠は国会の法律，細かい部分は厚生労働省などの行政が制定・改正するという仕組みにすることによって，技術の進歩や災害への対策，あるいは今回のような裁判所の判断への対応など，国会での可決を待たずに迅速かつ柔軟な対応ができるわけです。上記の省令改正の際に，厚生労働省は一人親方等のための保護措置は，安衛法の改正を必要とするものではないという考え方でした。なるほど，最高裁はまさに現行の安衛法について，「労働者に該当しない者も保護する」ものだと解していることは前述したとおりです。

　つまり，安全衛生の一番大枠の基本法である安衛法は，もともと現場で働く「労働者」以外の人を広く保護するためのルールを含んでいたということです。これは，安衛法の内容を具体化した労働安全衛生規則（安衛則）をていねいに読んでみると一層明らかになります。いくつか例を挙げてみましょう。たとえば，林業の現場で木を伐りだすとき等に使う，パワーショベルに似た車両系木材伐出機械のつくりに

ついて，こんな条文があります（※下線筆者）。

> 第151条の86　事業者は，車両系木材伐出機械については，堅固なヘッドガードを備え
> たものでなければ使用してはならない。ただし，原木等の落下により<u>運転者</u>に危険を
> 及ぼすおそれのないときは，この限りでない。
> 第151条の87　事業者は，車両系木材伐出機械については，原木等の飛来等により<u>運転</u>
> <u>者</u>に危険を及ぼすおそれのあるときは，運転者席の防護柵等当該危険を防止するため
> の設備を備えたものでなければ使用してはならない。

　おわかりでしょうか。この条文が機械の設備・構造によって保護しようとしてい
るのは，労働者ではなく「運転者」です。労働者か否かを問わず，現に運転してい
る人を危険から保護しようとするわけです。これと同じような規定は，フォークリ
フトやショベルローダー等にもみられます。

　また，次の条文もまた安衛則の規定です。

> 第288条　事業者は，火災又は爆発の危険がある場所には，火気の使用を禁止する旨の
> 適当な表示をし，特に危険な場所には，必要でない者の立入りを禁止しなければなら
> ない。

　今度は「必要でない者」です。これまた労働者以外の者も含め，不用意に立ち入
ることによって生じる災害の危険から保護しようとする規定です。

　むろん，安衛法や政省令の規定が，労働者以外の者にも全面適用されるわけでは
ありません。最高裁の判決も，危険有害性情報の表示にかかわる規定について，労
働者と一緒に作業している人たちが保護の対象になると指摘しているにすぎません。
やはり労働安全衛生法は，基本的にはまず労働者を保護するために，事業者に危害
防止のための措置を義務付けたルールなのです。しかし，事業者以外にリスクを生
じさせる可能性のある者たちにそれなりの義務を課すことで，はじめて職場の安全
衛生が効果的に実現できることはすでに述べたとおりで，同じようにそれぞれの規
定がどのような危険に着目し，どんな人を守ろうとしているルールなのかを今後も
みんなで腕を組んで首をひねってじっくり考えていく作業が必要になると思います。
本章の冒頭でも述べたように，こういう作業こそ「現場の労使が力を合わせ，政府
や専門家，そして関係する様々な立場の人たちと連携」して取り組むべき課題と言

えるでしょう。

〔原　俊之〕

## Topix　　職場におけるハラスメント

　職場におけるハラスメントについてはすでに第４章の⒟セクハラ・マタハラ防止措置義務でセクシュアルハラスメントとマタニティハラスメントが触れられていますので，ここではハラスメントという考え方に共通した理解の仕方と，先に取り上げられなかったパワー・ハラスメントを取り上げます。

　ハラスメントとはなにか。これは難しい問いです。かつてフランス人のマリー＝フランス・イルゴイエンヌという人が書いた『モラル・ハラスメント―人を傷つけずにはいられない』（紀伊國屋書店，1999年）という本により，日本でも「モラル・ハラスメント」という言葉が広まった感があります。その後，彼女の本は日本で何冊か翻訳され，『モラル・ハラスメント―職場におけるみえない暴力』（白水社，2017年，大和田敢太 [ 訳 ]）という新書版も出たほどです。そこでは「モラル・ハラスメント」という考え方はフランスでは1998年に登場し，その１年半後には立法制定へつながった，とあります（同書10頁）。この「モラル・ハラスメント」とはカナダのケベックでは「心理的ハラスメント」，他国では「いじめ」（「モッビング」や「ブリイング」）と言われるそうですが（９頁），国際労働機関（ILO）は，1998年に「ハラスメント」を「不快な行動を伴いながら，個人や集団に対する恨みのこもった，残忍な，悪意に満ちたあるいは侮辱的な手段を用いて，他人の価値を貶めようとする」ことと定義しました（同書17頁）。ハラスメントとは，相手に生きる意欲そのものを損なうほどの疲労をもたらし，それこそ職場における労働者の人格権を侵害する違法な行為，といえるでしょう。

　さて，パワー・ハラスメントという言葉自体は，もともと，日本で岡田康子氏が2002年秋頃に造語した和製英語ともいわれています。法律の中では，優越的な関係を背景とした言動であって，業務上必要かつ相当な範囲を超えたものにより，雇用する労働者の就業環境が害されるもの，と定義されています（労働施策総合推進法30条の２）。具体的には，雇用管理上講ずべき措置等についての指針（令和２年厚生

労働省告示5号）で，パワー・ハラスメントを6つに類型化し（①身体的な攻撃，②精神的な攻撃，③人間関係からの切り離し，④過大な要求，⑤過小な要求，⑥個の侵害），それぞれの具体例をあげています（①については暴行，傷害，②については脅迫，名誉毀損，侮辱，ひどい暴言，③については隔離，仲間外れ，無視，④については業務上明らかに不要なことや遂行不可能なことの強制，仕事の妨害，⑤については業務上の合理性なく，能力や経験とかけ離れた程度の低い仕事を命じることや仕事を与えないこと，⑥については私的なことに過度に立ち入ること）。

　今日ではこのパワー・ハラスメントを苦に自殺する労働者もいるほどであり（係長から「存在が目障りだ。居るだけでみんなが迷惑をしている。お願いだから消えてくれ」などと言われMR（医療情報担当者）が自殺をした国・静岡労基署長（日研化学）事件：東京地判平19・10・15がそのリーディングケースといわれています），労災過労自殺（精神障害）の認定基準の「業務による心理的負荷評価表」のなかでもパワー・ハラスメントは明示されています。

　みなさんの周りにもいじめはありますか。職場のいじめとはどのように違うでしょうか。このコラムが，みなさんの考えるきっかけになればと思います。

〔小西　啓文〕

# 第10章
# 労使関係法

## Ⅰ　イントロダクション

### 1　労働者団結と労使紛争

　本書ではこれまで，労働法の全体像を概観する（第1章から第3章まで）とともに，みなさんが労働者個人として個別使用者との間で持つ権利や義務について，一緒に見てきました（第4章から第9章まで）。そこで，みなさんに質問です。もしみなさん自身が，実際に，自分の働く場で「おかしい！」と感じる場面に遭遇したとしたとき，どのように，その問題を解決しようとしますか？

　具体例を挙げながら，一緒に考えてみましょう。たとえば，賃金未払いや不当解雇，ハラスメントなどの権利侵害を受けたとき。あなたは，裁判所や各種行政機関が設置する公的な労使紛争解決制度をつうじて，その解決を実現しようとするかもしれません（第11章Ⅱ参照）。もちろん，その権利は，「これまでのルール」に基づき，すでにあなたが手にしているはずのものです。ですから，その権利を守ろうとすることは，とても重要な決断です（＝このような法的紛争を「権利紛争」といいます）。でも，その最終的な解決までには，もしかしたら，多大なお金と時間がかかってしまうかもしれません。そのような過酷かもしれないたたかいを，あなたは一人でやり抜く自信はあるでしょうか？

　あるいは，「こんなに安い給料では，やっていけない！　たとえ同じ仕事のままでも，来月から賃上げをしてほしい！」などと思ったとき。残念ながら，このような「これからのルール」の設定をめぐる法的紛争（＝「利益紛争」又は「規整紛争」）に関しては，上記の権利紛争の場合と異なり，公的な労使紛争解決制度は，そもそも労働者個人に手を貸してくれません。それでも，あな

たは，「私にとって，社長や役員に賃上げの要求をすることは，まったくたやすいこと。実際に賃上げを実現できる自信もある！」と胸を張って言えるでしょうか。

　もし，このような質問に，少しでも不安を覚えるあなたがそこにいるのなら，そのときに「あなたの力」になるかもしれないのが，労働組合などの労働者団結です（第2章Ⅲ参照）。

## 2　労働者団結の歴史と機能

　このように説明をすると，あなたは，労働者団結を，その超人的な力で労働者個人を助ける「スーパーヒーロー」のように感じることもあるかもしれません。しかし，少なくとも歴史的に見れば，労働者団結は，そのような天から舞い降りた救世主のような存在として，この世に登場したわけではありません。

　たとえば，世界最初の「産業革命」を受けて，世界で最も早く労働者団結の結成を見たとされるイギリスでは，労働者団結の役割は，労働者相互で，「これ以下の労働条件では働かない！」という約束を取り交わすことだったり（＝内部自治的規制機能），失業給付を手当しあうことだったりしました（＝共済機能）。つまり，困っている労働者同士が，互いに知恵を絞り合い，まずはその内部で，どのように力を合わせれば現状を改善できるかを考え，何とか解決策を生み出そうとする存在であったといえるでしょう。

　もちろん，労働者団結の役割は，すでに，使用者側の当事者と直接的に交渉することを通じて，労働条件の維持改善をしようとするところに，その中心が変わっています（＝労使交渉的規制機能）。加えて，企業システムの変容や経済のグローバル化，情報技術の発展がますます進む今日にあっては，国家の労働政策に影響を及ぼすという労働者団結の役割も，ますます重要となってきています（＝政治機能）。

　しかし，かりにそのような外部に向けた影響力の行使が労働者団結にとって重要になる時代にあっても，どのような量と質をもって労働者が労働者団結に参加しているかどうかが，労働条件の維持改善のとって大きな鍵になっていることには変わりないでしょう。

　たとえば，2016年には，コンビニエンスストアでアルバイトをしていた高校

生が，地域の合同労組に加入し，同僚のものも含め，総額で約500万円もの未払い賃金を返還させるという事例がありました。さらに，2023年には，たった1人が始めたストライキが発端となり，アパレル系小売店に勤めるパート従業員約5千人の時給が6％引き上げられるという事例がありました。

　つまり，労働者団結が「あなたの力」になるということの意味は，より正確には，労働者団結に「あなたの力」を結集させることによって，「あなたの力」それ自体がより強いものになる，ということなのかもしれません。

### 3　労働者団結のこれから

　以上のような歴史的経緯を踏まえれば，困っている労働者同士が，互いの知恵を絞り合い，その時代その時代の状況に合わせ，どのように力を合わせれば現状を改善できるかを考え，何とか解決策を生み出そうとしているのであれば，その自由な営みは，まずもって尊重されなくてはなりません。日本の憲法28条による「勤労者の団結する権利及び団体交渉その他の団体行動をする権利」の保障は，国家がこのような自由な営みをまずは尊重し，場合によってはこれを助成することを宣言したものとして，これを位置づけることが可能でしょう。いずれにせよ，その具体的な姿形がどのようなものになるのであれ，労働者団結がそのような自生的な存在でありつづける限り，労働者団結とそこに参加するみなさんのこれからは，明るいように思います。

　かなり前置きが長くなりましたが，以下，本章では，労働者団結をそのようなものとして理解した上で，日本の現行法下における「労働組合」に関する「労使関係法」の基礎知識とその背景にある基本的なものの考え方を解説することにします。

## II　労働組合

### 1　結成・加入と脱退・除名
### (1)　労働組合（へ）の結成・加入

　まず，「あなたの力」になるであろう労働組合には，どのように参加をすればいいのでしょうか。もちろん，可能性としては，あなた自身が，他の労働者

とともに新たな労働組合等を結成するという方法もあるでしょう。ですが, すでに存在している労働組合に加入するという方法の方が, より現実的かもしれません。

この労働組合への加入は, 労働組合内部の基本的ルールが書かれてある組合規約等に照らし, 当該労働組合の加入資格を有するとされる労働者が, 任意に, 当該労働組合との間で加入の合意をすることによって, 成立します。

ただし, 例外として, 組合への加入が, 何らかの形で強制される場合があります。このような組織強制の方法には, 労働組合が, (イ)組合員以外の労働者を雇用することを, 使用者に禁止する (=「クローズド・ショップ」), (ロ)雇用開始から一定期間以降の時点において組合員資格を有していない者を解雇することを, 使用者に義務付ける (=「ユニオン・ショップ」), (ハ)組合費相当額を組合に支払わない非組合員を解雇することを, 使用者に義務付ける (=「エージェンシー・ショップ」, (ニ)組合員と非組合員の各労働条件に格差を設けることを, 使用者に義務付ける (=「差異化条項」) など, さまざまなものがあります。

これら組織強制の法的取り扱いは国によって異なりますが, 日本では, 大企業を中心に導入例が多くみられる「ユニオン・ショップ」について, その適法性が議論されてきました。この点, 裁判所は, 「労働者の組合選択の自由」及び「他の労働組合の団結権」を侵害する「ユニオン・ショップ」協定とそれに基づく解雇について, いずれも無効である, と判断しています (三井倉庫港運事件:最一小判平元・12・14)。

なお, 労働組合は, 組合自治の原則 (本章Ⅱ2参照) に基づき, その加入資格を自由に設定できると考えられています。ただし, その例外として, 人種, 宗教, 性別, 門地または身分を理由とする加入資格の制限は, 不法行為法上, 違法となる可能性があると考えられています。また, 労組法2条但書1号所定の「使用者の利益を代表する者」の参加を許すと判断された場合には, 同条本文所定の「自主」性を欠くことになります。

(2)　労働組合からの脱退・除名

ところで, 上記のように「組合選択の自由」が労働者に認められているとすれば, 労働組合の同意を必要としない形で自身の組合加入契約を解約すること

が可能であるなど，組合員に「脱退の自由」が保障されていなければなりません。この点，裁判所も，「一般に，労働組合の組合員は，脱退の自由……を有するものと解される」などとして，この自由を奪う合意は公序良俗に反し無効である，と判断しています（東芝労働組合小日向支部・東芝事件：最二小判平19・2・2）。

他方，労働組合の側も，組合費の不払いなどの場合における「除籍」，統制違反を理由とした（制裁的意味合いを有する）「除名」など，一方的な意思表示により，労働者の組合加入契約を解約することが可能な場合があります。

## 2 労働組合の内部関係

### (1) 労働組合における組合員の権利と義務

つづいて，みなさんに，より確かな情報をもって労働組合に加入するかどうかの判断をしてもらうために，もしかりに労働組合に加入したら，組合員は労働組合との間で，どのような権利を有し，そしてどのような義務を負うのかを一緒に見ていくことにしましょう。

組合員は，まず，組合員は労働組合の意思決定や活動に，組合民主主義の原則に基づき，互いに平等の立場で参加をする権利を有します。そして，組合員は，労働組合の活動に必要な組合費を納入し，ときとして労働組合が組合員に対する統制権を有する場合には，その統制に服する義務を負います。これらが，労働組合における組合員の主な権利と義務です。

このうち，よく法的紛争となるのは，組合員の義務に関してです。たとえば，組合費納入義務に関しては，まず，参政権など，組合員の市民的な自由と労働組合の組合費徴収権との衝突が問題となります。この点，裁判所は，両者の調和という観点から，「具体的な組合活動の内容・性質，これについて組合員に求められる協力の内容・程度・態様等を比較考慮し，……組合員の協力義務の範囲に合理的な限定を加えることが必要である」として，公職選挙の特定候補者に対する応援資金の拠出については，組合員にこれを強制することはできない，と判断しました（国労広島地本事件：最三小判昭50・11・28）。

そして，労働組合との間で締結した協定に基づき，使用者が，組合員の賃金から組合費相当額を控除している場合に（＝「チェック・オフ」），組合員はこ

れを拒否できるかも問題となります。この点，裁判所は，「チェック・オフを行うためには，右協定の外に，使用者が個々の組合員から，賃金から控除した組合費相当分を労働組合に支払うことにつき委任を受けることが必要であ〔る〕」などとして，組合員からチェック・オフの中止の申入れがされたときは，使用者はその中止をすべきである，と判断しました（エッソ石油事件：最一小判平5・3・25）。

　また，労働組合の統制権に関しては，統制違反を理由として統制処分（除名，権利停止，罰金，けん責など）を行う場合には，使用者の懲戒権と同様（第5章V参照），適正手続の原則の遵守が要請されるほか，統制権の法的根拠（及びその限界）が問題となります。この後者の問題について，裁判所は，「労働組合は，憲法28条による労働者の団結権保障の効果として，その目的を達成するために必要であり，かつ，合理的な範囲内においては，その組合員に対する統制権を有する」などと判示しています（中里鉱業所事件：最二小判昭44・5・2）。

## (2) 内部運営型組合活動

　さて，みなさんが無事，労働組合を結成し，又はこれに加入できたとして，こんどは，「労働条件の維持改善その他経済的地位の向上」（労組法2条本文）という労働組合の主目的を達成するため，まずは，日常的に，その団結強化に向けた活動を行うことになります。それは，すでに組合員になっている者同士の意思決定や情報交換に関する活動かもしれませんし，非組合員や公衆に組合加入や活動への理解・支援を呼びかける情報宣伝活動かもしれません（その他，前述の本章I3で解説した，労働者供給事業や共済事業，労働者福祉事業なども，ここに含まれるかもしれません）。そして，このような平時における内部運営型の組合活動を労働組合がどのように行うかは，憲法28条に基づく「勤労者の団結する権利」（又は「勤労者の……団体行動をする権利」）保障の一環として，原則として，団結の自由（又は団結活動の自由）に委ねられると考えられます（組合自治の原則）。

　しかし，このような内部運営型の組合活動も，ときとして，使用者側の法益を侵害することがあります。なぜなら，このような活動を，たとえば組合員が就業時間中に行えば，それは使用者の労務指揮権を侵害する可能性があります

し，使用者の物的施設内で行えば，その施設管理権を侵害する可能性があるからです。それでは，このような使用者側の法益を侵害するような組合活動も，その内部運営にとって必要性が存在すれば，労働組合は，これを自由に行えるのでしょうか。

この点，学説を見ると，前者の例に関しては，原則として，使用者の許諾がなければ，就業時間中の組合活動は認められない，とする見解（＝「許諾説」）が多数を占めているようです。もっとも，実際上は，労働組合と使用者側の間で就業時間中の組合活動を一定範囲で認める事項を定めた労働協約（本章Ⅲ1およびⅤ参照）が締結されることなどにより，労働組合の会合等への出席が認められている場合が少なくありません。

これに対し，後者の例に関しては，学説上，許諾説を採用するものは少数のようです。多数説は，使用者の許諾がなくても，使用者は一定の範囲で自らの権限が侵害されることを受忍する義務があると解したり（＝「受忍義務説」），組合活動も争議行為と同様，一定限度で違法性が阻却されると解したり（＝「違法性阻却説」）することによって，労働者側の利益（＝組合活動の必要性）と使用者側の利益（＝施設管理に生じた支障の有無・程度）を調整した上で，それぞれの権利を保護しようという考え方に立っています。

なお，このような内部運営型の組合活動と類似の活動は，団体交渉が開始され，労働争議（本章Ⅳ参照）の状態となり，あるいはそのリスクが顕在化した場合にも行われ，それはときとして，より先鋭化した形で現実のものなります。このような外部対抗型の組合活動の法的取り扱いについては，後述の本章Ⅲ2で解説することにします。

# Ⅲ　団体行動

## 1　団体交渉

そして，以上のような内部運営型の組合活動を経て，労働組合は，いよいよ使用者など外部の集団的労使関係当事者と対抗・緊張関係に立つ形で，「労働条件の維持改善その他経済的地位の向上」（労組法2条本文）を図ることになります。今日，その主要な形態は，憲法28条において団体行動の一態様として

明示されている「団体交渉」という方法です（それ以外の方法としては，企業や産業，地域のステークホルダーとして市民団体類似の活動をすることや，国家の労働政策に直接的に参画したり間接的に影響力を行使したりすることなどが挙げられます）。

### ⑴　団体交渉の意義

団体交渉とは，労働組合等と個別使用者または使用者団体との間における「労働協約の締結その他の事項」に関する交渉のことをいいます（労組法6条参照）。ここで，労働組合等がどの個別使用者または使用者団体と団体交渉を行うか，どのような事項を団体交渉の対象とする（賃金や労働時間，雇用の維持など）か，その他どのような態様で団体交渉を行うか（交渉日程や場所，参加者など）は，憲法28条が保障する団結活動の自由の趣旨に照らし，原則として，その相手方である個別使用者または使用者団体との間における自治に委ねられることになります（団体交渉の担当者については，労組法6条も参照）。

このような団体交渉をつうじて，労働組合は，かりに短期的には，労働協約など一定の「合意の成立」合意を達成することができなくても，中・長期的には「労働条件の維持改善その他経済的地位の向上」を実現できるよう，多種多様な「労使間のコミュニケーション」を図ることになります。

### ⑵　労働協約の意義

なお，ここで労働協約（第3章Ⅴ及び本章Ⅴ参照）とは，団体交渉などを経て，労働組合と個別使用者または使用者団体とが「労働条件その他」（労組法14条）の事項に関して一定の合意に至った場合，両当事者の間で作成される文書ことをいいます。この労働協約は，大きく分けて，⒜労働者個人と個別使用者の間における「労働条件その他の労働者の待遇に関する基準」（労組法16条）をその内容とする部分（＝「規範的部分」）と，⒝労働組合と個別使用者または使用者団体の間における労使関係に関する事項など，それ以外の事項をその内容とする部分（＝「債務的部分」）の2つの部分から成り立っています。このような労働協約の締結をつうじて，労働組合は，労働者個人と個別使用者との間における交渉力格差の是正や協約適用範囲内における公正な労働条件の設定，さらには協約有効期間中における労働争議の回避などを図ることになります。

## 2 その他の団体行動

### (1) 概 説

もっとも，たとえ団体交渉や労働協約の締結という団体行動が，内部運営型の組合活動などと並び，「労働組合の正当な行為」（労組法1条2項）として，法的に許容されたとしても，実際に団体交渉の場に，使用者側の当事者を引っ張り出せなければ意味がありません。そして，かりに使用者側の当事者を団体交渉の場に引っ張り出せたとしても，労働組合が，使用者側の当事者との間で実質的に対等な立場で交渉できなければ，相手方の譲歩を引き出すことは難しくなります。さらに，かりにめでたく労働協約を締結するに至ったとしても，その後，個別使用者が労働協約を遵守しなかったとすれば，団体交渉というシステムは画餅に帰すことになります。しかも，このような集団的労使関係システムは，静態的な権利や義務とは異なり，かなり動態的な性格を有しているため，一般論として，時間が経てば経つほどその影響力が大きくなっていくということが容易に予想されます。

そこで，「その他の団体行動」（憲法28条）の1つとして，法的に許容されるのが，争議行為や外部対抗型の組合活動などの団体行動です。この点，「労働組合の正当な行為」（労組法1条2項）とその範囲を広く取っている刑事免責の場合と異なり，民事免責の範囲をあたかも「争議行為」に限定しているかのようにも読める労組法8条が存在していることなどから，学説上，確かに，「争議行為」とは何か（「使用者の業務の正常な運営を阻害」する一切の行為を含めるのか，それとも「集団的な労務の不提供」を中心とした特定手段の行為に限定するのか），「争議行為」とそれ以外の「組合活動」（外部対抗型も含む）で「正当」性評価の基準を別にすべきか（「峻別」すべきか，それとも「統一」的に理解すべきか）などの点で，争いがあります。しかしながら，ある一定の行為を「争議行為」と理解するのであれ「組合活動」と理解するのであれ，当該行為が「労働条件の維持改善その他経済的地位の向上」（労組法2条本文）を目的とするものである限りは，憲法28条の保障の対象に含まれうるものとして，その「正当」性の有無によってその適法性が判断される，と解する点では，おおむね見解が一致しています。

いずれにせよ，このような団体行動をつうじて，労働組合は，「労働条件の

維持改善その他経済的地位の向上」の実現に向け，その対抗関係にある者らに対して攻撃的な圧力を加えたり（＝「経済スト」），その基盤となる労働組合の存立が脅かされそうな場合には，団結を侵害する者らに対して防御的な対抗行為を行ったり（＝「抗議スト」）することになります。

### (2) 団体行動の正当性

それでは，それら団体行動の「正当」性は，どのように評価するのでしょうか。

最も重要と考えられる指標は，「目的」面における正当性です。この点，かりに「労働条件の維持改善その他経済的地位の向上」（労組法２条本文）という経済的な目的を有する団体行動であっても，その正当性の有無が，学説上，分かれているものがあります。それは，たとえば労働政策に関する政治的主張を掲げて（＝「経済的政治スト」），あるいはその要求を自ら実現できない個別使用者のもとで（＝「支援スト」），集団的な労務の不提供を行うなど，労働組合が経済的な要求を掲げる名宛人と現実に団体行動を実施する対象者とが異なる場合の団体行動です（なお，経済的な目的を有しない「純粋政治スト」の目的面における正当性を否定したものと解される裁判例として，三菱重工長崎造船所事件：最二小判平４・９・25）。

つぎに重要と考えられる指標は，「手段・態様」面における正当性です。手段の類型としては，(イ)労働者個人自らの労務を集団的な意思に基づき（一部）不提供するという意味で，消極型に属するといえる同盟罷業（ストライキ）や怠業（消極的サボタージュ），(ロ)それを超えた形で個別使用者や他の労働者，顧客・取引先などに働きかけるという意味で積極型に属するといえる職場占拠や職場封鎖（ピケッティング），ボイコット，さらに，(ハ)内部運営型の組合活動（本章Ⅱ２参照）と態様面においては一定の類似性を有しながら，平時とは異なる有事の状況下においてこれが実施される外部対抗型の各種組合活動などがあります。

もっとも，そのように類型化された手段のどれに当てはまるかによって，定型的に，正当性の有無が評価されるのではありません。むしろ，個別事案ごとに，当該団体行動の具体的な態様がその目的との関係で必要かつ相当なものであったかを，当該団体行動をめぐる使用者側の対応など「諸般の事情」をも考

慮に入れながら評価するという方法で，手段・態様面における正当性が評価されることになります（裁判例として，積極型の事案に属する御國ハイヤー事件：最二小判平4・10・2（車両確保戦術），外部対抗型の組合活動の事案に属する大成観光事件：最三小判昭57・4・13（リボン闘争）及び国鉄札幌運転区事件：最三小判昭54・10・30（ビラ貼り）など）。

その他，団体行動の正当性評価の指標となりうるものとして，「主体」面（例えば「山猫スト」）や「手続き」面（例えば「抜き打ちスト」）における正当性などが挙げられます。

### (3) 使用者側の対抗措置

このような労働者側の団体行動に対して，使用者側は，いくつかの対抗措置を採ることがあり，しばしば，その適法性が問題となることがあります。

すなわち，使用者側は，第一に，消極型の団体行動を行った者に対して，ノーワーク・ノーペイの原則（民法624条）に基づき，賃金カットを行うことがあります（三菱重工業長崎造船所事件：最二小判昭56・9・18など。なお，当該団体行動に参加しなかった者の賃金請求権について，民法536条2項（危険負担）の問題として処理し，これを否定した裁判例として，ノース・ウエスト航空事件：最二小判昭62・7・17）。

第二に，団体行動が正当性を欠くと思われる場合には，懲戒処分などの制裁を科すなど，労働契約上の責任を負わせることがあります。また，裁判などをつうじて，不法行為法上の損害賠償責任を追及したり（書泉事件：東京地判平4・5・6など），差し止めを求めたりすることがあります。

第三に，消極型の団体行動が行われている場合に，管理職や非組合員，臨時に雇い入れたスト代替労働者を用いるなどして，操業を継続することがあります。あるいは反対に，労務の受領を集団的に拒絶することによって，労働者側に一定の経済的な打撃を与えることがあります。この作業所閉鎖（ロックアウト）は，使用者の争議対抗行為として法的に取り扱われ，その法的根拠や正当性の有無が問題とされることになります（丸島水門事件：最三小判昭50・4・25など）。

# Ⅳ　争議調整

　以上，本章Ⅱ及びⅢで見てきたとおり，憲法28条とそれに基づく集団的労使関係法システムは，一方において，国家から自由な領域を設け，労働組合や個別労働者，そして個別使用者および使用者団体など，その領域に属する集団的労使関係の各当事者間の利益を調整するための法理や法制度をいくつも整備しています。

　しかし，その自由な領域で，とくに労働者側の当事者と使用者側の当事者とが，かりにケンカばかりしていては，それら当事者だけでなく，国民経済までもが疲弊してしまいます。さらに，労働組合の存立やその活動が脅かされるような事態がつづくようでは，国民経済をも支える集団的労使関係そのものが成り立ちえません。

　そこで，憲法28条とそれに基づく集団的労使関係法システムは，他方において，国家による関与をつうじて，自律的な集団的労使関係を助成する法制度をいくつか整備しています。

　その１つ目が，労働委員会による争議調整の制度です（第11章Ⅲ参照）。

　この争議調整は，「労働関係の当事者間において，労働関係に関する主張が一致しないで，そのために争議行為が発生してゐる状態又は発生する虞がある状態」（＝「労働争議」）が発生した場合に（労調法６条），「労働関係の当事者」の「自主的」な「解決」を原則としつつも（労調法２条），当事者の一方または双方の申請などに基づき，独立行政委員会である労働委員会が，斡旋（労調法10条以下），調停（労調法17条以下），仲裁（労調法29条以下）などの手続きを行うというものです。なお，この争議調整における「争議行為」とは，「同盟罷業，怠業，作業所閉鎖その他労働関係の当事者が，その主張を貫徹することを目的として行ふ行為及びこれに対抗する行為であつて，業務の正常な運営を阻害するもの」を指し（労調法７条），使用者側の争議対抗行為も含んだ概念の定義となっています。

# V　労働協約

　2つ目が，労働協約に関するいくつかの制度です。

　労働協約は，労働組合と個別使用者または使用者団体との間における合意ですから（本章Ⅲ1参照），一般の契約と同様，その合意をした当事者自身の間の関係を規律する効力（＝「債務的効力」）が，債務的部分か規範的部分かを問わず，労働協約全体に生じます。しかし，このような効力だけでは，かりに当該労働協約の当事者ではない労働者個人が規範的部分の基準にしたがった給付が受けられないとした場合，かりに裁判に訴えを提起したとしても，これにしたがった給付を受けることは困難になります。また，再び団体行動を展開するとすれば，あまりにも多大な時間的・金銭的コストが，そこで生じることになります。

　そこで，労組法16条は，「労働協約に定める労働条件その他の労働者の待遇に関する基準に違反する労働契約の部分は，無効とする」（＝「強行的効力」），「この場合において無効となつた部分は，基準の定めるところによる」（＝「直律的効力」），「労働契約に定がない部分についても，同様とする」（＝「補充的効力」）として，労働協約の規範的部分にいわゆる「規範的効力」が生じる旨を定めています（その法的性質については，第3章Ⅴ参照）。加えて，労働協約が一定の要件を充たした場合には，事業場単位（労組法17条）又は地域単位（労組法18条）で，当該労働協約を締結した労働組合の組合員以外の労働者にも規範的効力が及ぶ旨を定めています（＝「一般的拘束力」）。

　そして，労働協約には以上のような通常の契約にはない特別な効力が生じることなどから，「書面」への作成と両当事者の「署名」または「記名押印」を労働協約の効力の発生の要件とするとともに（労組法14条。書面性を欠く労使合意の規範的効力が否定された裁判例として，都南自動車教習所事件：最三小判平13・3・13），労働協約の期間についても，一定のルールを定めています（労組法15条）。

　なお，この労働協約の規範的部分の効力をめぐってしばしば法的紛争となるのは，労働者個人がすでに取得した権利を労働協約によって放棄させることは

できるのか（平尾事件：最一小判平31・4・25）や，旧労働協約に定める「労働条件その他の労働者の待遇に関する基準」が新労働協約によって引き下げられた場合に，組合員（朝日火災海上保険（石堂）事件：最三小判平9・3・27など）や非組合員（朝日火災海上保険（高田）事件：最三小判平8・3・26など）の労働条件も引き下げられるのか，さらには，労働協約そのものが終了した場合，個別使用者は労働者の労働条件を任意に変更したりすることはできるのか（鈴蘭交通事件：札幌地判平11・8・30など）などの問題です。

# Ⅵ　不当労働行為

　加えて，3つ目が，ドイツ法に大きく影響を受けた前の2つの制度とはやや性質の異なる，不当労働行為と呼ばれるアメリカ法由来の制度です。

　この不当労働行為制度において，使用者は，大きく分けて，労働者個人に対する「不利益取扱い」（労組法7条1号及び4号），使用者による正当な理由のない「団体交渉拒否」（同条2号）並びに労働組合に対する「支配介入」（同条3号）という3つの行為が禁止されています。不当労働行為を受けた労働組合または労働者個人は，労働委員会に，救済の申立て（労組法27条以下）をすることができます（第11章Ⅲ3参照）。労働委員会は，「使用者による組合活動侵害行為によつて生じた状態を右命令によつて直接是正することにより，正常な集団的労使関係秩序の迅速な回復，確保を図る」という不当労働行為の行政救済制度の趣旨目的に照らし，「広い裁量権」をもって救済命令を発することができるとされています（第二鳩タクシー事件：最大判昭52・2・23）。

　この不当労働行為制度は，たしかに，労働組合の規模があまり大きくなく，結果として，不利益取扱いや支配介入によってその存立や活動を脅かされ，いとも簡単に団体交渉を拒否されてしまう日本の集団的労使関係の現状を考えれば，その実務的意義は決して小さいものではないでしょう。とりわけ，「団体交渉を申し入れた労働者の団体の構成員たる労働者の労働条件その他の待遇，当該団体と使用者との間の団体的労使関係の運営に関する事項であって，使用者に処分可能なもの」（＝「義務的団体交渉事項」）について，使用者が負うことになる「団体交渉応諾義務」について（根岸病院事件：東京高判平19・7・

31)，これには，「必要に応じてその主張の論拠を説明し，その裏付けとなる資料を提示するなどして，誠実に団体交渉に応ずべき義務」（＝「誠実交渉義務」）も含まれる，と裁判所は判示していますが（山形県・県労委（国立大学法人山形大学）事件：最二小判令4・3・18），その実務的意義は計り知れないものとなっています。

　しかしながら，このような不当労働行為制度が果たす役割は，あくまで，労働組合の存立や活動を最低限度において保護し，使用者を誠実な態度で団体交渉に臨ませるにとどまるものです。それによって，直ちに，使用者側が労働者側の要求を受け入れるようになるわけではありませんし，ましてや，両者の間で対等性が確保されるわけでもありません。

　したがって，労働組合が「労働条件の維持改善その他経済的地位の向上」（労組法2条本文）という目的を達成するためには，このような不当労働行為制度という国家による助成の制度も利用しつつ，しかし，その制度の枠組みにとらわれない多様な「団体行動」を労働組合自身が展開することが，重要となってくるように思われます（本章Ⅲ参照）。

# Ⅶ　争議行為の制限

　さいごに，同じ「国家による関与」といっても，本章ⅣからⅥまでで見たように，集団的労使関係がきちんと自律性を発揮できなかったり発揮しづらかったりする場合に，その機能を回復できるよう，国家が「助成」しようとするのではなく，反対に，他の政策的目的の実現や他の憲法的価値との調整のために，自律的な集団的労使関係や憲法28条による「団結権」保障（広義）に国家が「介入」（・「侵害」）しようとする場合があります。その代表的なものが，民間部門における争議行為の制限に関する諸制度や，公務部門における労働基本権の制限（争議行為の制限も含む）の諸制度です。

　後者の公務部門における労働基本権の制限については，すでに第2章Ⅲ1で触れられていますので（TOPIX「公務員労働」も参照），ここでは，前者の民間部門における争議行為の制限について見ていきましょう。

　その1つが，労調法第5章による争議行為の制限禁止等です（なお，ここで

いう「争議行為」とは，本章Ⅳで解説した争議調整の場面におけるそれと同じく，同法7条の定義による概念です）。

これには，まず，人の生命や身体に危害が及ぶことを予防するための「安全保持の施設」の正常な維持又は運行を停廃又は妨げる争議行為の禁止が含まれます（労調法36条）。同条により，炭鉱におけるガス爆発防止施設，落盤防止施設及び通信施設や，衛生上欠くことのできない物的施設において，これらの施設を正常に維持・運行するために必要な最小限度の人員（＝「保安要員」）を残しておくことが求められます（新潟精神病院事件：最三小判昭39・8・4）。もっとも，同条に違反した争議行為に対しては，国家公務員法・地方公務員法におけるような特別な罰則は規定されていません。

そして，運輸，郵便・電気通信，水道・電気・ガス供給，医療・公衆衛生など，「公益事業」（労調法8条）における10日前の予告の義務づけです。これは，公益事業の停廃が公衆の日常生活に重大な影響をもたらすおそれがあるため，そのような公衆の利益と労働者の争議行為をする権利との調整を図るために，設けられた制度であると考えられています。

もう1つが，電気事業及び石炭鉱業における争議行為の方法の規制に関する法律（＝以下「スト規制法」）による争議行為の禁止です。これは，1952年，日本の産業の基盤を支えるエネルギー・インフラストラクチャーである電気事業及び石炭鉱業において，大規模なストライキが行われた際に，その翌年である1953年に3年の時限立法として，その後1956年に恒久立法として法制化されたものです。「国民経済及び国民の日常生活に対する重要性に鑑み，公共の福祉を擁護する」ことをその目的としており（スト規制法1条），電気事業及び石炭鉱業における争議行為が労働関係調整法36条のような「安全保持の施設」におけるものに限らず，より広い範囲で禁止されています（スト規制法2条および3条）。

以上が制度の概要ですが，いずれにせよ，このような争議行為の制限は，憲法上保障された基本権の制限にほかなりません。したがって，その解釈・適用にあたって慎重な判断が求められることは，いうまでもないでしょう。

## Topix　公務員労働法

　就職活動をしているみなさんの中には，一般の民間企業の従業員ではなく，公務員になりたいと考えている人もいるかもしれません。たとえば，国の省庁や都道府県庁，市町村役場などで行政事務をつかさどる職員，あるいは，海上保安庁や刑事施設，そして警察や消防官などで公安をつかさどる職員，はたまた，公立の学校や保育園などで一定の専門性をもった職員になりたいと考えている人たちです。そして，これら公務員は，法律上，実に多種多様な分類を，しかも幾重にも重なった形でされることになります（たとえば，国家公務員と地方公務員，特別職職員と一般職職員，現業職員と非現業職員，常勤職員と非常勤又は短時間勤務職員，無任期任用職員と任期付任用職員，定員規制の対象職員と対象外である臨時・非常勤の職員など）。はたして，この公務員の人たちには，本書で見るような労働法のルールが適用されるのでしょうか。

　結論からいうと，（ごく一部の高級官僚などを除き）そのほとんどがまさしく「労働者」（第2章Ⅰ参照）としての性格を有しているにもかかわらず，公務員は，その分類に応じて，各労働法令の一部または全部が適用されないことになっています。たとえば，労働基準法は，非現業の国家公務員には適用されませんし（国公法附則16条），労働契約法は，すべての公務員に適用されません（労契法21条1項）。また，労働組合法も，国・地方の別を問わず，非現業職員には適用されないことになっています（なお，運転・清掃・ごみ収集・守衛など，公権力の行使とは大きく離れた分野で民間企業の従業員と似たような働き方を現業職員には，労働法令の多くが適用されることになっています）。

　ただ，公務員はその「労働者」としての保護を受けるにあたって，何らの法的ルールもないということではありません。一般の労働法令の適用がはずされている部分については，国家公務員法や地方公務員法の別段の定めに基づき，部分的にその法的ルールが整備されることになっています。ただし，憲法28条に基づく「団結権」（広義）の保障が，公務員の場合は一部または全部，制限されているなど，民間の労働者と比較して，その法的保護に劣る部分もあり，これとまったく同じ法的保護を受けているというわけではありません。

　では，なぜ，同じ「労働者」であるにもかかわらず，公務員とそれ以外の労働者

との間で，法的取り扱いが大きく異なっているのでしょうか？　この点，学説では，①公務員は「全体の奉仕者」（憲法15条）として，国民の意思に基づき，その職務を行わなければならないとされていること（＝「民主的公務員法制の原理」），②公務員の勤務条件は，憲法73条４号に基づき，議会制民主主義を前提とした法律や条例によって，定められることとされていること（＝「勤務条件法定・条例主義」），③加えて，国の財政は，憲法83条に基づき，国会の議決に基づいて，これを処理することとされていること（＝「財政民主主義」）などの理由が挙げられています。

　しかし，さきほどから何度も触れているとおり，公務員には実に多種多様な種類の人たちがいます。そしてその中には，一般の労働者が受けられるような法的保護もその代償措置もなく，結果として，身分の安定性も労働条件の水準も低い，いわゆる「非正規」公務員と呼ばれる人たちがいます。その最もわかりやすい例は，いわゆる「会計年度任用職員」と呼ばれる公務員です。その多くが有期や短時間で働いていますが，一方で，公務員であるがゆえに，契約更新や無期転換（労契法18条および19条），そして「正規」公務員との均等・均衡処遇（短有労法８条及び９条）などの適用対象とはされておらず，しかし他方で，これに対応した公務員法上の規制がないため，とても過酷な労働環境のもと，働かざるをえない状況にあります（まるで，工場でも航船でもない「工船」のため，工場法による保護も航海法による保護も受けられなかった，戦前の「蟹工船」のよう？）。

　みなさんは，このような話を聞いて，「コームインだからショーガナイ」と現状をやみくもに追認しようとするでしょうか。もちろん，現状をむやみに非難するのも違うかもしれません。しかし，現状を追認するにせよ非難するにせよ，互いの主張を「信じて疑う」くらいの批判と対話の精神はもっていていいのかもしれません。

　とりわけ公務部門が担っているサービスの多くは，持続可能な社会の構築にとって，とても重要な役割を果たしているように思われます。しかし，その公務部門における持続可能でない働き方により，結果として，社会の持続可能性が失われては元も子もありません。みなさんの多くはおそらく，そのような公共財の使い方に関する意思決定を任された主権者の１人です。ぜひ，この世界の主人公の１人として，そのあり方を考えてみてください。

〔榊原　嘉明〕

# 第11章
# 労使紛争解決制度

## I　日本の労使紛争解決制度

　日本では，ピーク時の1949（昭和24）年には55.8%であった労働組合の推定組織率が近年16%～17%台で低迷していることに加えて，安定的労使関係の定着などにより，労働組合と使用者間の集団的労使紛争が減少するとともに，新たな賃金・処遇制度の導入や非正規労働者の増大などにみられる人事・雇用管理制度の変革や，権利意識の高まりや私生活を重視する傾向，長期勤続志向の低下といった労働者の意識の変化などにより，個々の労働者と使用者間の個別的労使紛争が増加，多発する傾向があります。このような傾向に対応して，2000年代初頭から20年ほどの間に，労使紛争解決制度の改革や創設が行われ，個別的労使紛争に対応する制度が充実してきました。

　裁判所では，民事紛争処理の一環として，「民事訴訟」（通常訴訟や仮処分）や「民事調停」により労使紛争を処理してきました。加えて，2006（平成18）年4月に，個別的労使紛争解決に特化した「労働審判制度」が新たに運用を開始し，高い処理実績を上げています。

　行政機関では，都道府県において，労政主管事務所により労働相談が行われ，一部の都府県では，労働相談の延長として和解のための「あっせん」をも行うとともに，東京都，兵庫県及び福岡県を除く，44の道府県労働委員会では，「個別的労使紛争のあっせん」を行っています。また，厚生労働省（国）の地方支分局である都道府県労働局も，2001（平成13）年10月から個別的労使紛争の処理に乗り出し，個別労働紛争解決促進法に基づく「あっせん」や雇用機会均等法等に基づく「調停」などの制度を運用しています。

　なお，裁判所や行政機関ではない民間の機関の中にも労使紛争解決に特化し

たものが現れ，社会保険労務士の全国組織である連合会（東京都）と，栃木県と大分県を除く45の都道府県会が事業者となり，裁判外紛争解決促進法（通称ADR法）に基づく法務大臣の認証と，社会保険労務士法に基づく厚生労働大臣の指定を受けた「社労士会労働紛争解決センター」が，無料ないし有料で，個別的労使紛争の解決のためのあっせんを行っています。

# Ⅱ 個別的労使紛争解決制度

## 1 地方裁判所における個別的労使紛争解決制度

### (1) 民事通常訴訟

強制的に，最終の決着を図る唯一の方法として，地方裁判所では民事通常訴訟が行われています。労使紛争の解決には労働関係法規に関する高い専門性や手続に関する特別の配慮が必要ですが，手続の運用面で特段の配慮はあるものの，一般の民事事件と同様の民事訴訟法に基づく手続に従って進められ，その利用には少額ですが費用負担があります。民事通常訴訟では，その半数程度が和解で終了しますが，平均して1年を軽く超える，時間のかかる手続になっています。当事者は，弁護士等に代理人を依頼することなく民事通常訴訟を利用できますが，事件の内容如何では十分な権利主張が困難となり，勝訴可能な事件でも敗訴する危険性があります。弁護士に依頼するときには費用が大きな負担となり，また，地域によっては労働法に詳しい弁護士を見つけることが困難なこともあります。

なお，地方裁判所では，近年，労働事件に関して年間3千件台の民事通常訴訟が新規受理されていますが，その中には少数の集団的労使紛争も含まれています。また，簡易裁判所では，訴額140万円以下の「通常訴訟」や訴額60万円以下の金銭請求に関する「少額訴訟」，「民事調停」なども，労働事件の処理に活用されています。

### (2) 労働審判制度

労働審判制度は，個別的労使紛争の解決に特化した，裁判所におけるADR（裁判外紛争解決制度）です。全国50ヵ所の地方裁判所の本庁と，東京地裁立川支部と静岡地裁浜松支部，長野地裁松本支部，広島地裁福山支部，福岡地裁

小倉支部の5ヵ所の支部で行われています。民事訴訟の半額程度の費用負担が必要ですが，相手方が手続に応じることを強制される点が，行政型や民間型のADRとは異なる一番の優位点となっています。

　労働審判制度は，裁判官が務める労働審判官1名と，労働関係の専門的知識経験者として労働者側と使用者側から各1名選出される労働審判員2名の，合計3名からなる労働審判委員会によって行われ，3名が平等の議決権を持ち，調停案や労働審判の内容を合議（多数決）により決定します。迅速性を最重視する手続となっており，3回以内の期日（3～4ヶ月程度）で終結するものとされています。和解のための調停が積極的に試みられ，事件の7割程度が調停成立による和解で終了しています。和解に至らない場合には，合議に基づいて労働審判（解決案）を下し，労働審判に対し当事者から異議が出なければ「裁判上の和解」と同一の効力（民事執行力）が認められます。異議が出ると労働審判は失効しますが，訴えの提起があったものと擬制され，民事通常訴訟に移行します。背後に民事訴訟が控えていることが大きな強みとなり，解決力を高めています。

　迅速処理を実現するために，原則として，弁護士の代理人を付けることが当事者に求められ，その費用負担の大きさや弁護士へのアクセス困難の克服が課題となっています。

### 2　都道府県の個別的労使紛争解決制度

#### (1)　労政主管事務所による労働相談やあっせん

　都道府県では，労政主管事務所（名称は「中小企業労働相談所」（山梨県や静岡県など）や「労働相談情報センター」（東京都や長崎県）など多様）が，無料で労働相談に応じるとともに，東京都や神奈川県，大阪府，福岡県，大分県では，労働相談の延長としての「あっせん」による解決サービスも無料で行っています。労働相談から速やかにあっせんに入り，直ちに解決を見ることもあり得る最も迅速かつ簡便な制度となっています。

#### (2)　道府県労働委員会における個別的労使紛争解決制度

　労使紛争処理に特化した機関として長年にわたり集団的労使紛争にのみ対応してきた「労働委員会」が，地方自治法180条の2により，知事からその権

限事務の委任を受ける形で，2001（平成13）年４月から個別的労使紛争にも対応し，2015（平成27）年度以降，東京都，兵庫県及び福岡県を除く，44の道府県労働委員会が，あっせんによる解決サービスを無料で提供しています。

労働委員会による個別的労使紛争のあっせんは，労働関係法等の専門的研修を受けた職員を擁する事務局が手続を運営しており，事前の「事務局調査」をした上で，公・労・使の３名の委員で対応する（三者構成）のが通例とされ，和解に向けて非常に丁寧に手続が行われますが，その処理実績は伸び悩んでいます。

### 3　都道府県労働局の個別的労使紛争解決制度

#### (1)　都道府県労働局の個別的労使紛争解決制度

都道府県労働局では，雇用環境・均等部（室）が所管する個別労働紛争解決促進法や雇用機会均等法等に基づく制度と，職業安定部が所管する障害者雇用促進法等に基づく制度が無料で運用されています。紛争解決制度としての実効性を確保するために，制度の利用を理由とする事業主による労働者に対する解雇その他の不利益な取扱いの禁止や，「あっせん」や「調停」の打切りの場合の時効の中断の効力が定められています。

#### (2)　個別労働紛争解決促進法に基づく制度

個別労働紛争解決促進法に基づく制度は，紛争の予防や自主的解決を促進するためのものであり，労働問題に関する相談，情報提供のワンストップサービスを行う「総合労働相談」，民事上の個別労働紛争に関して必要な助言や指導を行い，自主的な解決に導くための「労働局長の助言・指導」，学識経験者から選ばれる委員が，紛争当事者に働きかけて実情に応じた和解による解決を導く「紛争調整委員会によるあっせん」からなっています。「助言・指導」や「あっせん」には，強制力はありません。制度は，各労働局に１名以上配置されている労働紛争調整官が統括しています。

「紛争調整委員会によるあっせん」は，大学教員や社会保険労務士，弁護士などのあっせん委員が，１名で，原則１回の期日で，当事者双方から話を聴いて，民法上の和解に導くものですが，行政型ADRとしては，最も多くの事件を扱っています。

⑶　**雇用機会均等法等に基づく制度**

　雇用環境・均等部（室）が所管する雇用機会均等法やパート・有期労働法，育児介護休業法，労働施策総合推進法と，職業安定部が所管する障害者雇用促進法や労働者派遣法に基づく制度は，これらの6つの法律に関連する労働相談に加えて，民事上の個別労働紛争に関する「労働局長の助言・指導・勧告」と，「紛争調整委員会による調停」を行っています。「助言・指導・勧告」や「調停」には，強制力はありません。

　「調停」は，単独の委員，あるいは3名の委員会で，当事者双方から話を聴いて調停案を作り，当事者にその受諾を勧告する手続となっています。雇用機会均等法は「機会均等調停会議」，パート・有期労働法は「均衡待遇調停会議」，育児介護休業法は「両立支援調停会議」，労働施策総合推進法は「優越的言動問題調停会議」，障害者雇用促進法は「障害者雇用調停会議」，労働者派遣法は「派遣労働者待遇調停会議」の名称で行われます。

# Ⅲ　集団的労使紛争解決制度

## 1　労働委員会による集団的労使紛争解決制度

　労働委員会は，集団的労使紛争の解決を支援するために設立された，公・労・使の三者構成の委員からなる独立の行政委員会であり，中央労働委員会（国）と都道府県労働委員会からなり，無料で利用できます。労働組合と使用者との間で意見の対立が生じ，争議行為が発生し，あるいは発生する恐れが生じたときに，労働委員会が労使の話し合いの仲立ちをして解決に導くのが，労働関係調整法に基づく労働争議調整手続です。憲法28条による労働三権保障の趣旨を蔑ろにする使用者側の行為を「不当労働行為」として禁止し，禁止の違反に関して，労働委員会が審査に基づいて行政救済を図り，集団的労使関係の早期の正常化を図るための手続が，労働組合法に基づく不当労働行為救済手続です。

　なお，近年では，労働者が解雇された後に個人加入の社外の一般労組（ユニオン，合同労組）に入り，労働組合が団体交渉で使用者に解決を求め，それが功を奏しないときに，労働関係調整法に基づいて，団体交渉促進のための斡旋

申請や，労働組合法に基づいて，団体交渉拒否の不当労働行為救済申立に至るという流れで，実質は個別的労使紛争であるものが，集団的労使紛争として労働委員会に持ち込まれるものも多く見られます。

## 2　労働関係調整法に基づく労働争議調整手続

　労働委員会による調整手続には，斡旋，調停，仲裁及び緊急調整があります。もっとも簡便で，よく利用されている「斡旋」は，当事者双方又は一方の申請より開始され，斡旋員（1人又は数人）が，当事者双方の主張の要点を確かめ，和解に導くよう努める手続です（労調法13条）。公・労・使の三者構成の斡旋委員会で対応することが多く，三者構成が解決に威力を発揮することがあります。

　「調停」は，当事者双方からの申請あるいは労働協約に基づく一方の申請，公益事業については，当事者一方からの申請，労働委員会の決議，厚生労働大臣または都道府県知事の請求のいずれかにより開始します（労調法18条）。公・労・使の三者の調停委員会により，当事者双方から意見を徴し，調停案を作成して，当事者にその受諾を勧告する手続となっており（労調法24条及び26条），当事者双方が調停案を受諾してはじめて解決により終了することになります。

　当事者を拘束する裁定を下す手続である「仲裁」（労調法29〜35条）の利用は少なく，また，国民生活に重大な影響を及ぼすおそれのある争議に対応する「緊急調整」（労調法35条の2）は，戦後間もない時期の炭労ストの例が1件あるだけです。

## 3　労働組合法に基づく不当労働行為救済手続

　労働組合法は，使用者が，労働者が労働組合の組合員であることなどや，労働委員会に対して不当労働行為の申し立てをしたことなどを理由として，労働者に対して解雇その他の不利益な取り扱いをする「不利益取扱（報復的不利益取扱）」や，労働者が労働組合に加入せず，もしくは労働組合から脱退することを雇用条件とする「黄犬契約」，雇用する労働者の代表と団体交渉をすることを正当な理由がなく拒む「団体交渉拒否」，労働者による労働組合の結成や

運営を支配し介入することや，労働組合の運営経費の支払に経理上の援助を与える「支配介入・経費援助」を，不当労働行為として禁止しています（労組法7条）。不利益取扱が支配介入にもなり，また，団体交渉拒否が支配介入とされることもあるなど，使用者の一つの行為が，複数の不当労働行為類型に該当することもあります。

　労働組合や労働者が使用者の不当労働行為により，権利や利益を侵害されたと考えるときは，労働委員会に救済の申立てを行うことができます（労組法27条1項）。労働組合が申立てを行うときは，労働組合法が定める要件である自主性と民主性について，労働委員会の資格審査を受ける必要があり（労組法5条），不当労働行為の審査と併行して行われます。不当労働行為の申立ては，使用者による不当労働行為と解される行為の日（継続する行為はその終了した日）から1年以内に行われなければならないとされています（労組法27条2項）。申立てが行われると，労働委員会は遅滞なく調査を行い，審問を開始します。調査と審問の手続は審査と呼ばれ，会長が指名する1～2名の公益委員が審査委員となり，労使の委員も各1名，参与委員として手続に参加します。審査中に和解作業が「斡旋」と同様に行われ，例年，全体の5割程度が和解により終結しています。

　審問が終わると公益委員会議が開かれ，参与委員として参加した労使委員の意見を聴いた上で，合議により，不当労働行為が成立すると認めるときは，申立人が請求する救済の全部ないしは一部を認容する救済命令，不当労働行為が成立すると認めないときは，申立てを棄却する命令を発します（労組法27条の12第1項）。命令は，命令交付の日から効力を生じます（労組法27条の12第4項）。都道府県労働委員会の命令に不服のある当事者は，命令公布の日から15日以内に中央労働委員会に再審査の申立てができます（労組法27条の15）。また，労働委員会の命令や決定に不服のある当事者は，裁判所に対してその取消を求める行政訴訟を提起することができます。

## **T**opix　　多様な個別的労使紛争処理機関の再構築の必要性

　個別的労使紛争解決機関は多種多様なものとなっています。利用する当事者にとって選択肢が多いのは利点ではありますが，地域間格差もあり，また，選択に迷う事態も生じています。たとえば，解雇の有効性を争う紛争には，民事訴訟（通常訴訟や仮処分），労働審判，民事調停，都道府県労働局の紛争調整委員会によるあっせんないし調停，道府県労働委員会や社労士会労働紛争解決センターのあっせんなど，非常に多くの制度が用意されています。制度維持に要する経済的負担や制度に必須の専門性の高い人材の確保の必要性を考えると，集団的労使紛争に対応する制度も含めて，日本では，労使紛争解決制度を再構築することを検討すべき段階にあり，まずは，同じ機能を営む行政型 ADR は統合する必要があります。

〔村田　毅之〕

# 第12章
# 障害者雇用

## I　雇用と福祉

### 1　イントロダクション

　歴史を紐解くと，障害者雇用は多くの国において戦傷軍人のための雇用確保の手段として制度化され，これが一般の障害者にも対象を拡大していったという経緯があります。このため，かつての障害者雇用は，資本主義社会の商品交換の観点からすると，障害者は障害のない者と比べて相対的に労働力が低いという前提のもと，福祉政策の領域で捉えられていました。

　その後，医療の向上によって障害がより身近になり，また，科学技術の進展などによって障害があっても活動できる範囲が各段に増えました。

　そして，時代とともに，障害者に対する捉え方も大きく変化していきます。1980年代，世界的に「ノーマライゼーション」の考えが広く浸透し，2000年代に入ると国連において障害者権利条約という人権条約が採択されるなど，障害者であっても支援を得て障害のない者と同等の権利を有するという平等理念が醸成されていきました。日本でも障害者への平等理念を重視する法整備が進められています。

　こうした平等理念の根底には，「障害」とは社会の側が作り出している「社会的障壁」という考え方があります。障害者であっても「障害」に対する支援や配慮があれば，障害のない者と同じように活動することができるはずですから（第4章Ⅱ4(1)を参照），効率性・合理性を優先して障害者のことを無視してきた従来の社会制度は改めるべきで，今度は社会の側から障害者などの困難を抱えている者へ合わせていくべきという考え方です。

　ある著名な実業家が「企業は社会の公器」と評しましたが，仕事の経験はそ

の者の人格を磨き上げていく貴重な体験であることからすると、企業の負っている社会的責任は雇用する労働者にも当然向けられています。支援や配慮を得れば十分に働くことのできる障害者に労働権を保障することは企業の社会的責任といえます。

　他方で、ある障害者の就労において企業にとって過重となる支援や配慮が必要となる場合、当該企業だけが負担すべき問題ではなく、社会全体で考えるべき社会保障（とりわけ社会福祉）の問題です。

　このように障害者雇用は、労働権の保障のみならず、福祉的性格を有していることから、労働法と社会保障法が交差する領域にあるといえます。

### 2　障害の典型3区分

　日本では、身体障害、知的障害及び精神障害の三つの障害を典型障害としています。

　厚生労働省の調査によれば、日本全国の障害者数の概数は、約1,160.2万人（身体障害者約436万人、知的障害者約109.4万人、精神障害者約614.8万人）と見積もられており、日本の人口の約9.2%が何らかの障害を有しています。

　このうち、障害者手帳を有する人数は延べ600万人以上と推計されています。

　障害者手帳は、それぞれ根拠法規が異なりますが、手帳交付要件として一定程度以上の障害を定めており、当該障害を有する障害者に交付されるという仕組みです。

　日本の障害福祉法制は独特で、障害福祉サービスの対象者について、手帳交付要件と同一又は非常に類似した定義を設けていたりします。このことから、日本では、障害者手帳の保持者を「障害者」として扱う風潮があります（このため「手帳中心主義」と呼ばれることもあります）。

　先天性の疾患のみならず、後天的な原因によっても障害を負うこともあり（いわゆる中途障害）、大人になってから手帳を取得することもあります。その一方で、例えば知的障害の場合、その認定基準は発達期（おおむね18歳まで）にあらわれるものとしているので、大人になってから症状が出現しても手帳の交付を受けられない場合もあります。

〔図表12－1　3種類の障害者手帳〕

|  | 身体障害者手帳 | 療育手帳 | 精神障害者保健福祉手帳 |
|---|---|---|---|
| 根拠 | 身体障害者福祉法 | 療育手帳制度について（昭和48年9月27日厚生省発児156号）※通知に基づき，各自治体において要綱を定めて運用 | 精神保健福祉法 |
| 障害分類 | ①視覚障害，②聴覚，平衡機能，③音声・言語又はそしゃく機能障害，④肢体不自由，⑤心臓，じん臓，呼吸器の障害その他政令で定める障害 | 知的障害 | 統合失調症，気分（感情）障害，非定型精神病，てんかん，中毒精神病，器質性精神障害（高次脳機能障害を含む），発達障害，その他の精神疾患 |
| 所持者数 | 約428.7万人 | 約96.3万人 | 約84.1万人 |

（出典）厚生労働省「障害者手帳について」を一部改変のうえ引用

## 3　障害者雇用における質的向上と量的拡大

　冒頭で述べたとおり，日本の障害者雇用は「雇用」と「福祉」という二元的な施策のもとで実施されています。

　「雇用」施策は障害者雇用法に基づいて，障害者が障害のない者と同じような労働条件を前提とする働き方（一般就労）に結びつけることを目標としています。

　他方，「福祉」施策は障害者総合支援法（以下「総合支援法」）に基づいて実施されており，一般就労に結びつくことが困難な障害者のために障害福祉サービスを受けて就労する働き方（福祉的就労）などについて規定しています。

　日本は2014年，障害者権利条約を批准しました。障害者権利条約は，障害者につき，日常生活・社会生活のあらゆる場面での差別を禁止し，障害のない者と分け隔てなく暮らすことができるようインクルージョン（日本語では「包摂」と訳されます）を求めています。このため，障害者も障害のない者と同様に一般就労の労働市場に包み込まれることが重要であり，その実現策として，

〔図表12－2 「雇用」と「福祉」の障害者施策〕

| 「雇用」施策（促進法） | 「福祉」施策（総合支援法） |
|---|---|
| 一般就労 | 福祉的就労 |
| ・雇用率制度 | ・就労移行支援事業 |
| ・差別禁止・合理的配慮 | ・就労定着支援事業 |
| ・職業リハビリテーション | ・就労継続支援事業 |

最近の障害者雇用法改正では「雇用と福祉の連携の一層の強化」を掲げています。

　内閣府が公表する「障害者白書（令和5年度）」によると，民間企業における雇用障害者数は19年連続で過去最高を更新しています。近年，特別支援学校等の児童生徒の増加が注目されますが，2019年度の特別支援学校（高等部）の卒業生の進路は，企業への一般就労（約33％），福祉的就労などの障害福祉サービス施設に入所・通所（約60％），大学等への進学（約3％）となっています。

　障害者雇用の充実化のなかで，雇用者数も増加している現在，以下では障害者雇用について，障害者の視点で利用できる就労支援制度（Ⅱ）や企業の視点

〔図表12－3 就労支援施策の対象となる障害者数の推計〕

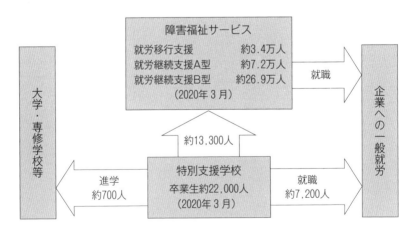

（出典）厚生労働省「就労支援施策の対象となる障害者数／地域の流れ」を一部改変のうえ引用

での雇用率制度（Ⅲ）などを概観していきます。

# Ⅱ　職業リハビリテーション

## 1　職業リハビリテーションの性質

　障害者は障害が原因でその潜在能力を十分に発揮できず職に就きづらいこともありますが，職業リハビリテーションを実施することで飛躍的に能力が向上することもあります。

　ILO159号条約（職業リハビリテーション及び雇用（障害者）条約・1983年）は，職業リハビリテーションの目的が「障害者が適当な職業に就き，これを継続」することとしていますが，これは職業リハビリテーションが就職の採用段階のみならず，採用後の職場定着においても重要であることを意味します。

　職業リハビリテーションのサービスの内容について，ILOの「障害や職業リハビリテーションの基本原則」（1985年）は，①障害や職業的残存能力の理解（評価），②職業指導，③職業準備と職業訓練，④就職あっせん，⑤保護雇用，⑥再就職達成までのフォローアップを挙げています。ILO159号条約が，職業リハビリテーションの事業につき，労働者全般のための現存の事業を可能かつ適当な場合に必要な調整を行ったうえ活用するとしていることもあり（7条），日本では公共職業安定所（ハローワーク），職業訓練校といった労働者一般が利用できる機関も障害者の雇用支援の機能を備えています。

　障害者雇用法第2章は一般就労に向けた職業リハビリテーションについて規定をしていますが，総合支援法にもILOの指摘する職業リハビリテーションに関する規定が存在します。本章では職業リハビリテーションを広く捉える立場のもと，両法に基づく障害者への就労支援制度を扱います。

　職業リハビリテーションの全体像も一言でいうと，後述の各支援機関の特徴や強みを活かして障害者のニーズに合致するように支援機関相互間の紹介・連携・協力という体制が有機的に結合したものといえます。

### 2　職業評価・職業指導・職業準備

#### (1)　障害者職業センター（障害者雇用法19条）

　職業人は，職業適性（職務に対する適性，職務遂行に求められる必要な知識・技能）や基本的労働習慣（規則等の遵守，報告・連絡・相談等）が求められます。

　障害者職業センターは，職業リハビリテーションの役割を担う代表的な機関です。法律上，障害者職業センターは3種類ありますが，なかでも障害者の一人ひとりに合わせた個別支援をするのが地域障害者職業センターであり，都道府県（47センター5支所）に設置されています。利用説明会や個別面談を経て，障害者に対する職業評価，職業指導，職業準備訓練，職業講習などを実施し，地域障害者職業センターでは主に職務遂行に求められる必要な知識や労働習慣に関する個別支援を行っています。

#### (2)　障害者就業・生活支援センター（障害者雇用法27条）

　安定した職業生活を送るうえで，対人技能・社会性（整容，あいさつ・返事，感情のコントロール等）のほかにも，日常生活管理（規則正しい生活リズム・金銭管理等）や健康管理・病気の管理（食事栄養管理，体調管理，服薬管理等）といった生活能力も必要不可欠な要素になります。

　障害者の就業面のみならず，生活面についても，他の支援機関と連携して一体的な相談・支援を行うのが障害者就業・生活支援センターです。長い名称なので，名称のなかの「・」をとって「なかぽつ」や「なかぽつセンター」とも呼ばれます。

　全国に337か所設置されているため（2023年4月時点），地域障害者職業センターよりも数が多く，郊外に住む障害者にとっても利用しやすいのが特徴といえます。また，地域障害者職業センターの役割が就労支援や就労定着の支援であるのに対し，障害者就業・生活支援センターは日常生活を含めた総合的な支援であるため，長期間にわたって障害者の支援を実施することもあります。

#### (3)　就労移行支援事業（総合支援法5条13項）

　就労移行支援事業は，就労を希望する障害者で，一般就労が可能と見込まれる場合，生産活動，職場体験その他の活動の機会の提供その他の就労に必要な知識及び能力の向上のための必要な訓練，求職活動に関する支援などを内容と

した障害福祉サービス（原則通所型）です。

　かつて福祉的就労から一般就労への移行が困難であり，企業と障害者を結びつける事業が不足していたことを背景に，就労移行支援事業は2006年施行の障害者自立支援法（現在の総合支援法）から開始しました。

　利用者は，標準期間（原則として24か月）のなかで，一般就労に必要な知識・能力を高めるため，生産活動や職場体験等を通じて自己の適性に合った職場探しなどの支援を受けることができます。

　就労移行支援事業所は全国に3,300か所以上（2020年10月時点）ありますが，後述の就労継続支援事業（Ⅳ）との多機能型事業所として設置されていることが多いといわれています。


## 3　職業訓練

　職業訓練等を体系的に規定している職業能力開発促進法において，職業訓練は，学校教育との重複を避けつつ，学校教育と密接な関連の下に実施されるもので（3条の2第2項），障害者に対する職業訓練については特に障害の事情等に配慮して（同第4項），職業に必要な技能・知識の習得を獲得するものとしています（同第5項）。

　一般の公共職業能力開発校内に障害者対象訓練科等が設けられているほか，障害のない者とともに職業訓練を受けることが困難な障害者を対象に職業訓練を実施する障害者職業能力開発校（全国に19か所）についても設けられています。また，障害者職業能力開発校等の配置地域が限定されているため，都道府県から委託を受けて，民間団体（企業，社会福祉法人，NPO法人，民間教育訓練機関等）も障害者のための委託を受けた職業訓練の担い手となります（障害者委託訓練事業・15条の7第3項）。例えば，民間教育訓練機関や社会福祉法人等が委託先となる「知識・技能習得訓練コース」，企業等の現場を活用した「実践能力習得訓練コース」などがあります。

　職業訓練だけでなく，雇用への移行につなげる仕組みとして事業主を支援するのが「職業適応訓練」制度です。この制度は，訓練実施の設備的余裕や指導員等の人的確保などの条件を備え，訓練終了後引き続き雇用に移行する見込みのある事業主に対して助成金の支給を行います。このため，職場適応訓練はイ

ンターンシップの性格が強いといえます。

　このほかにも，知的障害者の更生援護に熱意を持っている事業経営者が，知的障害者を預かり将来の自立に向けた職業上の指導を行う「職親」制度，精神障害者が協力事業所に通い，社会復帰を目的とする「通院患者リハビリテーション」制度などもあります。

### 4　職業紹介

　障害者雇用法は，ハローワークが障害者に対する一般就労を促進するため，障害者の求職情報を収集し，事業主に対する情報提供，障害者の雇入れの勧奨等を行って，障害者の能力に適合する求人の開拓に努めるよう定めています（9条）。

　こうした役割のもと，ハローワークでは障害者と事業主の個別のマッチングを高めることも期待されており，障害者の能力に合った職業紹介をするための身体的，精神的な条件その他の求人条件の指導，求人者の求めに応じてその者の職業能力に関する資料の提供，適性検査の実施などの職業指導を行い，さらには障害者に対して職場適応訓練を受けることのあっせんを行います。そのほかハローワークは，障害者職業センターなど他の機関の紹介や連携をすることもあります。

〔図表12−4　求職数・就職件数（率）〕

|  | 新規求職申込件数 | 有効求職者数 | 就職件数 | 就職率 |
|---|---|---|---|---|
| 2021年度 | 223,985件<br>（+5.7%） | 328,554件<br>（+8.2%） | 96,180件<br>（+7.1%） | 42.9% |

（出典）内閣府「ハローワークにおける障害者の職業紹介状況」より一部改変のうえ抜粋・括弧内は前年比

### 5　試行雇用（トライアル専用）

　障害者は，自分に合った仕事であるのか，働きやすい職場であるのかなどといった不安を抱くことがある一方で，事業主も障害者にどのような仕事を任せられるべきか，どのような配慮が必要なのかなどといった不安を抱えていることがあります。

　試行雇用は，こうした両者の不安を解消するため，短期間（原則3か月）の試行雇用という形で事業主の雇用のきっかけづくりをし，試行雇用を通じてお互いの不安を解消し，障害者の継続雇用を目指す制度です（要件を満たせば，事業主は助成金の支給を受けられます）。

　障害者雇用法2条1号に該当する障害者を対象としており，試行雇用後の継続雇用は全国で8割を超えているといわれます。

### 6　職場定着

　せっかく就職しても，その職場で働くことが長続きしなければ，職業自立が実現しません。障害者が安定して働き続ける職場定着を図るには，職場の適応が必須になります。

　ジョブコーチ（制度の正式名称は「職場適応援助者」）支援事業は，職場にジョブコーチが訪問するなどして，職場適応に不安を抱える障害を有する労働者の障害特性を考慮して，職場適応を図ることを目的としています。国の制度としてのジョブコーチは現在，3種類あります。

(a)　配置型ジョブコーチ（地域障害者職業センターに配置されているジョブコーチが，企業等に訪問して支援を行う形態）

(b)　訪問型ジョブコーチ（社会福祉法人等に雇用されたジョブコーチが，企業等に訪問して支援を行う形態）

(c)　企業在籍型ジョブコーチ（障害者を雇用する企業に雇用されるジョブコーチによる支援）

　ジョブコーチ支援事業と似た制度として，職場定着支援事業（総合支援法5条15項）があります。福祉的就労から一般就労へ移行して就労後6か月を経過した障害者で，就労に伴う環境変化によって生活面・就業面に不安を抱えている者を対象とした事業です。

　職場支援員が，障害者との相談を通じて日常生活や社会生活の課題を把握し，企業・障害福祉サービス事業者・医療機関との連絡調整を行い，また相談・指導・助言その他の必要な支援を行うことが内容となります（利用期間は3年間）。福祉的就労から一般就労に移行する障害者は年々増加し，職場になじめない相談希望者が急増したことなどから，2018年に独立した事業になりました。

# Ⅲ　一般就労

## 1　障害者の一般雇用を目標とする促進法

　一般就労での障害者の雇用促進を目的とした障害者雇用法は，雇用率制度（障害者のために一定数の雇用を割り当てておくという割当雇用アプローチ）と差別禁止・合理的配慮の提供（差別禁止アプローチ）の二つの法的制度を有しています。

　この二つのアプローチのもとでは，それぞれ対象となる「障害者」についても別々の定義規定を設けています。すなわち，雇用率制度の対象となる障害者のことを，法律上「対象障害者」と定義し，原則として障害者手帳を所持している障害者が該当します（37条2項，規則4条の15）。他方で，差別禁止アプローチの対象者は，障害者手帳を所持していない障害者も含んでいます（2条1号）。また，2条1号の障害者に該当すると，障害者雇用法で規定する職業リハビリテーションのサービス（Ⅱ）を受けることもできます。

　このため，差別禁止・合理的配慮の提供リハビリテーションの対象となる「障害者」であっても，雇用率制度における「対象障害者」とはならないということもあり得ます。

## 2　雇用率制度（割当雇用アプローチ）

　最高裁は三菱樹脂事件（最大判昭48・12・12）において，「法律その他の特別の制限がない限り」事業主には採用の自由があると判断しましたが，障害者雇用法の雇用率制度は，一定規模以上の事業主に対して対象障害者の雇用義務を定めたものですから，当該事業主の採用の自由を制限するものです。

　2024年度以降の雇用率制度は，民間企業では2.5％です。従業員40人を雇用している事業主は，対象障害者を1人以上雇用しなければなりません。また，2026年度以降では2.7％（従業員37.5人以上）と引上げがなされる予定です。2024年度以降，国・地方公共団体は3.0％（教育委員会は2.9％）となり，段階的な引上げにかかる対応は民間企業と同様とされています。

### (1)　障害者雇用納付金制度

　雇用義務のある事業主が対象労働者の雇用について雇用率を満たさなかった場合，当該事業主は障害者雇用納付金を支払うことになります。もっとも，実際に納付金の支払義務を負うのは常用労働者100人を超える事業主です。雇用率を満たしていない常用労働者100人を超える事業主は，調整基礎額（月額5万円）について未達成率に乗じた金員の納付義務を負うことになります。なお，国・地方公共団体は徴収対象となっていません。

　障害者雇用納付金制度は，すべての事業主が障害者に雇用の場を提供する共同の責務を有することを前提に，障害者雇用に伴う経済的負担を調整することを目的としています。このため，雇用率未達成企業から徴収した納付金を財源として，障害者雇用に積極的な雇用率達成企業に対する調整金・報奨金の支給等に充てるという仕組みがとられています。

### (2)　雇用率のカウント方法

　実雇用率の算定にあたっては，ダブルカウント（重度の障害のある対象障害

〔図表12－5　障害者雇用調整金〕

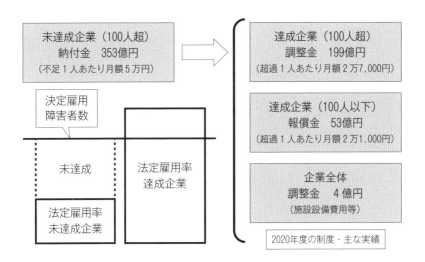

（出典）厚生労働省「障害者雇用調整金等の見直しと助成措置の強化」より一部改変のうえ引用

者についての加算）やハーフカウント（週所定労働時間が20時間以上30時間未満の短時間労働者として対象障害者を雇用する場合には0.5人に換算して算入）などがあり，図表12−6のようにまとめられます。2024年度以降は，週所定労働時間が特に短い（10時間以上20時間未満）精神障害者，重度身体障害者及び重度知的障害者には，特例的な取扱いとして雇用率に算定できます。

〔図表12−6　労働時間の状況〕

| 所定労働時間 | | 30時間以上 | 20時間以上 30時間未満 | 10時間以上 20時間未満 |
|---|---|---|---|---|
| 身体障害者 | | 1 | 0.5 | — |
| | 重度 | 2 | 1 | 0.5 |
| 知的障害者 | | 1 | 0.5 | — |
| | 重度 | 2 | 1 | 0.5 |
| 精神障害者 | | 1 | 0.5（1 ※） | 0.5 |

※精神障害者の算定特例として，精神障害者である短時間労働者については，当面の間，1人とカウントされる。

### (3)　特例子会社制度

　雇用率制度は個々の事業主（法人）ごとに適用されるのが原則ですが，特例子会社制度は，特例子会社で雇用されている対象障害者を親会社の雇用とみなすことができる制度です。また，関係会社を含めたグループ全体を親会社に合算して実雇用率を算定することができる関係会社特例（グループ適用制度）などの制度もあります。

　特例子会社とは，障害者の雇用の促進や安定を図るため，事業主が障害者の雇用に特別に配慮して設立された子会社で，厚生労働大臣からの認定を受けた会社です。特例子会社は，当該子会社の雇用する対象障害者数が5人以上で，かつ，当該子会社の全従業員の20％以上であること（障害者雇用法44条1項2号）などを要件としているため，特例子会社の職場では多くの障害者が働いており，一般企業と比べて障害者にとって働きやすい職場環境が提供できる仕組みが形成されているといえます。

## 3　差別禁止・合理的配慮の提供（差別禁止アプローチ）

第4章Ⅱ4(2)を参照。

## 4　障害者雇用における取組み

### (1)　相談・苦情処理，紛争解決措置

障害者雇用法は，事業主に対し，障害者である労働者からの相談に応じ，適切に対応するため，雇用管理上の措置（苦情処理機関の設置を含む）を求めており（36条の3・74条の4），それでも解決が困難な場合について，都道府県労働局長による紛争解決手段も規定しています（74条の6第1項）。この解決手法は，裁判所の司法的解決ではなく，より柔軟な調整的解決（相談・指導・調停）を重視すべきという構想で制度設計がなされています。

### (2)　解雇の届け出

事業主は，障害者である労働者を解雇する場合（労働者の責めに帰すべき理由により解雇する場合その他厚生労働省令で定める場合を除く）には，その旨をハローワークに届け出なければなりません（障害者雇用法81条1項）。障害者の離職の場合，再就職に困難を伴うことが多いため，障害者の解雇の状況を把握するだけでなく，解雇される障害者が円滑に再就職できるよう，職業紹介等の措置を行う必要があるからです。

### (3)　障害者雇用推進者・障害者職業生活相談員

障害者雇用法は，雇用義務のある事業主に対し，障害者雇用推進者を選任することを努力義務として定めています（78条2項）。

障害者雇用推進者は，障害者の雇用促進・継続を図るための施設又は設備の設置・整備等の業務，毎年の障害者の雇用状況の報告業務，障害者を解雇した場合におけるハローワークへの届出業務，障害者の雇入れ計画の作成命令又は勧告を受けた場合における国との連絡等に関する業務を行います（障害者雇用法78条2項）。

次に，事業主は，5人以上の障害者を雇用する事業所において，資格認定講習の修了など一定資格を有する従業員のなかから，障害者職業生活相談員を選任しなければなりません（障害者雇用法79条2項）。障害者職業生活相談員は，障害者の職業生活に関する相談や指導の業務を行います。

## ⑷　優良認定制度

　大企業に比べて中小事業主は，対象障害者の雇用者数が少なく，雇用義務が課されているにもかかわらず依然として障害者を全く雇用していない企業も多く存在するといわれています。こうした雇用率の取組みが一部の中小事業主によって停滞することを解消するため，障害者雇用法は，常用労働者300人以下の事業主を対象に，障害者雇用優良中小事業主認定制度（もにす認定制度）が設けられています（77条1項）。認定を受けた中小事業主は「もにすマーク」を表示することができ，もにす認定のメリットとして，日本政策金融公庫による低利融資を受けられることなどがあります。

# Ⅳ　福祉的就労

## 1　障害福祉サービスを受けながら就労する

　福祉的就労は，一般就労に結びつくことが困難な障害者のために障害福祉サービスを受けながら就労する働き方を指します。障害福祉サービスを利用するには，市町村の発行する「障害福祉サービス受給者証」（総合支援法22条8項）が必要です。

　障害福祉サービスは大きく二つに分かれますが，代表的な福祉的就労の担い手は，総合支援法上の「訓練等給付」における就労継続支援事業です。

　就労継続支援事業は，①一般就労が困難である障害者のうち，労働契約に基づく就労が可能である者を対象とした就労の機会を提供する「就労継続支援A

〔図表12-7　2種類の障害福祉サービス〕

| 訓練等給付 | 介護給付 |
| --- | --- |
| 1．就労系サービス<br>　就労移行支援<br>　就労継続支援<br>　就労定着支援<br>2．訓練系サービス支援<br>　機能訓練<br>　生活訓練<br>3．居住支援系サービス<br>　自立生活訓練<br>　共同生活援助 | ①訪問系サービス<br>　居宅支援<br>　重度訪問介護<br>　同行援護，行動援護<br>　重度障害等包括<br>②日中活動系サービス<br>　短期入所，療養介護<br>　生活介護<br>③施設系サービス<br>　施設入所支援 |

　型事業所」と，②一般就労が困難である障害者のうち，労働契約に基づく就労が困難である者を対象とした就労の機会を提供する「就労継続支援B型事業所」の二つがあります。

　ILOの定義によれば，保護雇用は一般就労の見込みが立たない障害者に対する特別の雇用制度としています。日本の福祉的就労がこれに近い役割を有していますが，後述のとおり福祉的就労には必ずしも最低賃金の保障がなされていないこと，また，障害のない者との職場分離を許容することはインクルージョンの理念に反することなどを理由として，ILOのいう保護雇用制度は採用されていないとみるのが一般的です。


## 2　福祉的就労の特徴

　就労移行支援事業や就労継続支援事業を行う施設等を「障害者就労施設」といいますが，そこで就労をする利用者（障害者）は，障害福祉サービスの受給者という立場を有しています。それでは，こうした利用者は「労働者」とはいえないのでしょうか。

　就労継続支援B型事業所の利用者は，事業所との労働契約を前提として就労するわけではないため，原則として労働法規の適用はないとされています。こ

のため，就労継続支援Ｂ型事業所の利用者が作業に応じて受領する「工賃」は，最低賃金法の規制がなく，最低賃金よりも大幅に下回っています。

他方で，就労継続支援Ａ型事業所の利用者は，事業所との労働契約を結ぶ関係にあるため，最低賃金法の適用を受けることになります。もっとも，同法の減額特例の対象となることがあり得，結局のところ就労継続支援Ａ型事業所の利用者といえども，最低賃金法で保障された最低賃金に満たないこともあります。

賃金や工賃を上昇させることは，障害者の経済的な自立にとって非常に重要です。低い工賃の対策として，政府は2007年に「工賃倍増５か年計画」を打ち出しましたが，結局，目標を達成することはできませんでした（当初目標200％に対して達成数値は111.2％）。こうした反省を踏まえ，2012年以降，３か年を一区切りとした「工賃向上計画」を都道府県と各事業所が策定し，継続的な工賃の上昇についての取組みが現在でも続けられています。

工賃等の向上には売上を伸ばす必要がありますが，小さな事業所である障害者就労施設は，自由な経済競争のもと大企業と同じように生産活動を行うことは困難です。このため，障害者就労施設等への受注機会を確保することが必要

〔図表12-8　障害者就労支援施設〕

|  | 就労継続Ａ型事業所 | 就労継続Ｂ型事業所 | 就労移行支援事業所 |
|---|---|---|---|
| 対象者 | 適切な支援があれば，一般就労が可能な18歳以上65歳未満の障害者 | 一般就労は困難等の事情があるが，生産活動の知識・能力の向上・維持が期待される障害者 | 一般就労が見込まれる障害者 |
| 労働契約 | あり | なし | なし |
| 賃金（工賃） | 15,776円（2020年平均） | 79,625円（2020年平均） | 原則なし |
| 期　　間 | なし | なし | 標準24か月（原則） |
| 事業所数 | 3,922事務所（2021.1時点） | 13,828事務所（同左） | 3,006事業所（同左） |
| 利用者数 | 75,571人（2021.1時点） | 282,409人（同左） | 34,645人（同左） |

（出典）厚生労働省「障害者総合支援法における就労系障害福祉サービス」から一部改変のうえ引用

となります。こうした観点から，2013年，障害者優先調達促進法が施行されました。この法律は，国や地方公共団体等の公的機関が物品やサービスを調達する際，障害者就労施設等から優先的に購入するよう努力義務を定めています。

### 3　福祉的就労で働く利用者の就労保障

就労継続支援A型事業所の利用者は，労働法上の労働者でありますが，障害福祉サービスの受給者でもあります。

事業不振により就労継続支援A型事業所の廃止・閉鎖に伴い，使用者がスタッフ（障害のない者）や利用者を全員解雇した事件について，裁判所は，整理解雇にあたって労働者等との間で十分な協議を行うべき信義則上の義務を負うと判示し，利用者らの障害の特性等も踏まえたうえで，事業所閉鎖に関する事情を丁寧に説明したり，十分な再就職の支援等を行うなどして，利用者の理解を得られるように努めるべきであると判断したものがあります（ネオユニットほか事件：札幌高判令3・4・28）。

こうした裁判所の態度は，福祉的就労における事業主に対し，その利用者が障害福祉サービス受給者としての側面を有するため，障害のない労働者よりも一層丁寧な説明義務や再就職支援を求めていると考えられます。

また，就労継続支援B型事業所の利用者であっても，その就労実態に照らして，労基法上の労働者に当たる場合もあり得ます（労働者性判断については第2章I 3を参照）。

就労継続支援B型事業所の利用者へのセクハラ行為が争われた事件では，裁判所は，利用者と事業所は，「労働契約上の法律関係と類似し，更に障害者に対する福祉施設としてより密接な社会的接触がある関係にある」ため，事業所は，利用者にとって働きやすい，又は利用しやすい環境環境配慮義務を負っていると判断しています（NPO法人B会ほか事件：長崎地判平29・2・21）。

## 第13章
# 社会保障制度

## I　イントロダクション

　あなたの友人がこういうとしよう。「私たちが歳を取ったときには，年金はもらえないだろうし，年金の保険料は払うだけ無駄だよね〜。」この発言を聞いて，あなただったらどう答えるだろうか？「そうだよね，無駄だよね〜」，それとも，「いや，そんなことはないはずさ」でしょうか？

　みなさんに，できれば後者のように考えてもらえるよう，以下の文章を書きますので，また最後にどう考えたかの感想を聞かせてもらえたらと思います。

## II　「最後のセーフティーネット」としての生活保護

　さて，高校の政経の授業で勉強したかもしれませんが，日本国憲法は25条1項で「すべて国民は，健康で文化的な生活を営む権利を有する。」とします。そして，その理念を実現するために，生活保護法という法律があり，同法は生活に困窮する状況にある国民に対して最低生活を送れるように給付をします。それこそ，政経の授業で朝日訴訟（最大判昭42・5・24）を勉強されたのではないでしょうか。その訴訟でも問題になりましたが，生活保護の給付は，「補足性の原理」（同法4条参照）といって，あくまで，労働能力や資産がなく，親族などの私的扶養にも期待できない場合に支給されるべきものであり，「最後のセーフティーネット」として機能します。

　それでは，生活保護の発動よりも前に機能する社会保障制度はないのか，というと，憲法25条2項は「国は，すべての生活部面について，社会福祉，社会保障及び公衆衛生の向上及び増進に努めなければならない。」と定め，社会保

〔図表13-1　最低生活費の体型〕

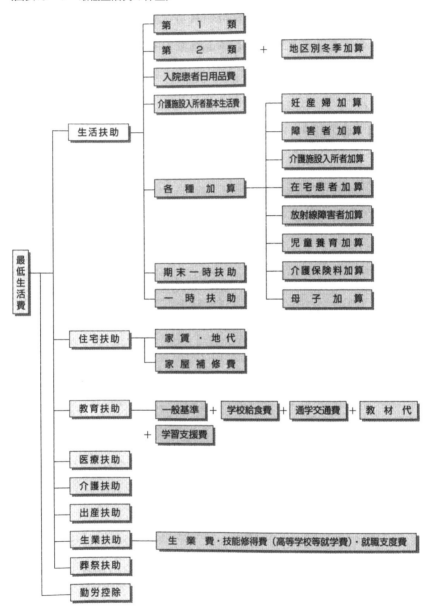

（出典）『生活保護の手引（令和5年度版）』（第一法規）43頁

険（社会保障 Social Security は欧米だと社会保険をイメージします）その他
の社会保障制度を充実させることを要請してもいます。

# Ⅲ　1950年社会保障制度審議会勧告

　だいぶ前の話になりますが，1950年に出された社会保障制度審議会の勧告に
よりますと，「……社会保障の中心をなすものは自らをしてそれに必要な経費
を醸出せしめるところの社会保険制度でなければならない。」とされました。
一般に社会保険制度とは「リスク分散のため保険の技術を用いて保険料などを
財源として給付を行う仕組み」（加藤智章・菊池馨実・倉田聡・前田雅子『社
会保障法（第8版）』有斐閣・2023年・20頁）ともいわれますが，この勧告を
踏まえ，社会保険制度は拡充されていき，原則としてすべての国民が社会保険
制度に加入する「国民皆保険・皆年金」体制が確立することになります。この
体制がどうやって実現しているかは，後述します。
　しかしながら，病気や失業などから生活を守る社会保障制度が，今日，機能
不全に陥ろうとしています。例えば，失業してしまう労働者が多くなると，失
業というリスクに備える雇用保険からの給付が増えますから，その財源が枯渇
するおそれがあります。とはいえ，「失業」は「雇用」されている，すなわち
「労働者」に生じる現象であり，例えば昨今増加しているウーバーイーツの従
事者は「労働者」とはいえないため，雇用保険からの給付の想定外でした。

# Ⅳ　労働者と社会保険制度

　このように，そもそも労働者（とりわけ，安定した働き方である「正社員」）
を念頭に作り上げられてきた社会保障制度にとって，労働者（正社員）になら
ず（あるいは「なれず」），厚生年金保険ではなく国民年金だけに入り，しかも，
その保険料を滞納してしまい，将来まったく年金がもらえない人が増えている
現象（いわゆる「空洞化」現象）は大変問題です。そうしますと，将来的に生
活保護の受給の可能性が高まるわけですが，生活保護は公費，つまり税金で賄
われており，それまで保険料や税金をまじめに納めてきた人からすれば（「ア

246

リとキリギリス」の話を思い出してください），合点がいかず，「やってられる
か！」ということになります。

　では，みなさんも「一抜けた！」と保険料を払わないという選択をすべきな
のでしょうか？　例えば民間の保険会社の人であれば，そのような気持ちを抱
く人々にこれ幸いと保険を得るチャンスととらえるかもしれませんが（iDeCo
やNISAがあります），冷静になって考えてみてください，社会保障制度は憲
法に規定があったように国が責任をもつ制度です。仮に国が破たんすることを
心配するならば，民間の会社が破たんすることは考えなくてもよいのでしょう
か。

　昨今，社会保険の保険料を支払った分だけ（あるいはそれ以上に）給付がも
らえないのは損だといって，損得勘定で社会保険を語る論調が横行しています
が，社会保険というのは，保険料を出し合って，みんなで助け合うものなのだ，
という考え方が，あまりにも希薄化しているような感じを抱きます。もちろん，
世の中で働く人の占める割合のうち「労働者」ではない人々が増えてくれば，
そのような状況に見合った制度へと再構築されなければならないことも否定で
きません。そういう改革案を考えるためにも，以下，まずは社会保険制度がど
ういうものか，一緒に考えてみましょう。

# V　労働保険

## 1　労災保険

　まず，社会保険のしくみについて，雇用保険と労災保険から考えてみましょ
う。

　労災保険法（労働者災害補償保険法）は，労基法上使用者に課された無過失
賠償責任を保険化したものであり，「労働者」であれば無条件に適用されるも
のです。「労働者を使用する事業」を適用事業（3条）とする条文はあるもの
の，「社会保険に加入する者」を意味する「被保険者」という言葉（概念）を
持ちません。保険料を負担するのは労働者を雇っている「使用者」だけです
（使用者の補償責任を保険化したものだからです）。その給付を受けるためには，
労働基準監督署長による業務上外認定を受ける必要があります。労災保険で特

に問題になるのは，働きすぎて労働者が心身に不調をきたし，しまいに亡くなってしまう過労死・過労自殺です。実は，労働基準監督署長による過労死の認定は厳しく，申請に対して給付をもらえる被災者はごく一部といっても過言ではありません（→詳しくは第9章参照）。なお，先ほど「労働者」が対象の制度であるといいましたが，労働者とはいえない（難しいと思いますが，使用従属関係にない）自営業者に対しても，任意加入の特別加入制度というものがあります。ただし，保険料は全額本人が支払わなければなりません。

## 2　雇用保険

他方，雇用保険法は「適用事業に雇用される労働者」を「被保険者」とし（雇保4条1項），「労働者が雇用される事業」を適用事業とします（雇保5条1項）。

それでは，このような雇用保険に入っている（＝「被保険者」になる）ことによるメリットとはなんでしょうか。たとえばサラリーマンがリストラにより失業してしまったとしましょう。この場合，通常，このサラリーマンには仕事上なんら落ち度はないのに，首を切られてしまうわけです。中高年にもなりますと，持ち家のローンがあったり，子どもの教育資金が必要になったりと，出費がかさむわけですが，そこに突然のリストラとなりますと，ローンも払えず，とたんに一家が路頭に迷うことになりかねません。

ここで雇用保険の出番です。雇用保険は，労働者の失業に備えて基本手当などの失業等給付を用意しますが，とくにこういう突然リストラされた中高年のサラリーマンに対して多めの給付を用意します。すなわち，倒産・解雇等により離職したサラリーマンは雇用保険上「特定受給資格者」と呼ばれ，給付日数が通常より長く設定されているのです。

そのほかにも，雇用保険からは，育児・介護休業中に無給となってしまう被保険者に対して育児休業給付と介護休業給付が支給されるなど，今日，失業時の給付だけでなく（たとえば，英会話学校に行った際の学費を補てんする教育訓練給付もあります），労働者のキャリアの維持・向上のための各種制度も用意されています。

とはいえ，「1週間の所定労働時間が20時間未満である者」（雇保6条1号），

〔図表13－２　労働者災害補償保険制度〕

## 労働者災害補償保険制度の概要（令和５年度予算額）

＋特別支給金
○休業特別支給金
○特別一時金
○特別年金

**労災保険**

適用　労働者を使用するすべての事業

適用事業場数　約295万事業場（令和３年度末）

適用労働者数　約6,068万人（令和３年度末）

財源
保険料（賃金総額×保険料率）
保険料率　事業の種類により 2.5/1,000～88/1,000
全額事業主負担（一部国庫補助）
保険料収入 [8,754億円]

**保険給付等 [8,534億円]**

療養のため休業する場合
- 療養（補償）等給付　（療養費の全額）
- 休業（補償）等給付　休業４日目から休業１日につき休業給付基礎日額の60％
- 傷病（補償）等年金　療養開始後１年６ヶ月経過してもなおらずその傷病が重い場合：年金給付基礎日額の313日分（1級）～245日分（3級）の年金

障害が残った場合
- 障害（補償）等年金　年金給付基礎日額の313日分（1級）～131日分（7級）の年金
- 障害（補償）等一時金　給付基礎日額の503日分（8級）～56日分（14級）の一時金

被災労働者が死亡した場合
- 遺族（補償）等年金　遺族数に応じ年金給付基礎日額の153日分～245日分の年金
- 遺族（補償）等一時金　遺族補償年金受給資格者がいない場合、その他の遺族に対し給付基礎日額の1,000日分の一時金
- 葬祭料等（葬祭給付）　315,000円＋給付基礎日額の30日分（最低保障額は給付基礎日額の60日分）

常時又は随時介護を要する場合
- 介護（補償）等給付　1月当たり、常時介護は172,550円、随時介護は86,280円を上限（R5.4.1から）

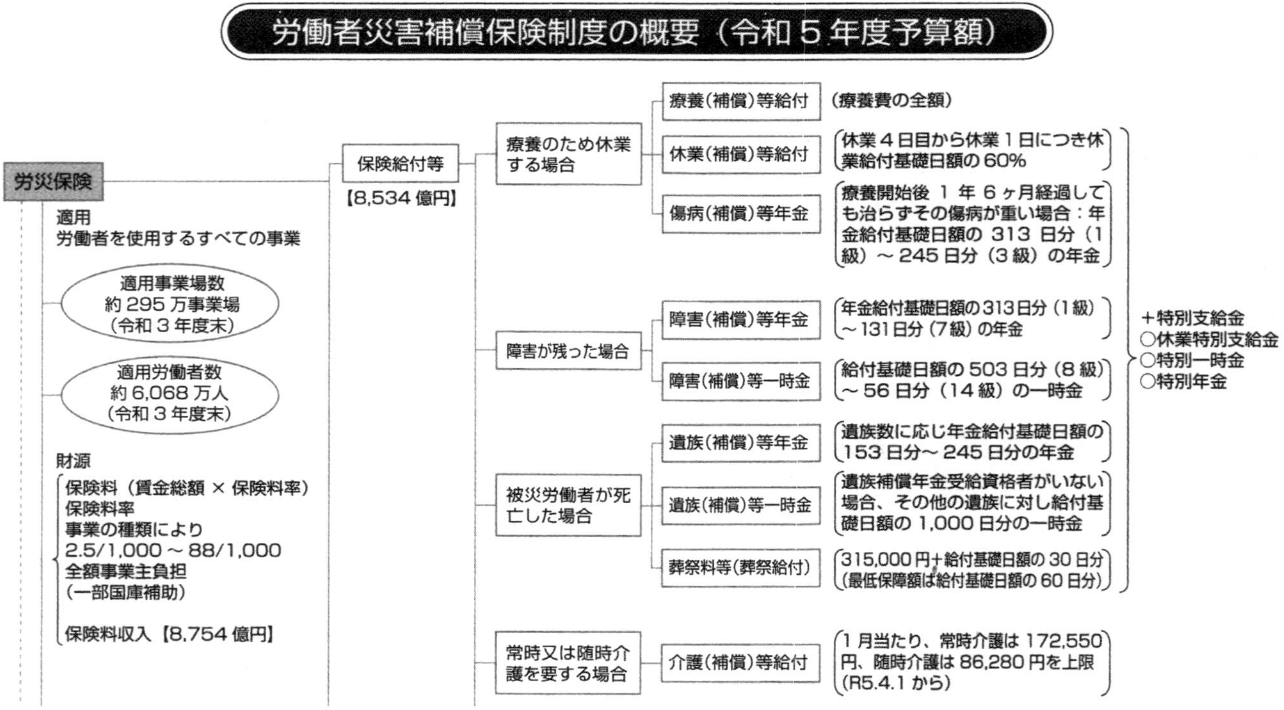

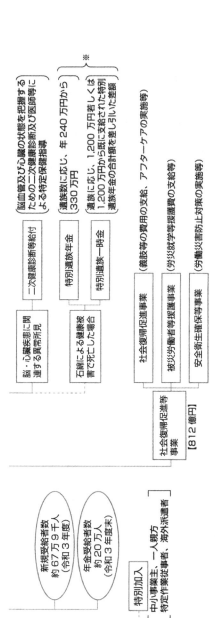

・給付基礎日額とは、原則として被災前直前３ヶ月間の賃金総額をその期間の暦日数で除した額（最低保障額3,970円（R4.8.1から））である。
・年金給付及び長期（１年６ヶ月経過）療養者の休業（補償）給付等に係る給付基礎日額については、年齢階層ごとに最低・最高限度額が設定されている。
・個々の事業の労災保険の収支に応じて、保険率（保険料の額）を増減させるメリット制あり（継続事業及び有期事業（一括有期事業を含む）である建設の事業±40%、有期事業（一括有期事業を含む）である立木の伐採の事業±35%）
※「石綿による健康被害の救済に関する法律」に基づくもの。

（出典）厚生労働省編『令和5年版　厚生労働白書』資料編133頁、2023年
社会保障入門編集委員会編『社会保障入門2024』（中央法規、2023年）172頁より重引。

「同一の事業主の適用事業に継続して31日以上雇用されることが見込まれない者」（2号），「季節的に雇用される者」（3号）等は雇用保険の適用除外です。このような者が雇用保険から除外されていることからも，雇用保険法が比較的安定的に「長期間雇用される者」を保護の対象とみていることがわかるのではないでしょうか（週所定労働時間が20時間以上40時間未満の労働者であっても，31日以上の雇用見込みがあれば適用除外とされません）。

　さて，このように雇用保険は，中高年の正社員を「優遇」しているように映るわけですが，今日，「職業訓練等の実施等による特定求職者の就職の支援に関する法律」に基づき各種の求職者支援制度が用意されています。この制度は，「雇用保険法の被保険者や受給資格者でない者のうち，公共職業安定所に求職の申し込みをしている，労働の意思及び能力を有する者で，公共職業安定所長が職業訓練その他の支援措置を行う必要があると認めた者」である「特定求職者」（2条参照）に対して「職業訓練」と「職業訓練受講給付金の支給」をするものです。また，昨今のコロナ禍では，いわゆる雇用保険2事業から雇用調整助成金（＝被保険者に対して）と緊急雇用安定助成金（＝被保険者以外に対して）が多く支給されたのも注目に値します（なお，後者の助成金は終了しています）。

## Ⅵ　医療保険

### 1　健康保険

　つぎに，健康保険についてみていきましょう。

　健康保険法は，労働者又はその被扶養者の業務災害以外の疾病，負傷若しくは死亡又は出産に関して保険給付を行うものです（1条）。「業務災害以外」というのは，先に触れた「労災」ではない，という意味で，労働者とその被扶養者のいわゆる「私傷病」を対象とします。かつてこの条文は「業務外の〜」と規定していましたが，「業務災害以外」と改正することで，労災であるかどうか微妙なケースでも，健康保険法が労働者・被扶養者の疾病等をカバーする（「受け皿」になる）ことを明らかにしました。

　健康保険法は「適用事業所に使用される者」と「任意継続被保険者」を被保

険者とし，但し，臨時に使用される者であって日々雇い入れられる者・2月以内の期間を定めて使用される者，季節的業務に使用される者等は「日雇特例被保険者」となる場合を除き，適用除外（3条1項）とします。

ここでもやはり「臨時に使用される者」が適用除外とされるのは，行政解釈によると，健康保険を適用する必要がないためではなく，これらの者は「事業所が一定していないため，被保険者の資格の得喪，保険料の徴収，保険給付等の実施について技術的困難性が極めて大きい」からとされます（『平成29年版　健康保険法の解釈と運用』（法研，2017年）127頁）。

それでは，健康保険からはどのような給付がもらえるでしょうか。ところで，健康保険をマネージメントする「保険者」は協会けんぽと健保組合ですが，前者は企業規模が700人未満の保険者で，後者は700人以上の保険者です。実は，大企業に設置される健保組合のほうが，中小企業の協会けんぽよりも労働者（被保険者）の負担する保険料が安かったりします。また，健保組合では協会けんぽにない付加給付を用意することもできます。ここからも，正社員になり，かつ，大企業に就職するほうが，メリットを受けやすいことがわかります。

給付をもらうためには，被保険者またはその家族等である被扶養者が「疾病，負傷，出産，死亡」を経験することが必要です。被保険者が業務災害以外で怪我をした際（業務災害ならば労災の出番です），病院に保険証をもっていきますと，一般に窓口負担3割（もちろん事前に保険料の負担も必要です）で治療を受けることができます。とはいえ，たとえば，保険証をもたないで旅行に行って，突然の病気に見舞われるといったことも起こるかもしれません。そのような場合は，いったん治療費を全額払って，あとから保険者からキャッシュバックされる「療養費」という制度があります。こちらはあくまで例外的なケースに対応するための，例外的な仕組みです。もっとも，今日，このような償還払いの仕組みはよく使われています。一例をあげれば，入院時食事療養費，入院時生活療養費，保険外併用療養費などです。

ところで，家族が給付を受けられると先ほど書きましたが，保険料を納めているのは被保険者であり，このような家族がどのような形で給付を受けられるか，は気になるところです。実は，家族については「家族療養費」が「被保険者」に支払われるというのが健康保険法の原則なのです。すなわち，被扶養者

252

〔図表13－3　雇用保険制度〕

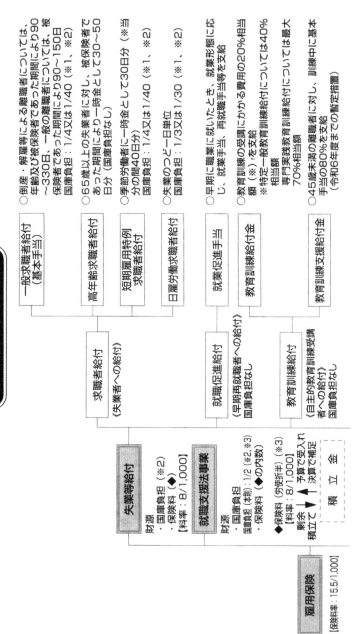

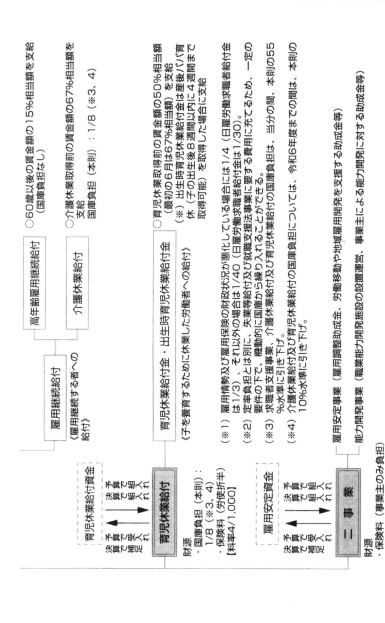

〔図表13－4　医療保険制度の概要〕

## 医療保険制度の概要

(令和5年4月時点)

| 制度名 | 保険者名（令和4年3月末） | 加入者数（令和4年3月末）[本人][家族]千人 | 一部負担 | 保険給付　医療給付（高額療養費、高額医療・介護合算制度） | 入院時食事療養費 | 入院時生活療養費 | 現金給付 | 保険料率 | 国庫負担・補助 |
|---|---|---|---|---|---|---|---|---|---|
| 健康保険　一般被用者保険　協会けんぽ | 全国健康保険協会 | 40,265 [25,072][15,193] | 義務教育就学後から70歳未満　3割　義務教育就学前　2割　70歳以上75歳未満　2割（現役並み所得者　3割） | **（高額療養費制度）**<br>・自己負担限度額<br>（70歳未満の者）<br>（年収約1,160万円～）252,600円＋(医療費－842,000円)×1%<br>（年収約770～約1,160万円）167,400円＋(医療費－558,000円)×1%<br>（年収約370～約770万円）80,100円＋(医療費－267,000円)×1%<br>（～年収約370万円）57,600円<br>（住民税非課税）35,400円<br>（70歳以上75歳未満の者）<br>（年収約1,160万円～）252,600円＋(医療費－842,000円)×1%<br>（年収約770～約1,160万円）167,400円＋(医療費－558,000円)×1%<br>（年収約370～約770万円）80,100円＋(医療費－267,000円)×1%<br>（～年収約370万円）57,600円<br>殘（個人ごと）18,000円(年144,000円)<br>（住民税非課税世帯）24,600円、外来(個人ごと)8,000円<br>（住民税非課税世帯のうち特に所得の低い者）15,000円、外来(個人ごと)8,000円<br>・世帯合算基準額<br>70歳未満の者については、同一月における21,000円以上の負担が複数の場合、これを合算して支給<br>・多数該当の負担軽減<br>12ヶ月間に3回以上該当した場合の4回目からの自己負担限度額<br>（70歳未満の者）<br>（年収約1,160万円～）140,100円<br>（年収約770～約1,160万円）93,000円<br>（年収約370～約770万円）44,400円<br>（～年収約370万円）44,400円<br>（70歳以上75歳未満の者）<br>（年収約1,160万円～）140,100円<br>（年収約770～約1,160万円）93,000円<br>（年収約370～約770万円）44,400円<br>（～年収約370万円）44,400円<br>・長期高額疾病患者の負担軽減<br>血友病、人工透析を行う慢性腎不全の患者等の自己負担限度額 10,000円<br>（ただし、年収約770万円超の方につき人工透析を行う70歳未満の者の自己負担限度額 20,000円）<br>**（高額医療・高額介護合算制度）**<br>1年間（毎年8月～翌年7月）の医療保険と介護保険における自己の負担の合算額が著しく高額になる場合に、負担を軽減する仕組み。自己負担限度額は、所得と年齢に応じてきめ細かく設定。 | **（食事療養標準負担額）**<br>・住民税課税世帯 1食につき 460円<br>・住民税非課税世帯 90日目まで 1食につき 210円<br>91日目から 1食から 160円 | **（生活療養標準負担額）**<br>・住民税課税世帯 1食につき 460円＋1日につき 370円<br>・住民税非課税世帯 1食につき 210円＋1日につき 370円<br>・特に所得の低い住民税非課税世帯 1食につき 130円＋1日につき 370円<br>※療養病床に入院する65歳以上の方が対象<br>※指定難病の患者の負担は食事療養標準負担額と同額の自己負担額となる者もいる | ・傷病手当金<br>・出産育児一時金 等 | 10.00%（全国平均） | 給付費等の16.4% |
| 組合 | 健康保険組合 1,388 | 28,381 [16,410][11,971] | | | | | 同上 | 各健康保険組合によって異なる | 定額（予算補助） |
| 健康保険法第3条第2項被保険者 | 全国健康保険協会 | 16 [11][5] | | | | | 同上（附加給付あり） | 1日 390円 1日 3230円 | 給付費等の16.4% |
| 船員保険 | 全国健康保険協会 | 113 [57][56] | | | 100円 | | 同上 | 9.80%（疾病保険料率） | 定額 |
| 各種共済　国家公務員 | 20共済組合 8,690 | [4,767][3,923] | 70歳以上75歳未満　2割（現役並み 3割） | | | | 同上（附加給付あり） | ― | なし |
| 地方公務員等 | 64共済組合 | | | | | | | ― | |
| 私学教職員 | 1事業団 | | | | | | | ― | |
| 国民健康保険　農業者・自営業者等 | 市町村 1,716 国保組合 160 | 28,051 | 義務教育就学後から70歳未満　3割　義務教育就学前　2割　70歳以上75歳未満　2割（現役並み所得者 3割） | | | | ・出産育児一時金 | 世帯毎に応能割（定額）と応益割（負担能力に応じて）を賦課 | 給付費等の 41% |
| 国民健康保険 | 市町村 1,716 国保組合 | 25,369 | | | | | ・葬祭費 | 保険者によって賦課算定方式は多少異なる | 28.4～47.4% |
| 被用者保険の退職者 | | 2,683 | | | | | | | なし |

| | 運営主体 | 自己負担 | 保険料等 | 葬祭費等 | |
|---|---|---|---|---|---|
| 後期高齢者医療制度 | 後期高齢者医療広域連合 47　18,434 | 1割<br>（一定以上所得者 2割）<br>（現役並み所得者 3割） | 〔自己負担限度額〕<br>（年収約1,160万円～）<br>（年収約770～約1,160万円）252,600円＋(医療費−842,000円)×1％<br>（年収約370～約770万円）167,400円＋(医療費−558,000円)×1％<br>（～年収約370万円）80,100円＋(医療費−267,000円)×1％<br>57,600円<br>〈多数回該当：44,400円〉<br><br>（住民税非課税）24,600円　〈多数回（個人ごと）〉<br>（住民税非課税世帯のうち特に所得の低い方）15,000円<br><br>〈多数回該当〉<br>（年収約1,160万円～）140,100円<br>（年収約770～約1,160万円）93,000円<br>（年収約370～約770万円）44,400円<br>44,400円<br>※2割負担の者について、令和4年10月1日から3年間、1月分の負担増加を最大3,000円に抑える。 | 同上<br>ただし、<br>・老齢福祉年金<br>　受給者<br>　1割につき　100円<br>　＋1日につき　0円 | 各広域連合によって定めた被保険者均等割額と所得割率によって算定されている<br><br>給付費等の約50％を公費で負担（公費の内訳　国：都道府県：市町村＝4：1：1）<br>さらに、給付費等の約40％を後期高齢者支援金として現役世代が負担。<br>給付費等の約10％を保険料として現役世代が負担。 |

（注）1. 後期高齢者医療制度の被保険者は、75歳以上の者及び65歳以上75歳未満で一定の障害の状態にある旨の広域連合の認定を受けた者。
2. 現役並み所得者は、住民税課税所得145万円（月収28万円以上）以上または世帯に属する70～74歳の被保険者の基礎控除後の総所得金額等の合計が210万円以上の者。ただし、収入が高齢者複数世帯で520万円未満もしくは高齢者単身世帯で383万円未満の者は除く。特に所得の低い住民税非課税世帯の者など。
3. 国保組合の定率国庫補助については、健保の適用除外承認を受けて、平成14年9月1日以降新規に加入する者及びその家族については組合けんぽとする。
4. 加入者数は四捨五入により、合計と内訳の和とが一致しない場合がある。
5. 船員保険の保険料率は、被保険者負担軽減措置（0.30％）による控除後の率。

（出典）厚生労働省編『令和5年版　厚生労働白書』資料編27頁、2023年を一部改変。
社会保障入門編集委員会編『社会保障入門2024』（中央法規、2023年）132頁より重引。

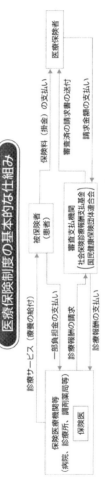

医療保険制度の基本的な仕組み

被保険者（患者）

保険者

保険医療機関等（病院、診療所、調剤薬局等）　保険医

審査支払機関（社会保険診療報酬支払基金　国民健康保険団体連合会）

医療保険者

診療サービス（療養の給付）
一部負担金の支払い
保険料（掛金）の支払い
診療報酬の請求
審査済の請求書の送付
診療報酬の支払い
請求金額の支払い
医療費の支払い

（出典）同上。

は病院に10割負担で治療を受け，後から還付はされるのですが，その還付先は被扶養者ではなく「被保険者」なのです（110条参照）。健康保険法は建前としては，被扶養者が治療を受けてもお金を出すのはあくまで被保険者である，という発想なのでしょう。ただ，みなさんは実際のところ3割で治療を受けているのではないでしょうか。それは，法文上，被保険者への金銭給付に代えて，医療機関に支払うことができるという例外的取扱いが認められているからであり（110条4項参照），これにより，被扶養者は3割負担で治療が受けられるに過ぎないのです。

　それでは被扶養者として認定されるには条件はあるのでしょうか。たとえば，みなさんが学費をかせぐため，高校から許可をとってアルバイトに精を出したとしましょう。実は，その結果，知らず知らずのうちにお父さん・お母さんに迷惑を掛けてしまうかもしれないのです。というのも，被扶養者になるための要件があり，年収が130万円を超えると国民健康保険の被保険者となり，あなたを養う世帯主に新たな保険料の負担が発生してしまうのです。

### 2　国民健康保険と「国民皆保険」

　急に国民健康保険といいましたが，国民健康保険とは，もともとは自営業に従事する人を念頭に置いていた制度であり，今日，国民皆保険制度の礎として機能しています。すなわち，国民健康保険法は5条で「住所」がある者をすべてその被保険者とし，6条で健康保険の被保険者・被扶養者などを適用除外にすることで，「国民皆保険」すなわち，すべての国民（外国人も今日「難民の地位に関する条約等への加入に伴う出入国管理令その他関係法律の整備に関する法律」の施行により加入できます）がどこかの公的医療保険に入れるようにしたのです（ただし，生活保護受給者は生活保護から医療扶助を受けられるため，公的医療保険に加入していません）。

　保険者は都道府県と（都道府県内の）市町村です（5条）。給付の面ではほとんど健康保険法と変わりませんが，健康保険法のような「労災」かどうかの区別がないこと，怪我などで働けない際に支給される傷病手当金が国保では任意給付であること，そして保険料の滞納に備え，特別療養費制度が設けられていることが特徴的です。

# Ⅶ　年金保険

## 1　厚生年金保険

つぎに年金について考えてみましょう。年金というと歳を取ったときに備えるための制度，というイメージがあるかもしれませんが，「保険事故」（給付が受けられる条件のようなものです）は「老齢」のみならず，「障害」・「死亡」も含まれます。

サラリーマンなどのいわゆる被用者が入る年金である厚生年金保険法は「適用事業所に使用される70歳未満の者」（9条）を被保険者とし，ただし，臨時に使用される者であって日々雇い入れられる者・2月以内の期間を定めて使用される者，季節的業務に使用される者，臨時的事業の事業所に使用される者等は適用除外とします（12条）。もっとも，日々雇い入れられるものについては1か月を超えて使用されるに至ったとき，2か月以内の期間を定めて使用されるものについては所定の期間を超えて使用されるに至ったときは被保険者となります。なお，2015年以降，公務員も被保険者とされました。

この厚生年金保険は，国民年金から老齢基礎年金を受け取れる人で厚生年金の加入期間がある場合に（つまり，厚生年金保険の加入期間は1か月でもよい），老齢厚生年金を支給します。計算式は以下のようです。

平均標準報酬額×5.481÷1000×（平成15年4月以降の）加入月数

## 2　国民年金と「国民皆年金」

それでは厚生年金から適用除外になった人はまったく年金に入れないのか，というと，そうではなく，そのような人も国民年金には入れます。自営業の人，学生など，20歳以上の人は国民年金法上，第一号被保険者と呼ばれます。年金保険は複雑な制度になっており，実は，被用者も国民年金に入らされていて，第二号被保険者と呼ばれます。みなさんが仮に高卒で勤め始めると，20歳前から国民年金に入ることになります。そしてサラリーマンの専業主婦（今日では専業主夫も）は第三号被保険者といって，保険料の負担なく，将来給付が受け

〔図表13－5　年金制度の概要〕

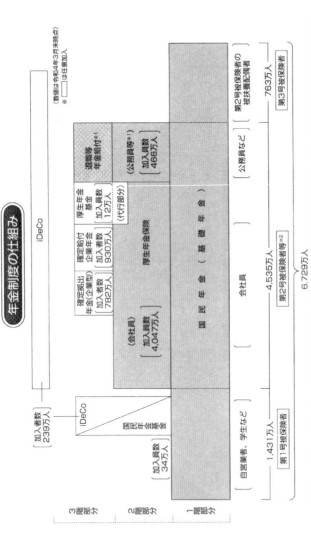

年金制度の仕組み

※1　被用者年金制度の一元化に伴い、平成27年10月1日から公務員および私学教職員も厚生年金に加入。また、共済年金の職域加算部分は廃止され、新たに退職等年金給付が創設。ただし、平成27年9月30日までの共済年金に加入していた期間分については、平成27年10月以後においても、加入期間に応じた退職等年金給付部分を支給。

※2　第2号被保険者とは、厚生年金被保険者のことをいう（第2号被保険者のほか、65歳以上で老齢、または、退職を支給事由とする年金給付の受給権を有する者を含む）。

（出典）厚生労働省「全国厚生労働関係部局長会議」（令和5年1月30日）説明資料（年金局）を一部改変。
社会保険入門編集委員会編『社会保障入門2024』（中央法規、2023年）154頁より重引。

取れることになります。このように，国民年金を一階部分として，厚生年金保険を二階につみあげながら，「国民皆年金」体制は実現しているのです。

それではどういう場合に給付がもらえるかというと，「老齢・障害・死亡」時にもらえます。みなさんが歳になったとき（みなさんの場合，現行法では65歳から年金はもらえることになっています）にどれくらいの年金がもらえるか，というと，これも，みなさんが被用者になるか，自営業者になるかでまったく異なります。

自営業の場合，国民年金だけが強制加入であり（そのほかに「国民年金基金」への任意加入があります），老後もらえるのは，20歳から毎月1万7千円弱払い続けても，最高で年額80万円弱です。以下の計算式を参照して下さい。

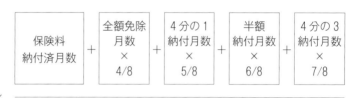

（出典）日本年金機構ホームページ

対して，サラリーマンになると，厚生年金保険に入ることになり，保険料は半分使用者負担で，専業主婦である妻（第三号被保険者）の国民年金からの給付も合わせて老後の生活を送ることが想定されています。

この違いは，自営業は定年がなく，また家族で支え合って生活を送ることから，定年を迎えると全く収入が途絶えてしまうサラリーマンと比べ老齢年金の必要性が低いことによります。とはいえ，ここからも，サラリーマンになると社会保険上メリットが大きいことがみえてきます。

さて，先に，年金保険の保険事故は「老齢」ばかりではないことを指摘しました。その他の保険事故として「障害」を紹介しましょう。

みなさんが例えばこれから大学生となったとして，20歳を迎えると，国民年金に強制加入されることになります。そうすると，収入があろうとなかろうと，

毎月保険料を負担しなければなりません。ここで最悪のシナリオは「困ったな〜，お金ないし払えないや」といって放置することです。たしかに年金の保険事故としてもっとも重要なのは老齢給付でしょうが，若いみなさんにとってはむしろ「障害」時の給付がもらえるかのほうが重要なのです。というのも，障害基礎年金は原則，保険料納付期間が3分の2ないともらえないのです。計算上，20歳から1年間放置したとすると，「3分の2」ですから，単純にいって23歳よりも前に障害状態になると保険給付はもらえないことになります。

　対して，20歳前に障害状態になった場合，保険料を納めていなくとも，障害基礎年金はもらえます。なぜかというと，そういう人こそ所得保障の必要があるからであり，国民年金法は憲法25条2項の要請に基づき，「必要な給付」をする制度として，このような20歳前障害者に対し（20歳になってから）給付をすることにしているのです（30条の4参照）。

　20歳を境にこのような差があるのは釈然としないと思う人もいるでしょう。いまは，20歳になって保険料が払えない学生には納付特例制度があり，卒業してから追納できるようにはなっていますが，かつて，学生がまだ任意加入だったころ，20歳になって国民年金に入らず障害状態になってしまった学生たちが憲法違反を訴えた事件も起きたことがあります。もっとも最高裁は，先の憲法25条や，法の下の平等を定めた憲法14条に照らして違憲とはいえないという判断を下しました（学生無年金障害者訴訟：最二小判平19・9・28）。

# Ⅷ　介護保険

　若い皆さんには関係ないと思うかもしれませんが，介護保険というのもあります。「制定の背景」として二つキーワードをあげます。一つは社会的入院，もう一つは反射的利益です。「社会的入院」ということばはみなさんにとって聞きなれた言葉かどうかわかりませんが，高齢者が治療をする必要がないけれども，家族などから介護を受けられる環境がないために病院に入院するという状況のことです。もう一つは「反射的利益」という言葉です。例えば，要介護高齢者は特別老人ホームに入所するわけですが，そのホームについて規律するのは老人福祉法であり，この法律の中で介護サービスを受ける権利というもの

が高齢者に保障されているわけではなかった，ということが重要です。高齢者が「受け身」的に，（保護の）「客体」として扱われていたことを見直し，主体的に，権利として施設を選べるという環境をつくるということが求められていたのです。

そこで，所得の多寡にかかわらず高齢になればだれもが介護を必要とするリスクを負うのであって，介護保険法では高齢者は保険料を支払い，その代わりに要介護状態になった際には介護を受ける権利を保障しようとしました。すなわち保険料を支払うことで皆が支え合いの担い手になる，保険を支えあう担い手になるということが前提になりますが，そのことの見返りとして将来なんらかの事故が起きた場合には給付を受けられる，ということを目指したのです。ですから，保険料を支払える人にとってみれば権利として介護を受けることができる。他方で保険料を支払えない低所得者は切り捨てになってしまうのではないか，という両方の側面が介護保険法には内在していると思います。

ところで，先ほど「客体」という聞きなれない言葉をお話ししましたが，ここでかつて受け身であった高齢者が「主人公」として登場することになります。すなわち要介護者自身がサービス事業者を選択して，その事業者との間でサービス提供契約を締結する。そういう意味での「法主体」になった（「措置から契約へ」）。消費者主権という言葉がありますが，消費者として高齢者が登場する。ここに介護の市場（マーケット）というものが登場するわけです。

その「制度の概要」ですが，「保険者」は市町村及び特別区です（３条）。「被保険者」は第一号被保険者である65歳以上の方（９条１号）と，第二号被保険者という，市町村の区域内に住所を有する40歳以上65歳未満の医療保険加入者です（同条２号）。

次に「保険事故」です。保険事故というのは現実に保険給付はどういう状態になればもらえるのか，給付を受けられるのかという意味でした。法律で定められている言葉で言えば，要介護状態あるいは要支援状態になったときに給付を受けることができます。平たく言えば，介護が必要となった状態とか要介護までにはないけれども支援をする必要がある，それが介護保険から給付をもらえるための条件です。

「要介護状態」，「要支援状態」にあるかどうかは，要介護・要支援認定を受

けることで決まります。その認定の結果，あなたは要介護状態です，要支援状態ですね，ということで高齢者の方は晴れて要介護者とか要支援者と呼ばれるようになります。その後，ケアマネジャーによりケアプランを作成してもらいます。

　肝心の「要介護者」とか「要支援者」となったときにどのような給付をもらえるか，ですが，介護給付とか予防給付とか市長村特別給付というものをもらうことができます。

　なお，介護保険は「保険」と言ってはいますが，全額保険料で賄われているわけではありません。保険料以外に，国や都道府県・市町村が半分，公的な資金を入れて保険を支えることで介護保険は成り立っているのです。

　先ほど国民年金法をとり上げましたが，厚生年金「保険」法と異なり，国民年金「保険」法とは言いませんでした。実は，国民年金にも，税財源が半分入っているのです。国民年金法も介護保険法も１条で「国民の共同連帯」を理念としてうたっていますが，ここまで読んだみなさんが社会保険をどのように捉え（直し）たか，是非伺ってみたいです。

## Topix　社会保障制度の将来

　社会保障制度の将来はどうなるでしょうか。先ほど，「労働者」（と契約上呼ばれる人々）が減る社会に言及しました。そういう社会では，「ベーシックインカム」と言って，給付に際して条件を付けない仕組みがふさわしいのではないかと議論されています。このような仕組みであれば，社会（あるいは社会保障）にどのような「貢献」をしたかを問うことなく給付がなされますから，保険料（や税金）をあまり払ってこなかった人でも給付がもらえるはずです。もっとも，「ベーシックインカム」の社会実験をしたフィンランドでは，あまりうまくいかなかったということです。どうしてでしょうか。ぜひその理由を考えてみてほしいと思います。

〔小西　啓文〕

〔図表13－6〕　介護保険制度

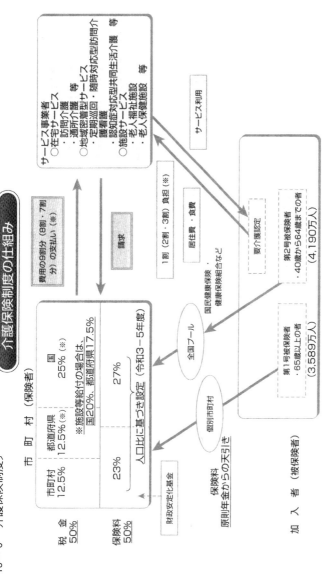

(注)　第1号被保険者の数は、「介護保険事業状況報告令和4年3月月報」によるものであり、令和3年度末現在の数である。
第2号被保険者の数は、社会保険診療報酬支払基金が介護給付費納付金を確定するための医療保険者からの報告によるものであり、令和2年度内の月平均値である。
(※)　一定以上所得者については、費用の2割負担（平成27年8月施行）又は3割負担（平成30年8月施行）。

(出典)　厚生労働省「社会保障審議会介護保険部会（第92回）」（令和4年3月24日）資料1を一部改変。
社会保障入門編集委員会編『社会保障入門2024』（中央法規、2023年）66頁より重引。

# 事項索引

# 判例索引

## ○判例の見方

みちのく銀行事件：最一小判平12・9・7労判787号6頁

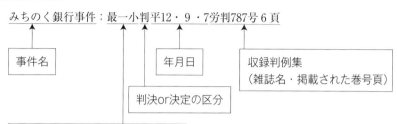

事件名

年月日

収録判例集
（雑誌名・掲載された巻号頁）

判決or決定の区分

判決（決定）が出た裁判所名
凡例）　最大　　最高裁大法廷
　　　　最一小　最高裁第一小法廷
　　　　東京高　東京高等裁判所
　　　　東京地　東京地方裁判所

◆著者紹介

**青野　覚**（あおの・さとる）
担当：編者者・第1章・第3章
明治大学法学部教授
明治大学大学院法学研究科博士課程単位取得
**就活生へヒトコト！**

　本書は，入門書ではありますが，体系的な知識と各制度の内に潜む「ものの考え方」を明らかにすることに意をつくしました。

　本書で示した法的知識を就職活動の対象を選ぶ際の基準として設定し，法的に求められている労働条件を守っていないような企業等は選択の対象外とする"主体的で積極的な姿勢"で就活にのぞんでください。そうすると，さまざまな困難をともなう就活が「大人」になるプロセスでの貴重な経験になるはずです。

　さらに，本書で示す「ものの考え方」を動員して，自らの目で世界の実相を捉える努力をお続けください。

**小林　大祐**（こばやし・だいすけ）
担当：第2章・第5章Ⅳ・Ⅴ・Ⅵ
平成国際大学法学部専任講師
明治大学大学院法学研究科博士課程単位取得
**就活生へヒトコト！**

　「自由と平等」という理想の上では，みんなが自らの望んだ最良の選択を採ることができるべきですが，現実はそう甘くありません。

　どこに就職すべきか，あるいは起業をすべきかは，人生の大きな選択肢です。この選択の後も「労働者」として又は「使用者」として様々な人生のターニングポイントを迎えることになると思います。

　労働法について学ぶことは，そのような場面を知ること，そしてその場面でどのような選択を採れるのか，その選択がどのような意味を持つのかを知ることに繋がります。特に，これから就活に挑もうとされている方が，この本で得た知識を活用しながら，今後，少しでも自分にとって良い選択をしてもらえたらうれしく思います。

**長谷川 聡**（はせがわ・さとし）
担当：第4章
専修大学法学部教授
中央大学大学院法学研究科博士課程修了・博士（法学）
**就活生へヒトコト！**

　就活はとても面倒ですが，いろいろな企業や働き方を知ることができる大きなチャンスです。しっかり準備をして一生懸命これに臨めば，自分が将来やりたいことに一

歩近づける可能性が高まることはもちろん，社会を知り，自分を知って，就活前よりはるかに成長することができます。企業選びや働き方選びで悩んだときに，この本が少しでも助けになることを願っています。

## 小西　康之（こにし・やすゆき）
担当：第5章 I・II・III
明治大学法学部教授
東京大学大学院法学政治学研究科修士課程修了
**就活生へのヒトコト！**

　皆さんが就職活動をスタートさせるとき，これまでとは何かが違うように感じて，戸惑うこともあるかもしれません。働きはじめた後も，おかしいなと思ったり，悩んだりすることもあるでしょう。本書は，そうした皆さんに対して，働く場面でのルールやその背景にある考え方を伝えるものです。就活や働いていて，？（クエスチョンマーク）に遭遇したとき，本書を手に取り，確認してみてください。本書も，わたしたち執筆者も，みなさんの伴走者です。

## 石井保雄（いしい　やすお）
担当：第6章
獨協大学法学部教授
一橋大学大学院法学研究科博士課程単位修得
**就活生へヒトコト！**

　現代の日本では，夏目漱石の小説の主人公のように，親が遺した土地や家作があって，その賃貸料収入により，経済的に何不自由なく暮らせる「高等遊民」は，ほとんどいません。公務員になるか，私企業で働くかの違いはあれ，誰かに雇われて働き，それにより得た賃金（給料）により，自身や家族の生活を実現するのが普通です。だから，「働く（かされる）際の法的ルール」をきちんと知っておくことが，大切なのです。

## 春田　吉備彦（はるた・きびひこ）
担当：第7章
熊本学園大学商学部教授
中央大学大学院法学研究科博士課程単位取得
**就活生へヒトコト！**

　就活生は希望する就職先を極端に理想化する傾向があります。その理想像が現実かどうかは働き始めないとわかりません。就職先の退職率を調べるなど就職先が提示した労働条件が建前ではなくちゃんと守られているかどうかは確認してくださいね。

# 佐々木　達也（ささき・たつや）

担当：第8章
名古屋学院大学法学部准教授
明治大学大学院法学研究科博士課程単位取得

**就活生へヒトコト！**

　就活は自分が何をやりたいかをじっくり考えるときであると思います。就活中は大企業，有名企業にばかり目が向くかもしれませんが，どのような仕事や働き方をしたいか，向いているかという視点から会社選びの基準を定めることが，ミスマッチを防ぐことにつながると思います。

　就活，そして実際に働く中で「これはおかしい！」と思う出来事があったら本書で学んだことを思い出してください。疑問を解決するヒントがあるかもしれません。

# 原　俊之（はら・たかゆき）

担当：第9章
青森中央学院大学経営法学部教授
明治大学大学院法学研究科博士課程単位取得

**就活生へヒトコト！**

　現場の当事者の安全意識と連携。令和のハイテク大国・日本で科学技術がどんなに進歩しても，これが職場の安全衛生の基本中の基本なのです。詳しくは第9章をじっくり読んでください。

　日常生活でも同じです。就活中のアクシデントへの備えや健康管理は各自が十分注意を払わなければなりません。そのことを常に念頭に置いて，事故や病気に気を付けながら，輝かしい未来を勝ち取ってください。

# 榊原　嘉明（さかきばら・よしあき）

担当：第10章
名古屋経済大学法学部教授
明治大学大学院法学研究科博士課程単位取得

**就活生へヒトコト！**

　期待と不安の先に広がる，あなたの職業生活。それはおそらく，自分が経営者や資産家にでもならない限り，カイシャに「あれしろ，これしろ」といわれつづける毎日でしょう。でも，そんな「労働力」という商品を切り売りして生活する，あなたという「人格」それ自体が，カイシャの所有物となったわけではありません。では，どうすれば，あなたがこの世界の主人公の1人として，互いが「独立」で「対等」な「市民社会」を，真に形づくることができるのか。この本を出発点に，一緒に考えていきましょう。

## 村田 毅之（むらた・たかゆき）

担当：第11章
松山大学法学部教授
明治大学大学院法学研究科博士後期課程単位取得

**就活生へヒトコト！**

　66歳の私は，令和5年3月で定年となり，5月には大谷翔平選手のドジャースでの日給にも満たない退職金をいただき，3年有期の再雇用の立場にあります。

　中学時代の新聞配達から現在まで，3日で辞めた新宿のデパート屋上のビアガーデン以外は，楽しい職場ばかりでしたが，どこも労働法を遵守しているとは言い難く，それが日本の現実だということを頭の片隅において，しっかり理論武装して，社会に出てください。

## 青木　亮祐（あおき・りょうすけ）

担当：第12章
帝京大学法学部准教授
明治大学大学院法学研究科博士課程修了・博士（法学）

**就活生へヒトコト！**

　私の恩師は「人生はうまくいくようにできている」と言ったことがあります。別の機会では「本番よりも準備の方が大事」とも言っていました。

　内定をもらうときは案外あっさりしていますが，就活中は本当に内定をもらえるのかという不安がつきまといます。私自身，うまくいかないときに自分の実力不足で自己嫌悪に陥ることがありますが，そのような時に思い出される恩師の上記の言葉は「もっと準備をして自分に自信をつけなさい」というメッセージのような気がしています。

## 小西　啓文（こにし・ひろふみ）

担当：第13章
明治大学法学部教授
中央大学大学院法学研究科博士課程単位取得

**就活生へヒトコト！**

　『大学教授になる方法』という本があります。この本を書いた大学教授がかつて所属していた大学の採用面接に臨んだ私は，何を発言しても否定してくる面接者に苦戦し，最後には「自分の考えは間違っていない」と息巻いて退室したのでした。そのときは絶対に採用されないと思いましたが，自分の考えを押し通したことがかえって評価されたようです。採用後にこの本を知り，手に取ってみたところ，そこに書かれていたのはハウツーというよりはむしろ，大学という環境がいかに恵まれたものか，でした。その後私も別の大学に移りましたが，色々な経験を経た今では，あのときの面接者が何を伝えたかったのか，ほんの少しだけわかったような気もします。

就活生のための労働法入門

2024年4月10日　第1版第1刷発行

編著者　青　　野　　　　覚
発行者　山　　本　　　　継
発行所　㈱中　央　経　済　社
発売元　㈱中央経済グループ
　　　　　パ ブ リ ッ シ ン グ

〒101-0051　東京都千代田区神田神保町1-35
電　話　03(3293)3371(編集代表)
　　　　03(3293)3381(営業代表)
https://www.chuokeizai.co.jp

印刷／東光整版印刷㈱
製本／誠　製　本　㈱

© 2024
Printed in Japan